N° 569
4A ?

à conserver

HISTOIRE

DE LA CONQUÊTE

DE L'ANGLETERRE

PAR LES NORMANDS.

« Les gens de Normandie habitent encore parmi nous, et
« y demeureront à jamais. Des Normands descendent les hauts
« personnages de ce pays, et les hommes de basse condition
« sont fils des Saxons. »
Chronique de Robert de Glocester.

IMPRIMERIE DE FIRMIN DIDOT,
RUE JACOB, N° 24.

HISTOIRE
DE LA CONQUÊTE
DE L'ANGLETERRE
PAR LES NORMANDS,

DE SES CAUSES, ET DE SES SUITES JUSQU'A NOS JOURS,
EN ANGLETERRE, EN ECOSSE, EN IRLANDE ET SUR LE CONTINENT.

Par Augustin THIERRY.

..... The folk of Normandie
Among us woneth yet, and shalleth evermore.
Of Normans beth these high men thath beth in this land,
And the lowmen of Saxons. . . . . .
Robert of Glocester's chronicle

TOME II.

PARIS,
FIRMIN DIDOT, PÈRE ET FILS,
LIBRAIRES, RUE JACOB, N° 24.

M DCCC XXV.

HISTOIRE
DE LA CONQUÊTE
DE L'ANGLETERRE
PAR LES NORMANDS.

LIVRE V.

DEPUIS LA FORMATION DU CAMP DU REFUGE DANS L'ÎLE D'ÉLY,
JUSQU'AU SUPPLICE DU DERNIER CHEF SAXON.

1070 — 1076.

Tout le pays des Anglo-saxons était conquis, de la Twed au cap de Cornouailles, de la mer de Gaule à la Saverne, et la population vaincue était traversée dans tous les sens par l'armée de ses conquérants. Il n'y avait plus de provinces libres, plus de masses d'hommes organisées militairement. On trouvait seulement quelques débris épars des armées et des garnisons détruites, des soldats qui n'avaient plus de chefs, et des chefs que personne ne suivait. La

1070
a
1071.

guerre se continuait contre eux par la persécution individuelle; les plus considérables étaient jugés et condamnés solennellement; le reste était livré à la discrétion des soldats étrangers, qui en faisaient des serfs pour leurs domaines [1], ou bien les massacraient avec des circonstances qu'un ancien historien refuse de détailler comme incroyables et dangereuses à raconter [2]. Ceux auxquels il restait quelques moyens de s'expatrier, se rendaient vers l'ouest, dans les ports du pays de Galles, pour s'y embarquer, et aller, selon l'expression des vieilles annales, promener leur douleur et leur misère à travers les royaumes étrangers [3]. Une troupe de ces fugitifs, réunie sous la conduite de Siward, ancien chef de la province de Glocester, se dirigea vers le midi, côtoya l'Espagne et alla en Sicile, offrir ses services à l'empereur grec Alexis [4]. Alexis enrôla les émigrés saxons dans un

---

1. Nobiles morti destinavit, mediocres autem militibus suis in servitutem. (Ex chronico Anglo-sax.)—Sancti Germani, apud Script. rer. francic. tom. XII, pag. 216.

2. Cùm id dictu sciamus difficile, et ob nimiam crudelitatem fortassis incredibile. (Historia Eliensis, p. 5, 6.)

3. Per extera regna vagi, dolentes.... (Forduni Hist. pag. 698.)

4. Torfœi, Hist. Norweg., tom. II, pag. 387.

corps de troupes germaniques, soldées depuis long-temps par l'empire, sous le nom tudesque de Wærings, ou sous un nom grec qui signifiait Porte-haches[1]. Ils y conservèrent l'armure et la langue de leur patrie, et reçurent des terres dans l'Ionie, où une ville fut bâtie par eux[2]. Par une destinée bizarre, ces hommes chassés de leur terre natale par l'invasion des Gallo-Normands, combattirent, sous les drapeaux de leur nouvel hôte, contre d'autres Gallo-Normands envahisseurs de l'Apulie[3], et, à la bataille de Durazzo, que perdit Robert Guiscard ou Guichard, aventurier et conquérant comme Guillaume, les exilés de l'Angleterre formèrent le premier rang de l'armée impériale grecque.

1070 à 1071.

D'autres chefs et d'anciens riches qui ne purent ou ne voulurent pas traverser la mer, se retirèrent dans les forêts, avec leurs clients et leurs familles[4]. Les grandes routes, où passaient les convois normands, furent infestées par leurs bandes armées; ils enlevaient par ruse aux

---

1. Πελεκυφόροι. *Wæring* signifie un homme d'armes; les Grecs écrivaient Βάραγγοι. (Histor. Bizant., tom. XI, p. 43.)
2. Orderic. Vital., pag. 508.
3. Normannis legionibus quæ Pelasgis adversabantur, oppositi sunt. (Ibid.)
4. Cum familiâ suâ ad sylvas fugientibus. (Math. Paris, Vitæ abbat. Sancti Albani, pag. 29.)

conquérants ce que les conquérants avaient enlevé par force, et se faisaient ainsi payer la rançon de leurs héritages, ou vengeaient, par l'assassinat, le massacre de leurs compatriotes[1]. Ces réfugiés sont appelés brigands par les historiens amis de la conquête[2], et ces historiens les traitent, dans leurs récits, comme des hommes librement et méchamment armés contre un ordre de société légitime. « Il se commettait « chaque jour, disent-ils, une foule de vols et « d'homicides causés par la scélératesse natu-« relle aux indigènes, et par les immenses ri-« chesses de ce royaume[3] »; mais les indigènes croyaient avoir le droit de reprendre ces richesses qu'on leur avait ôtées; et s'ils devenaient brigands, ce n'était, selon eux, que pour rentrer dans leurs propres biens. L'ordre contre lequel ils s'insurgeaient, la loi qu'ils violaient, n'avaient à leurs yeux aucune sanction; aussi le mot anglais *Outlaw*[4] (mis hors la loi, bandit ou brigand) perdit, dès lors, dans la bouche du peuple

---

1. Pro amissis patrum suorum prædiis et occisis compatriotis. (Orderic Vital, pag. 512.)

2. Latrones, latrunculi.

3. Propter immensas regni hujus divitias et propter innatam indigenis crapulam. (Lelandi collectanea, pag. 42.)

4. Ut-lage, selon l'orthogr. saxonne, en latin *Utlagus*.

subjugué, son ancien sens défavorable. Au contraire, les vieux récits, les légendes et les romances populaires des Anglais, ont répandu une sorte de teinte poétique sur le personnage du banni, sur la vie errante et libre qu'il mène sous les feuilles des bois [1]. Dans ces romances, l'homme mis hors de la loi est toujours le plus gai et le plus brave des hommes [2]; il est roi dans la forêt, et ne craint point le roi du pays [3].

Ce fut surtout la contrée du nord, celle qui avait le plus énergiquement résisté aux envahisseurs, qui devint le pays du vagabondage en armes, dernière protestation des vaincus [4]. Les vastes forêts de la province d'York étaient le séjour d'une bande nombreuse qui avait pour chef un homme appelé Sweyn, fils de Sigg [5]. Dans les contrées du centre, et près de Londres, jusque sous les murs des châteaux normands, on vit se former aussi plusieurs troupes de ces hom-

---

[1] . .Mery and free
Under the leaves soe green
(Ancient Ballad of Robin Hood)

[2] More mery a man than I am on
Was not in Cristante. (Ibid)

3. Ibidem passim.

4. Monast anglic., tom. I, pag. 381.

5. Quidam princeps latronum. (Hist. monasterii Selebeiensis apud biblioth. Labbæi, pag.603.)

mes qui, reniant jusqu'au bout l'esclavage, disent les vieux historiens, prenaient le désert pour demeure [1]. Leurs rencontres avec les conquérants étaient toujours sanglantes, et quand ils apparaissaient dans quelque lieu habité, c'était un prétexte pour l'étranger d'y redoubler ses vexations; il punissait les hommes sans armes du trouble que lui causaient les gens armés, et ces derniers, à leur tour, faisaient quelquefois des visites redoutables à ceux qu'on leur signalait comme amis des Normands. Ainsi une terreur perpétuelle régnait sur le pays. Au danger de périr par l'épée de l'homme d'outre-mer, qui se croyait un demi-dieu parmi des brutes, qui ne comprenait ni la prière, ni les raisons, ni les excuses proférées dans l'idiome des vaincus, se joignait encore celui d'être regardé comme traître ou comme suspect par les Saxons indépendants, frénétiques de désespoir comme les Normands l'étaient d'orgueil [2]. Aussi nul habitant n'osait s'aventurer dans le voisinage de sa propre maison; la maison de chaque Anglais qui avait juré la paix et donné des otages au conquérant était

---

1. Jugum renuentibus servitutis. (Math. Paris, Vitæ abbat., pag. 29.)

2. Vecordes e superbiâ efficiebantur (Orderic. Vital, pag. 522.)

close et fortifiée comme une ville en état de siége[1]. Elle était remplie d'armes de toute espèce, d'arcs, de flèches, de haches, de massues, de poignards et de fourches de fer; les portes étaient munies de verroux et de barricades. Quand venait l'heure du repos, au moment de tout fermer, l'ancien de la famille se levait et prononçait, à haute voix, les prières qui se faisaient alors sur mer aux approches de l'orage; il disait : « Que le Seigneur nous bénisse et nous « aide »; tous les assistants répondaient *Amen*[2]. Cette coutume subsista en Angleterre plus de deux siècles après la conquête[3].

1070 a 1071.

Dans la partie septentrionale de la province de Cambridge, il y a une vaste étendue de terres basses et marécageuses, coupées en divers sens par des rivières. Toutes les eaux du centre de l'Angleterre, qui ne coulent pas dans le bassin de la Tamise ou dans celui de la Trent, vont se jeter dans ces marais, qui, au temps de l'arrière-saison, débordent, couvrent le pays et se chargent de vapeurs et de brouillards. Une partie

1. Domus cujushbet pacifici quasi municipium obsidendum. (Math. Paris., Vitæ abbat., pag. 29.)

2. Preces quasi imminente in mari tempestate... (Ibid.)

3. Quæ consuetudo usque ad nostra tempora perduravit. (Ibid.)

de cette contrée humide et fangeuse s'appelait et s'appelle encore l'île d'Ély; une autre s'appelait l'île de Thorneye; une troisième, l'île de Crowland. Ce sol, presque mouvant, impraticable pour la cavalerie et pour les soldats pesamment armés, avait plus d'une fois servi de refuge aux Saxons dans le temps de la conquête danoise[1]; sur la fin de l'année 1069, il devint un point de réunion pour quelques bandes de partisans formées de divers côtés contre les Normands[2]. D'anciens chefs déshérités s'y rendirent successivement avec leur clientèle, les uns par terre, les autres, sur des vaisseaux, par l'embouchure des rivières. Ils y élevèrent des retranchements de terre et de bois, et y établirent une grande station armée, qui prit le nom de *Camp du refuge*[3]. Les étrangers hésitèrent d'abord à les attaquer au milieu des joncs et des saules, et leur laissèrent ainsi le temps d'envoyer des messages dans le pays et hors du pays, et d'avertir, en beaucoup de lieux, les amis de la vieille Angleterre. Devenus forts, ils

---

1. Voyez livre II, tome Ier, page 186.

2. Ad insulam Heliensem et insulam Torneyæ fugientes. (Ingulfus croyl., pag. 905.) — Th. Rudborne, in Angliâ sacrâ, tom. I, p. 256.

3. Castra refugii. (Ibid.) — Math. Westmonast.

entreprirent la guerre de parti sur terre et sur mer, ou, pour parler comme les conquérants, la piraterie et le brigandage [1].

1070 à 1071.

Chaque jour, au camp de ces brigands, de ces pirates pour la bonne cause, se rendait quelque Saxon de haut rang, laïc ou prêtre, apportant avec lui les derniers débris de sa fortune, ou la contribution de son église. Egelric, évêque de Lindisfarn, et Sithric, chef d'un couvent du Devonshire, y vinrent, ainsi que beaucoup d'autres. Les Normands les accusaient d'outrager la religion et de déshonorer la sainte Église, en se livrant à un genre de vie criminel et infâme [2], mais ces reproches intéressés ne les arrêtaient pas. L'exemple des prélats insurgés encouragea beaucoup d'hommes, et, l'ascendant qu'ils exerçaient sur les esprits, pour le bien comme pour le mal, devint favorable à la cause patriotique. Les gens d'église, jusque là trop peu ardents pour elle, s'y rallièrent avec plus de zèle. Plusieurs d'entre eux, il est vrai, s'étaient généreusement dévoués; mais la masse avait appliqué

1. Piratæ maris et latrones regionis. (Monast. anglic., tom. I, pag. 381.)

2. Piraticam aggressus, religionem polluit, ecclesiam infamavit. (Will. Malmesb., Vitæ pontific., p. 256.)

1070 à 1071.

au conquérant le précepte apostolique de la soumission aux puissances [1]. La conquête les avait, en général, moins maltraités que le reste de la nation ; toutes leurs terres n'avaient pas été prises ; l'asyle de leurs habitations n'avait pas été partout violé. Dans les vastes salles des monastères, où les espions normands ne pénétraient point encore, les Saxons pouvaient se rassembler en grand nombre, et, sous prétexte de faire leurs dévotions, converser et conspirer librement. Ils apportaient avec eux l'argent qu'ils avaient soustrait aux perquisitions des vainqueurs, et le laissaient en dépôt, dans le trésor du saint lieu, pour le soutien de la cause nationale ou pour la subsistance de leurs fils, si eux-mêmes périssaient dans les combats. Quelquefois le vieux chef du couvent faisait briser les lames d'or et détacher les pierres précieuses dont d'anciens rois avaient orné les autels et les reliquaires, disposant ainsi de leurs dons pour le salut du pays qu'eux-mêmes avaient aimé durant leur vie. Des messagers braves et fidèles transportaient le produit de ces contributions communes, à travers les postes normands, jusqu'au camp

---

[1]. Precepto Domini apostoli dicentis *Deum timete, regem honorificate* (Orderic Vital., p 509)

des réfugiés¹ ; mais ces manœuvres patriotiques ne restèrent pas long-temps secretes.

1070 à 1071.

Le roi Guillaume, d'apres le conseil de Guillaume fils d'Osbert, son sénéchal, ordonna bientôt des perquisitions dans tous les couvents de l'Angleterre, et fit prendre tout l'argent que les riches anglais y avaient placé en dépôt, ainsi que la plupart des vases, des reliquaires et des ornements précieux². On enleva aussi des églises, où elles avaient été déposées, les chartes qui contenaient les fausses promesses de clémence et de justice faites naguère par le roi étranger, quand il était encore incertain de sa victoire. Cette grande spoliation eut lieu dans le carême qui, suivant l'ancien style du calendrier, termina l'année 1070 ; et aux octaves de Pâques, arrivèrent en Angleterre, d'après les demandes adressées antérieurement par Guillaume, trois

1071.

———

1. Ad cujus mandatum Egfridus, cum thesauris illius ecclesiæ, in Eliensem insulam advenit. (Anglia sacra, p. 610.)

2. Pecuniam quam ditiores Angli, propter illius austeritatem et depopulationem in eis deposuerant, auferri præcepit (Hist. Eliensis, p. 516) Permisit devastari omnia monasteria. (Chron. sax. frag. Ed. Lyc.) Calicibus et feretris non pepercit. (Anglia sacra, tom. I, p 257.) Cum chartis in quarum libertatibus Angli confidebant, et quas rex in arcto positus, observaturum se juraverat. (Math Westmon, Flores hist., p. 226)

1071. légats du siége apostolique. C'étaient Ermenfroy, évêque de Sienne, et les cardinaux Jean et Pierre. Le conquérant fondait de grands desseins sur la présence de ces chargés d'affaires de son allié le pape de Rome, et il les retint auprès de lui toute une année, les honorant, dit un vieux historien, à l'égal des anges de Dieu[1]. Au milieu de la famine qui faisait périr les Anglais par milliers, des fêtes brillantes furent célébrées dans le palais fortifié de Winchester. Là, les prêtres romains, plaçant de nouveau la couronne sur la tête du roi Normand, effacèrent la vaine malédiction qu'Eldred, l'archevêque d'York, avait prononcée contre lui[2].

Après les fêtes, il y eut à Winchester une grande assemblée des conquérants, laïcs ou prêtres, qui s'étaient fait une grande fortune en prenant les biens des Anglais[3]. Les évêques saxons furent sommés d'y comparaître, au nom de l'autorité de l'église romaine, par des circu-

1. Audiens et honorans eos tanquàm angelos Dei. (Orderic. Vital , pag. 516.)

2. Cardinales ecclesiæ romanæ coronam ei imposuerunt. (Ibid.) — In regem anglicum confirmaverunt... (Vita Lanfranci ap. script. rer. franc., tom XIV, pag. 32.) — Voyez livre IV, tome Ier, page 380.

3. Plusieurs prélats de Normandie y assistaient. (Voy. Wilkins concilia.)

laires dont le style hautain pouvait leur présager 1071. d'avance l'issue que ce grand concile, comme on l'appelait, devait avoir pour eux. « Bien que « l'église de Rome, disaient les envoyés, ait « droit de veiller sur la conduite de tous les « chrétiens, il lui appartient plus spécialement « de s'enquérir de vos mœurs et de votre ma- « nière de vivre, à vous, qu'elle a instruits dans « la foi du Christ, et de réparer la décadence de « cette foi que vous tenez d'elle. C'est pour « exercer sur vos personnes cette salutaire in- « spection que nous, ministres du bienheureux « Pierre l'apôtre, représentants autorisés de « notre seigneur le pape Alexandre, nous avons « résolu de tenir avec vous un concile, pour « nous informer des mauvaises choses qui pul- « lulent dans la vigne du Seigneur, et y planter « les choses utiles au bien des corps et des « âmes [1]. »

Le sens réel de ces paroles mystiques était que le nouveau roi, d'accord avec le pape, avait résolu de destituer en masse tout le haut clergé de race anglaise, et que les légats venaient donner une sorte de couleur religieuse à cette

[1]. Quæ in vineâ Domini Sabaoth malè pullulant recenseamus, et animarum ac corporum utilitati profutura plantemus. (Wilkins concilia, p. 323.)

1071. opération politique. Telle était leur mission, et le premier prélat qu'ils frappèrent fut l'archevêque de Canterbury, Stigand, celui qui avait marché en armes à la rencontre de l'étranger et refusé de le sacrer roi. C'était là son véritable crime, mais l'arrêt qui le dégrada de la dignité épiscopale fut motivé sur d'autres causes, sur des prétextes plus honnêtes, comme s'exprime un vieux historien [1]. Son ordination fut déclarée nulle, en conséquence de trois griefs purement ecclésiastiques : d'abord, parce qu'il avait pris l'archevêché de Canterbury du vivant de l'archevêque Robert, exilé par le peuple anglais; ensuite, parce qu'il avait célébré la messe avec le *pallium* de ce même Robert; et enfin, parce qu'il avait reçu son propre pallium du pape Benoît, déclaré antipape, dégradé et excommunié par un compétiteur victorieux [2].

Quand l'ami du roi Harold et de son pays eut été, selon le langage ecclésiastique, frappé, comme un arbre stérile, par la hache de correction [3], les terres qui lui restaient furent saisies

[1]. Honestam de illo voluit habere ultionem (Chron Walteri Hemingford, p. 458.)

[2]. Quem sancta Romana Ecclesia excommunicavit. (Florent Wigorn., p. 636.) Voyez liv. III, tom. Ier, pag. 182.

[3]. Infructuosam arborem securis animadversionis canonicæ succidit. (Walter Hemingford., p. 458.)

et partagées entre le roi, la reine, et l'évêque de Bayeux, frère du roi[1]. Ceux des évêques anglais sur le compte desquels on ne trouva rien à objecter canoniquement, n'en furent pas moins frappés de même. Alexandre, évêque de Lincoln, Égelmar, évêque de l'Est-anglie, Égelric, évêque de Sussex, d'autres prélats et les abbés des principaux monastères furent déposés presque à la fois[2]. Au moment où l'on prononçait à quelqu'un d'entre eux sa sentence, on le contraignait de jurer, sur l'Évangile, qu'il se regardait comme déchu de sa dignité légitimement et à tout jamais, et que, quel que fût le successeur qu'on lui donnerait, il ne ferait rien pour le décréditer en protestant contre lui[3]. Ensuite, chaque évêque dégradé était conduit soit dans une forteresse, soit dans un monastère qui devait lui servir de prison. Ceux qui avaient été autrefois moines, on les recloîtrait de force dans leurs anciens couvents, et l'on publiait officiellement que, dégoûtés du monde et du bruit, il leur avait plu d'aller re-

---

1. Doomesday-book, tom. I, p. 142, 176, 288. — Tom. II, pag. 142.

2. Historia Eliensis, pag. 516.

3. Se episcopatum non ampliùs habiturum, nec successori calumniam aut damnum illaturum, jurejurando firmavit. (Lanfranci opera, p. 300.)

1071. voir les vieux compagnons de leur jeunesse [1].

Plusieurs membres du haut clergé saxon trouvèrent moyen de se dérober à leur sort; l'archevêque Stigand et l'évêque de Lincoln s'enfuirent tous les deux en Écosse; Égelsig, abbé de Saint-Augustin, s'embarqua pour le Danemark, et y resta, quoiqu'il fût réclamé, comme *fugitif du roi*, par un rescrit du conquérant [2]. Égelwin, évêque de Durham, sur le point de partir aussi pour l'exil, maudit solennellement les oppresseurs de son pays, et les déclara séparés de la communion des chrétiens, suivant les formules graves et sombres par lesquelles cette séparation se prononçait [3]. Mais le bruit de ses paroles frappa en vain les oreilles du roi normand : Guillaume avait des prêtres pour démentir les prêtres saxons, comme il avait des épées pour briser les épées saxonnes.

Ce moine d'origine lombarde, nommé Lanfranc, dont il a été fait mention plus haut [4], le

[1]. Dehinc ad monasterium ubi nutritus fuerat ab infantiâ repedavit. (Ibid.) — Alderedus abbas Abendoniæ in captione ponitur. (Angliâ sacra, t. I, p. 168.) — Custodiæ mancipatus usque ad finem vitæ. (Hist. Eliensis, pag. 516.) — In ergastulo carceris ferro adstrictus. (Ibid, pag. 512.)

[2]. Script. rer. danicar., tom. III, pag. 256.

[3]. Zelum Dei habens, oppressores vinculo excommunicationis innodavit. (Math. Westmonast., p. 226.)

[4]. Livre III, tom. Ier, pag. 243.

même qui avait dirigé en partie, à Rome, la conspiration tramée contre le peuple anglais, vivait encore en Normandie, fort renommé pour son savoir, et toujours également chéri du pape et du nouveau roi [1]. Ce fut lui que les légats d'Alexandre II proposèrent pour remplacer Stigand dans l'archevêché de Canterbury, et le conquérant n'objecta rien contre ce choix, espérant beaucoup de l'habileté de Lanfranc pour faire prospérer la conquête [2]. La reine Matilde et les grands de Normandie hâtèrent vivement son départ; il fut accueilli avec joie par les Normands d'Angleterre, qui le célébraient hypocritement comme un instituteur envoyé par Dieu même, pour réformer les mauvaises mœurs des Anglais [3]. Lanfranc fut nommé archevêque par élection du roi et des barons étrangers, contre l'ancienne coutume de l'église anglo-saxonne, où les prélats étaient choisis par le corps du clergé, et les abbés par leurs moines [4]. Cet usage était un de ceux que la conquête ne pouvait laisser subsister, et tout le pouvoir religieux,

1 Vita Lanfranci apud script. rer. francic., t. XIV, p 31
— Lanfranci opera omnia, p. 299.
2. Divinitùs Anglis institutor datus. (Orderic. Vital., pag. 520.)
3 Regis et omnium optimatum ejus benevolâ electione. (Ibid., pag. 519.) — Anglia sacra, tom. I, pag. 785.

aussi bien que le pouvoir civil, devait passer des indigènes aux conquérants.

Lorsque Lanfranc, créature des conquérants, fit son entrée dans la métropole qu'ils lui donnaient à régir, il ne put s'empêcher d'être saisi d'un sentiment de tristesse, en voyant l'état où eux-mêmes l'avaient réduite. L'église du Christ, à Canterbury, était dévastée par le pillage et l'incendie, et le nouvel archevêque trouva son autel presque enterré sous les décombres [1]. Aux fêtes de la Pentecôte, il y eut un second concile tenu à Windsor, et Thomas, l'un des chapelains du roi, fut nommé archevêque d'York, à la place du Saxon Eldred, qui était mort de chagrin. Thomas, de même que Lanfranc, trouva son église métropolitaine détruite par le feu avec tous ses ornements, ses chartes, ses titres et ses priviléges ; il trouva le territoire de son diocèse tout ravagé, et les Normands qui l'habitaient, si attristés par le spectacle de leurs propres dévastations, qu'ils hésitaient à s'établir sur les terres qu'ils avaient prises [2]. Thomas se mit en possession de tous les domaines de l'église

1. Cùm Cantuariam primò venisset, et ecclesiam Salvatoris quam regere susceperat, incendio atque ruinis p ænè nihili factam invenisset, mente contristatus est. (Eadmeri Historia novorum, pag. 7.)

2. Quando archiepiscopatum suscepit, civitas Eboraca et

d'York ; mais nul homme, Normand ou Saxon, 1071.
ne voulut les prendre à ferme, soit par dégoût,
soit par terreur¹.

Le pape envoya à Lanfranc son propre pallium, en signe d'investiture, et l'accabla de messages flatteurs : « Je vous désire, lui disait-il, « et ne me console de votre absence qu'en pensant aux heureux fruits que l'Angleterre va « recueillir par vos soins ². » C'est ainsi que, regardées de loin, les hideuses opérations de la conquête prenaient des couleurs agréables. La mission de Lanfranc en Angleterre, sa mission spéciale et avouée, c'était de faire servir la religion à l'asservissement des Anglais, et d'étouffer le peuple vaincu, comme dit un ancien historien, sous les embrassements mutuels de la royauté et du sacerdoce ³. Pour atteindre plus

1071 à 1072.

---

tota regio circà a Normannis ferro et flammâ penitùs fuit destructa..... incensa quoque metropolis ecclesia..... cuncta circumcircà hostili vastatione invenit depopulata. (Chron Thomæ Stubbs, pag. 1708.)

1. Ipsis etiam Normannis in tantùm animus deceserat, ut terras et honores qui eis offerebantur, recipere non auderent. (Chron. Thomæ Stubbs, p. 1708)

2. Lanfranci opera. Epistolæ, p. 337.

3. Dum regnum et sacerdotium in nostrum detrimentum mutuos commutarent amplexus (Chron. Gervasii Cantuar, pag. 1333.)

2.

1071 à 1072. sûrement ce but, le nouvel archevêque de Canterbury suggéra au conquérant un nouveau plan de constitution ecclésiastique, plan aussi favorable à l'ambition du prélat qu'à la stabilité de la conquête. « Il faut, disait Lanfranc au roi « Guillaume, qu'il n'y ait en Angleterre qu'un « seul chef religieux, pour que la royauté que « vous avez conquise se maintienne dans son « intégrité. Il faut que l'église d'York, l'église « du pays des rébellions, quoique régie par un « Normand, devienne sujette de celle du pays de « Kent; il faut surtout que l'archevêque d'York « ne jouisse point de la prérogative de sacrer les « rois d'Angleterre, de crainte qu'un jour, soit « de force, soit de bon gré, il ne prête son mi- « nistère à quelque Saxon ou Danois, élu par les « Saxons en révolte [1]. »

L'église de Kent ou de Canterbury avait été, comme on l'a vu plus haut, la première église fondée par les missionnaires venus de Rome, au milieu des Saxons encore païens [2]. Sur cette primauté dans le temps, s'était établie l'idée vague d'une sorte de prééminence hiérarchique, mais sans qu'il en résultât pour l'église de Kent, ni

---

1. .... Unus ab illius provinciæ indigenis et ab Eboracensi archiepiscopo rex crearetur. (Thomæ Stubbs, p. 1706.)

2. Voyez livre I, tome Ier, page 65.

pour ceux qui la gouvernaient aucune suprématie effective. Le siége métropolitain d'York était resté l'égal de l'autre, et tous deux exerçaient conjointement la haute surveillance sur les évêchés de l'Angleterre [1]. C'est cet ordre de choses que l'archevêque Lanfranc entreprit de réduire à l'unité absolue, chose nouvelle, disent les historiens du siècle, chose inouie avant le règne des Normands [2]. Il évoqua d'anciens priviléges et des actes ambigus de différents papes qui s'étaient plu à témoigner leur tendresse pour l'église de Canterbury, fille aînée de la papauté en Bretagne. Il établit comme axiome que la loi devait découler d'où avait découlé la foi, et que de même que le pays de Kent était sujet de Rome, parce qu'il en avait reçu le christianisme, par une raison semblable, le pays d'York devait être hiérarchiquement soumis à celui de Kent [3].

Thomas, l'archevêque normand d'York, dont

1071
à
1072

[1]. Duo metropolitani, non solùm potestate, dignitate et officio, sed suffraganeorum numero pares. (Thomæ Stubbs, pag 1706.)

[2]. Ut Britannia uni quasi primati subderetur... nova res huic nostro sæculo et a tempore quo in Angliâ Normanni regnare cœperunt, Anglis inaudita. (Eadmeri Historia, p. 3.)

[3] Sicut Cantia subjicitur Romæ, quòd ex eâ fidem accepit, ita Eboracum subjiciatur Cantiæ. (Lanfranci opera omnia, pag. 378.)

une pareille politique tendait à ruiner l'indépendance personnelle, fut assez peu dévoué à la cause de la conquête pour entreprendre de s'opposer à cette nouvelle institution [1]. Il pria son collègue Lanfranc de citer quelques titres authentiques à l'appui de ses prétentions. C'était une demande embarrassante; mais le Lombard l'éluda en assurant que les actes en bonne forme et les titres ne lui manqueraient point si, par malheur, tout n'avait péri, quatre ans auparavant, dans l'incendie de son église [2]. Cette réponse évasive termina le différend, grâce à certains avertissements officiels que reçut le rival du confident du roi Guillaume: car on lui signifia que si, en vue de la paix et de l'unité du royaume, il ne se résignait pas à recevoir la loi de son collègue de Canterbury, et à reconnaître que le siége d'York n'avait jamais été l'égal de l'autre siége métropolitain, lui et tous ses parents seraient bannis de l'Angleterre [3]. Thomas ne per-

1. Eboracensis ecclesiæ antistes adversùm me palàm murmuravit, clàm detraxit, et calumniam suscitavit. (Lanfranci, epist. in Wilkins concil., p. 326.)

2 In eâ combustione atque abolitione quam nostra ecclesia antè quadriennium perpessa est. (Lanfranci opera, pag. 301.)

3. Propter unitatem et pacem regni...... suî suorumque expulsionem de Angliâ comminatus est (Th. Stubbs, p. 1706.)

sista plus, et fit son devoir de fidèle enfant de la conquête; il renonça, entre les mains de Lanfranc, à tout le pouvoir que ses prédécesseurs avaient exercé au sud de l'Humber, et, faisant profession solennelle d'obéissance et de fidélité, ne garda plus que le nom d'archevêque; car Lanfranc, sous le titre de primat, en réunit seul tout les droits[1]. Selon le langage des vainqueurs, il devint, par la grâce de Dieu, le père de toutes les églises, et, selon le langage des vaincus, toutes tombèrent sous son joug, et devinrent ses tributaires[2]. Il en chassa qui il voulut; il y mit des Normands, des Français, des Lorrains, des hommes de tous pays et de toutes races, pourvu qu'ils ne fussent pas Anglais[3]; et il est à remarquer que dans la dépossession générale des anciens prélats de l'Angleterre, on épargna les hommes de naissance étrangère naturalisés dans le pays. Tels étaient Hermann,

---

1. Th. Rudborne, in Angliâ sacrâ, tom. I, pag 253. — Ab universis Angliæ episcopis, priùs ab aliis sacratis, professionem exegit. (Chron. Henrici Knyghton., p. 2347.)

2. Dispositione divinâ. (Lanfranci opera, pag. 306) — Omnes Angliæ subjugavit ecclesias et tributarias effecit. (Gervas. Cant., pag.1333.)

3. Alienigenæ de quâcumque aliâ natione quæ sub cœlo est.... tantùm tunc Anglos abominati sunt (Ingulf. croyl. apud script. oxonienses, pag. 7.)

Guis, et Walter ou Gaultier, tous trois Lorrains, qui conservèrent les évêchés de Wells, de Sherborn et de Hereford.

La plupart des évêchés et des abbayes de l'Angleterre furent employés, comme l'avaient été naguère les biens des riches, la liberté des pauvres et la beauté des femmes, à payer les dettes de la conquête. Un certain Remi, natif de Fécamp, reçut l'évêché de Dorchester et ensuite celui de Lincoln, pour solde d'un navire et de soixante bateaux qu'il avait fournis au conquérant[1]. Cet homme et les autres prélats venus d'outremer, comme un arrière-ban de milice, pour mettre, en quelque sorte, la dernière main à l'invasion, et accomplir ce que les soldats n'avaient pu ou n'avaient osé faire, expulsèrent partout les moines qui, selon une coutume particulière à l'Angleterre, vivaient sur les terres des églises épiscopales; et le roi Guillaume les en remercia, pensant, dit un contemporain, que des moines de race anglaise ne pouvaient lui souhaiter que du mal[2]. Une nuée d'aventuriers partis de la Gaule vint fondre sur les prélatures, les archi-

---

1. Voy. livre III, page 275. — Episcopatum, si vinceret pactus. (Will. Malmesb. Gestæ pontific., pag. 290.) — Episcopatum a W°. post rege facto emerat. (Eadmeri, p. 7.)

2. Ibid., pag. 10. — Monachorum anglicanorum sibi semper mala increpantium. (Ingulf. croyl., pag. 913.)

diaconats, les doyennés de l'Angleterre [1]. La plupart affichèrent dans leur nouvel état l'immoralité la plus déhontée : l'un d'eux fut tué par une femme à qui il voulait faire violence [2]; d'autres se rendirent célèbres par leur gloutonnerie et leurs débauches [3]. Robert de Limoges, évêque de Litchfield, pilla le monastère de Coventry; il prit les chevaux et les meubles des religieux qui l'habitaient, ouvrit, par effraction, leurs cassettes, et finit par faire abattre leur maison, pour bâtir avec les matériaux un palais épiscopal, dont l'ameublement fut payé par la fonte des ornements d'or et d'argent qui décoraient l'église [4]. Ce même Robert fit un décret pour interdire aux clercs saxons l'usage des aliments nourrissants et des livres instructifs, de crainte, dit l'historien, que la bonne nourriture et la littérature élevée ne leur donnassent

---

1. Dabantur laicis, pro famulatu, episcopatus et abbatiæ, ecclesiarum præpositurae, archidiaconatus et decaniæ. (Orderic. Vital., p. 623.)

2. Henrici Knyghton., p. 2348.

3. Lautitiarum appetentissimus, uno et ipso immani commisso infamis. (Will. Malmesb. ed. Gale, p. 377.)

4. Arcas eorum fregisti, equos et omnes proprietates quas habebant rapuisti. Domos eorum destruxisti. (Epist. Lanfranci ad Robert. Cestr. episc. Lanfranci opera, p 315.) —Ex unâ trabe ecclesiæ corrosit 500 marcas argenti. (Anglia sacra, tom. I, p. 445.)

1071
à
1072.

trop de force et de hardiesse contre leur évêque[1]. - Les évêques normands dédaignèrent, presque tous, d'habiter dans les anciens chefs-lieux des diocèses qui étaient, pour la plupart, de petites villes, et se transportèrent dans des lieux où il y avait soit de meilleures terres à prendre, soit une plus nombreuse population à rançonner : c'est ainsi que Coventry, Lincoln, Chester, Salisbury, Thedford devinrent des villes épiscopales[2]. En général, la passion du gain se montra, chez les prêtres de l'invasion, plus âpre que chez les soldats même; leur tyrannie, mêlée de lâcheté, était plus dégoûtante encore que la brutalité des hommes d'épée[3]. Les abbés normands maniaient aussi l'épée, mais contre des moines sans armes, et plus d'un couvent anglais fut le théâtre d'exécutions militaires; dans celui que gouvernait un certain Turauld ou Torauld, venu de Fécamp, l'abbé avait pour coutume de crier, *A moi, mes hommes d'armes*, toutes les fois que ses religieux

---

1. Monachos loci illius agresti victu cibavit, et non nisi triviali litteraturâ permisit informari, ne deliciæ aut litteræ redderent monachos contrà episcopum elatos. (Henric. Knyghton. ed. Selden., p. 2352.)

2. Scriptores oxonienses, p. 73. — Lanfranci opera, pag. 357. — Notæ ad chron. saxon.

3. Stipendiarii, non monachi sed tyranni, intrudebantur. (Orderic Vital., p. 523.)

ou ses subordonnés lui résistaient en quelque point de discipline ecclésiastique. Ses exploits belliqueux devinrent même si célèbres, que le conquérant se crut obligé de l'en punir, et que, par un genre de châtiment bizarre, il l'envoya régir le couvent de Peterborough, dans la province de Northampton, poste dangereux à cause du voisinage du grand camp de refuge des Saxons, mais fort convenable, disait Guillaume, à un abbé si bon soldat [1]. Délivrés de ce chef redoutable, les moines n'en furent pas plus heureux, car ils reçurent à sa place un certain Guérin de Lire, qui, selon les paroles d'un ancien récit, prit dans leurs bourses jusqu'au dernier écu, pour se faire un renom auprès de ceux qui naguère l'avaient vu pauvre [2]. Ce Guérin fit déterrer de l'église les cadavres des abbés de race anglaise ses prédécesseurs, et jeter leurs ossements hors des portes [3].

Pendant que de pareils traits avaient lieu en Angleterre, la renommée allait publiant au-de-

1. Quia magis se agit militem quam abbatem. (Will. Malmesb. ed. Gale, p. 372.)

2. Idoneus monachorum marsupia evacuare, undecùmque nummos rapere, ut apud eos, qui eum olim pauperem vidissent, compararet jactantiam (Anglia sacra, t. II, p. 41.)

3. Omnium ossa, conglobata ut acervum ruderum, ecclesiæ foribus alienavit. (Ibid.)

1071 à 1072. hors, par la plume des clercs salariés ou qui souhaitaient de l'être, que Guillaume le puissant, le victorieux, le pieux, civilisait ce pays, jusque-là barbare, et y ranimait le christianisme, auparavant fort négligé [1]. La vérité, toutefois, ne fut pas entièrement étouffée : les plaintes des opprimés parvinrent même jusqu'à Rome; et, dans cette cour romaine, que les historiens du temps accusent d'être si vénale [2], il se trouva, par hasard, quelques hommes consciencieux, qui dénoncèrent la révolution opérée en Angleterre, comme odieuse et contraire aux lois ecclésiastiques. La dégradation en masse des évêques et des principaux abbés saxons, et l'intrusion des Normands furent vivement blâmées [3]; mais la mort d'Alexandre II, et l'avènement, sous le nom de Grégoire VII, de ce moine Hildebrand, qui, selon ses propres paroles, avait déja en-

1. Cujus insulæ rex effectus (Willelmus) barbaros illius mitigavit mores, cultumque christianæ religionis, qui in eâ modicus erat, ampliavit. (Hist. fragm. apud rer. francic. script., tom. XI, p. 162.)

2. Cùm fama Romanos notâ cupiditatis asperserit. (Radulphi de Diceto Imagines historiar. apud. script. rer. franc., tom. XIII, pag. 202.)

3. Prisci abbates, quos canonicæ leges non damnabant, sæcularis comminatione potestatis terrebantur, et sine synodali discussione de sedibus suis fugabantur. (Orderic. Vital., pag, 523) — Eadmeri, p. 7.

couru la note d'infamie, en favorisant l'invasion de l'Angleterre, réduisirent presque au silence les accusateurs de la nouvelle Église, fondée par la conquête normande ¹. Sa légitimité canonique cessa d'être mise en question, et deux individus seulement, Thomas, l'archevêque d'York, et Remi, l'évêque de Lincoln, furent cités à la cour pontificale, l'un parce qu'il était fils de prêtre, l'autre parce qu'il avait acheté à deniers comptants la dignité épiscopale ².

Lanfranc partit avec eux, muni de présents, disent les chroniques, pour le pape et les Romains avares. Tous les trois distribuèrent largement l'or des Anglais dans la ville des apôtres, et s'y firent par là un grand renom de magnificence et de talent³. Cette conduite leur aplanit toutes les difficultés; l'affaire des deux prélats normands fut arrangée sous main, et, au lieu d'enquête sur leur compte, il n'y eut qu'une scène d'apparat, où tous les deux remirent au pape, en signe d'obéissance, leur anneau et leur bâton pastoral. Lanfranc plaida leur cause, en prouvant qu'ils étaient utiles et même néces-

---

1. Voyez livre III, tome Ier, page 269.

2. Primus namque presbyteri filius erat. (Henric. Knyghton, p. 2548.)

3. De divitiis anglicis larga munera cupidis Romanis, et sic mirabiles Latiis.... visi sunt. (Eadmeri Hist., p. 7.)

saires au nouveau roi, pour les nouveaux arrangements du royaume[1], et le pape lui répondit : « Décide l'affaire comme tu l'entendras, « toi qui es le père de ce pays ; car je remets « à ta disposition les deux verges pastorales[2] ». Lanfranc les prit et les rendit à Remi et à Thomas ; puis, ayant lui-même reçu de Grégoire VII la confirmation de son titre de primat, ou de pontife souverain de toute l'Angleterre, il repartit avec ses compagnons.

Ainsi les églises des Anglais continuèrent d'être livrées, sans obstacles et avec l'aveu de l'Église romaine, à des chefs recrutés en tous pays. Le prélat de race étrangère prononçait, devant un auditoire saxon, ses homélies en langue française, et quand elles étaient écoutées patiemment, ou par surprise ou par terreur, l'homme d'outre-mer s'enorgueillissait de la puissance de ses discours qui s'insinuaient, disait-il, par miracle, dans l'oreille des barbares[3]. Une sorte de pudeur de n'offrir au monde chrétien que ces ridicules comédies fit rechercher par le roi Guillaume quelqu'un des

1. Novo regi, in novis regni dispositionibus, pernecessarios. (Eadmeri Hist., pag. 7.)

2. Tu es pater illius patriæ. (Ibid.)

3. Qui, licet latinè vel gallicè loquentem minùs intelligerent, tamen, intendentes ad illum, virtute verbi Dei, ad lacrymas sæpe compuncti. (Gervas. Cantuar. scriptores oxon., p. 115.)

hommes que l'opinion du temps préconisait au loin, à cause de l'austérité de leur vie. Tel était Guimond, moine du couvent de la Croix-saint-Leufroi, en Normandie; le roi lui envoya l'invitation de passer la mer, et il obéit aux ordres de son seigneur temporel. Quand il fut arrivé en Angleterre, le conquérant lui dit qu'il avait dessein de l'y retenir, et de l'élever à une grande dignité ecclésiastique ; voici ce que répondit le moine, si l'on en croit un historien postérieur de peu d'années [1] :

1071
à
1072.

« Beaucoup de motifs m'engagent à fuir les di-
« gnités et le pouvoir ecclésiastique : je ne les
« énoncerai point tous ; je dirai seulement que
« je ne conçois pas de quelle manière il me se-
« rait possible d'être dignement le chef religieux
« d'hommes dont je ne connais ni les mœurs ni
« la langue, et dont les pères, les freres, les
« amis, sont morts sous votre épée, ou sont dés-
« hérités, bannis, emprisonnés, durement as-
« servis par vous [2]. Parcourez les saintes écritures,
« voyez si quelque loi y tolère que le pasteur
« du troupeau de Dieu lui soit imposé violem-
« ment par le choix d'un ennemi. Ce que vous

1. Orderic. Vital., p. 524.
2. Quorum patres carosque parentes et amicos occidistis gladio, vel exhæredatos opprimitis exilio, vel carcere indebito, vel intolerabili servitio. (Ibid.)

« avez ravi par la guerre, au prix du sang de
« tant d'hommes, pourriez-vous sans péché le
« partager avec moi, avec ceux qui, comme
« moi, ont juré mépris au monde, et, pour l'a-
« mour du Christ, se sont dépouillés de leurs
« propres biens? C'est la loi de tous les religieux
« que de s'abstenir de rapines, et de n'accepter
« aucune part de butin, même comme offrande
« à l'autel; car, ainsi que le disent les Écritures,
« celui qui offre en sacrifice le bien des pauvres
« fait comme s'il immolait le fils en la présence
« de son père [1]. Quand je me rappelle ces pré-
« ceptes divins, je me sens troublé de frayeur;
« votre Angleterre me semble une vaste proie, et
« je crains de la toucher, elle et ses trésors, à
« l'égal d'un brasier ardent..... [2]. »

Guimond repassa la mer, et retourna au fond
de son cloître; « mais, ajoute l'ancien narrateur,
« le bruit se répandit qu'il avait exalté la pau-
« vreté des moines au-dessus de la richesse des
« évêques, et nommé rapine, à la face du roi et
« de ses chefs, l'acquisition de l'Angleterre; que
« même il avait traité de ravisseurs tous les évêques

___

1. Omnium religiosorum lex est a rapina abstinere. (Orderic. Vital., p. 524.)

2. Totam Angliam quasi amplissimam prædam dijudico, ipsamque, cum gazis suis, velut ignem ardentem, contingere formido. (Ibid., p. 525.)

« et les abbés installés dans ce pays contre la « volonté des Anglais [1]. Ses paroles déplurent à « beaucoup de gens qui, ne se souciant pas de « l'imiter, le blâmèrent et médirent de lui [2]. »

1071 à 1072.

La haine que le clergé de la conquête portait aux indigènes de l'Angleterre s'étendit jusque sur les saints de race anglaise, et, dans plus d'un lieu, leurs tombeaux furent ouverts et leurs ossements dispersés [3]. Tout ce qui avait été anciennement un objet de vénération dans le pays, fut regardé, par les nouveaux-venus, comme vil et méprisable [4]. Mais l'aversion violente qu'inspiraient aux Normands les saints anglais, tenait à des raisons politiques, autres que leur dédain commun pour tout ce qu'honoraient les vaincus. Souvent la religion n'avait été pour les Anglo-saxons qu'un reflet du patriotisme, et parmi les saints qu'on invoquait alors en Angleterre, plusieurs

---

1. Quòd obtentum Angliæ, in præsentiâ regis et optimatum ejus, rapinam appellaverit, et quòd omnes episcopos vel abbates qui, nolentibus Anglis, in ecclesiis Angliæ prælati sunt, rapacitatis arguerit. (Orderic. Vital., p. 525.)

2. Verba igitur ejus multis displicuerunt. . (Ibid.)

3. Tipho quodam et nauseâ sanctorum corporum. (Anglia sacra, tom. II, p. 41.)

4 Pænè cuncta quæ ab Anglis antiquitùs quasi sacrosancta celebrabantur, nunc vix postremæ auctoritatis habentur. (Eadmeri, Hist. novor., p 126.)

2   3

l'étaient devenus en mourant de la main de l'ennemi, au temps des invasions danoises, comme Elfeg, archevêque de Canterbury, et Edmund, roi de l'Est-anglie [1]. De pareils saints devaient porter ombrage aux nouveaux envahisseurs; car leur culte encourageait l'esprit de révolte, et consacrait de vieux souvenirs de bravoure et de liberté. Aussi les prêtres étrangers, et Lanfranc à leur tête, ne tardèrent-ils pas à proclamer que les saints saxons n'étaient pas de vrais saints, ni les martyrs saxons de vrais martyrs [2]. Guérin de Lire attaqua saint Adhelm; Lanfranc entreprit de dégrader saint Elfeg, et tourna en ridicule sa mort et son refus courageux de payer rançon aux Danois : « Il serait trop aisé d'être martyr, « disait le primat lombard, s'il suffisait pour cela « de tenir plus à l'argent qu'à la vie [3]. » Probablement dans des vues analogues, et pour donner une nouvelle direction à l'esprit des Anglais, il fit saisir, par toute l'Angleterre, les exemplaires des Ecritures, et les corrigea de sa main, sous prétexte que l'ignorance saxonne en avait ancienne-

---

1. Livre II, tome Ier, pages 109 et 142

2. Angli inter quos vivimus, quosdam sibi instituerunt sanctos quorum incerta sunt merita. (Anglia sacra, tom. II, pag. 162.)

3. Et quòd occisus fuerit non pro confessione nominis Christi, sed quia pecuniâ se redimere noluit. (Ibid.)

ment corrompu le texte; mais tout le monde ne crut point à cette assertion hautaine, et Lanfranc encourut le reproche d'avoir falsifié les livres saints [1].

Des violences faites à la conviction populaire, soit vraie, soit fausse, soit superstitieuse, soit raisonnable, sont souvent plus puissantes pour exciter le courage des opprimés que la perte même de la liberté et du bien-être. Les insultes prodiguées aux objets de l'ancien culte, les souffrances des évêques, une sorte de haine religieuse contre les nouveautés religieuses de la conquête, agitèrent fortement les esprits, et devinrent le mobile d'une grande conjuration, qui s'étendit sur toute l'Angleterre [2]. Beaucoup de prêtres s'y engagèrent, et trois prélats s'en déclarèrent les chefs : c'étaient Frithric, abbé de Saint-Alban, Wulfstan, évêque de Worcester, le seul homme de race anglaise qui eût alors un évêché, et Walter, évêque de Hereford, Flamand de naissance, le seul parmi les étrangers, évêques avant la conquête, qui se soit montré fidèle à la cause

---

[1]. Quæ rudis simplicitas anglicana corruperat ab antiquo. (Edward Brown, fasciculi rerum expetendarum, in Angliâ sacrâ, tom. I, p. 55.)

[2]. Plures convocando, exercitum numerosum ac fortissimum conflaverunt. (Math. Paris. Vitæ abbatum, p. 30.)

de sa patrie adoptive[1]. Le nom du jeune roi Edgar fut prononce de nouveau; il circula des chants populaires, où on l'appelait *le beau, le brave, l'enfant chéri de l'Angleterre*[2]. Les deux frères Edwin et Morkar s'enfuirent, pour la seconde fois, de la cour du Normand; la ville de Londres, jusque là paisible et résignée à la domination étrangère, commença à se montrer turbulente, et, comme disent les vieux historiens, dans un langage malheureusement trop vague, à résister en face au roi Guillaume[3].

Guillaume, pour conjurer ce nouveau péril, prit le parti qu'il avait déja embrassé plusieurs fois, le parti de promettre et de mentir. Le mensonge lui réussit encore. Frithric et les autres chefs des insurgés, invités par ses messages à se rendre à Berkhamsted, pour traiter de la paix, vinrent à ce lieu de mauvais augure où, pour la première fois, des mains saxonnes avaient touché, en signe de sujétion, la main armée du conquérant. Ils y trouvèrent le roi et le primat

---

1. Math. Paris. Vitæ abbatum, p. 30.

2. Speciosissimum et fortissimum.... undè in Angliam tale exiit eulogium ·

« Edgar Ethelinge,
« Engelondes derelinge. »   (Ibid)

3. Cives Londoniæ in faciem restiterunt. (Ibid.)

Lanfranc, son conseiller le plus intime. Tous deux affectèrent à leur égard un air de douceur et de bonne foi[1]; et il y eut, sur les intérêts réciproques, une longue discussion qui se termina par un accord. Toutes les reliques de l'église de Saint-Alban avaient été portées au lieu des conférences; un missel fut ouvert sur ces reliques, à la page de l'Évangile, et Guillaume, se plaçant dans la situation où lui-même autrefois avait placé Harold, jura, par les saints ossements et par les sacrés Évangiles, d'observer inviolablement les bonnes et anciennes lois que les saints et pieux rois d'Angleterre, et surtout le roi Edward, avaient établies ci-devant[2]. L'abbé Frithric et les autres Anglais répondirent au serment de Guillaume par le serment de fidélité et de paix qu'on prêtait aux anciens rois saxons, et se dispersèrent ensuite, satisfaits et pleins d'espérance[3]. L'évêque Wulfstan fut député vers l'ouest, dans la province de Chester, pour y calmer les esprits, et faire une visite pastorale

1071 à 1072.

1. Et serenâ fàcie, vocavit eos ad pacem. (Math. Paris. Vitæ abbatum, p. 30.)

2. Juravit super omnes reliquias ecclesiæ Sancti Albani, tactisque sacrosanctis Evangeliis, bonas et approbatas antiquas regni leges.... inviolabiliter observare. (Ibid.)

3. Ad propria læti recesserunt. (Ibid.)

dont aucun prélat normand n'osait encore se charger [1].

Ces bonnes et antiques lois, ces lois d'Edward, dont la promesse avait le pouvoir d'apaiser les insurrections, n'étaient point un code particulier, un système de dispositions écrites, et l'on entendait simplement par ces mots l'administration douce et populaire qui avait existé en Angleterre au temps des rois nationaux. Sous la domination danoise, le peuple anglais, dans ses prières adressées au vainqueur, demandait, sous le nom de lois d'Éthelred, l'anéantissement des innovations de la conquête [2] : demander les lois d'Edward, sous la domination normande, c'était former le même souhait, mais un souhait inutile, et que, en dépit de ses promesses, le nouveau conquérant ne pouvait remplir. Quand bien même il eût maintenu, de bonne foi, toutes les pratiques légales de l'ancien temps; quand même il les eût fait observer à la lettre par ses juges étrangers, elles n'auraient point porté leurs anciens fruits. Il y avait erreur de langage dans les demandes de la nation anglaise; car ce n'était pas le défaut d'observance de ses vieilles lois

---

1. Episcopatûs ci Cestrensis visitatio à Lanfranco commissa est.... ea enim provincia Normannis inaccessa et impacata. (Anglia sacra, tom. II, pag. 256.)

2. Voyez livre II, tome Ier, page 202.

criminelles ou civiles qui rendait sa situation si désastreuse, mais la ruine de son indépendance et de son existence comme nation [1]. Ni Guillaume ni ses successeurs ne montrèrent jamais une grande haine pour la législation saxonne, soit civile, soit criminelle; ils la laissèrent observer en beaucoup de points, et les Saxons ne s'en trouvèrent pas mieux. Ils laissèrent le taux des amendes, pour le vol et le meurtre commis contre des Anglais, varier comme avant la conquête, suivant la division des grandes provinces [2]; ils laissèrent le Saxon accusé de meurtre ou de brigandage se justifier, selon l'antique usage, par le fer rouge ou l'eau bouillante, tandis que le Français, accusé par un Saxon, se défendait par le duel ou simplement par le serment, selon la loi de Normandie [3]. Cette différence de procé-

1. Ils requirent estre gouvernez comme li rois Edouard les avait gouvernez. (Chron. de Normandie, rec. des hist. de la France, tom. XII, pag. 239.)

2. Si home occist altre, ... XX livres en Merchenlae et XXV liv. en Westsaxenlae. (Lois de Guillaume-le-Conq.— Ingulf. croyl. Script. oxon., p 89.)

3. Anglicus se purget per judicium ferri, Francigena se defendat per bellum, et si Anglicus non audeat probare per bellum, defendat se Francigena pleno juramento (s'en escondira per plein serment). (Leges Willelm nothi apud Johan. Brompton.)

1071 à 1072.

dure, toute au détriment de la population vaincue, ne disparut qu'après un siècle et demi, quand les décrets de l'Église romaine eurent interdit partout les jugements du feu et de l'eau [1]. D'ailleurs, parmi les anciennes lois saxonnes, il s'en rencontrait quelques-unes qui devaient être spécialement favorables à la conquête, comme celle qui rendait les habitants de chaque district responsables de tout délit commis dans le district, et dont l'auteur serait inconnu [2]; loi commode entre les mains de l'étranger pour mettre la terreur dans le pays. Quant à ces sortes de lois, il était de l'intérêt du conquérant de les maintenir; et quant aux autres relatives à des transactions particulières, leur maintien lui était indifférent. Aussi exécuta-t-il, en ce sens, la promesse qu'il avait faite aux chefs saxons, sans s'inquiéter si les Saxons comprenaient autrement cette promesse. Il fit venir auprès de lui, à Londres, douze hommes de chaque province, qui déclarèrent, sous le serment, les anciennes coutumes du pays [3]; ce qu'ils dirent fut rédigé en une

1. Notæ ad Eadmerum, ed. Selden., pag. 204.

2. Borhs, frith-borhs, borhsholders.

3. Electi sunt de singulis comitatibus 12 viri sapientores, quibus jurejurando injunctum erat coràm rege Willelmo ut, quoad possent, legum suarum et consuetudinum sancita pa-

espèce de code dans l'idiome français du temps, seul langage légal reconnu par le gouvernement de la conquête. Ensuite, les hérauts normands allèrent criant à son de cor, dans les villes et dans les bourgades : « Les lois que le roi Guil- « laume octroyait à tout le peuple d'Angleterre, « les mêmes que le roi Edward, son cousin, avait « tenues avant lui [1]. »

1071 à 1072.

Les lois d'Edward furent publiées, mais le temps d'Edward ne revint pas pour les habitants de l'Angleterre. Le bourgeois ne retrouva point sa municipalité libre, ni le paysan sa franchise territoriale, et dès lors, aussi bien qu'auparavant, tout Normand eut le privilége de tuer un Anglais, sans crime, et même sans péché aux yeux de l'église, pourvu qu'il le crût en révolte[2]. Les chefs de la dernière conjuration ne tardèrent pas à éprouver combien peu de valeur réelle avait pour

tefacerent, nil prætermittentes, nil addentes. (Th. Rudborn. in Angliâ sacrâ, p. 259.)

1. Ces sont les leis et les coustumes que li reis Willhaume grantat a tout le peuple de Angleterre, ice les meismes que li reis Edward, son cosin, tint devant lui. (Ingulf. croyl. Script. oxon., p. 88.)

2. Qui, post consecrationem regis, hominem occiderint sicut de homicidiis spontè commissis pœniteant, hoc excepto, ut si quis de illis quemque, qui adhuc repugnabant regi, occidit vel percussit. (Decreta præsulum Normannor., Wilkins concilia, p. 364.)

eux cette concession, au prix de laquelle ils avaient mis bas les armes. Et, comme il arrive toujours dans de semblables circonstances, du moment que leur confédération fut dissoute, tous furent persécutés cruellement par l'homme en pouvoir qu'ils avaient contraint de capituler avec eux. « Ce tyran, disent les chroniques, « n'avait osé les affronter quand ils étaient réu- « nis; mais dispersés, il les attaqua et les écrasa « un à un [1]. » L'évêque Walter s'enfuit dans le pays de Galles ; les soldats normands eurent ordre de le poursuivre jusque dans ce pays, sur lequel ne s'étendait point la domination du roi Guillaume; mais il leur échappa, à la faveur des forêts et des montagnes [2]. Le roi Edgar, s'apercevant qu'on lui dressait aussi des pièges, prit de nouveau la fuite vers l'Écosse. L'évêque Wulfstan fit des lâchetés auprès du roi, et trouva grâce; il offrit à l'abbé de Saint-Alban d'obtenir, au même prix, son pardon; mais Frithric fut plus fier [3]. Il assembla tous ses moines dans la

---

1. Tyrannus inexorabilis, quos non poterat confœderatos et congregatos superare, singulos dispersos ac semotos studuit infestare et subpeditare. (Math. Paris., Vitæ abbat., pag. 31.)

2. In abditis Walliæ vix tutus latitavit. (Ibid.)

3. Et, cùm posset ipsum Wulstanus regi vel archiepiscopo pacificare, ipse abbas noluit ei credere. (Ibid.)

salle du chapitre, et, prenant congé d'eux en pleurant : « Mes frères, mes amis, leur dit-il, voici « le moment où, selon les paroles de l'Écriture « sainte, il nous faut fuir de ville en ville devant « la face de nos persécuteurs [1]. » Il emporta quelques provisions et quelques livres, et gagna secrètement l'île d'Ély où il mourut peu de temps après [2].

Le roi Guillaume, irrité de ce que l'abbé de Saint-Alban s'était dérobé à ses poursuites, tourna toute sa fureur contre le monastère. Il en saisit les domaines, en fit arracher les forêts, et résolut de le détruire entièrement [3]. Mais le primat Lanfranc lui en fit des reproches, et, à force d'instances, obtint de lui, sous prétexte de dévotion, la conservation du couvent, et la licence d'y placer, comme abbé, un homme de son choix. A son arrivée en Angleterre, Lanfranc avait amené avec lui un jeune homme appelé Paul, qui était son parent, ou son propre fils, selon l'opinion de quelques-uns [4] ; et c'est

[1]. Fratres ac filii . fugiendum est a facie persequentium, e civitate in civitatem. (Ibid.)

[2]. Ibidem.

[3]. Extirpatis sylvis et depauperatis hominibus, totumque cœnobium destruxisset, nisi.... (Ibid.)

[4]. Et, ut quidam autumant, filius. (Math Paris. Vitæ abb., p 31. — Notæ ad Eadmer., p 196)

à ce jeune homme, encore sans fortune, qu'il donna, pour l'honneur de Dieu, l'abbaye vacante par la fuite de Frithric le Saxon. Le premier acte administratif du nouvel abbé fut de démolir les tombeaux de tous ses prédécesseurs, qu'il qualifiait de brutes et d'idiots parce qu'ils étaient de race anglaise [1]. Paul fit venir de Normandie ses parents, qui étaient fort pauvres, et leur distribua les offices et les biens de son église : « Ils « étaient tous, dit l'ancien historien [2], de la plus « grossière ignorance, et la plupart de mœurs si « infâmes qu'il y aurait honte à les décrire [3]. »

Il faut que le lecteur se reporte maintenant vers l'île d'Ély, vers cette terre marécageuse et plantée de roseaux, comme s'expriment les chroniques du temps, qui était le dernier asyle de l'indépendance anglo-saxonne [4]. L'archevêque Stigand et l'évêque Egelwin quittèrent l'Écosse pour s'y rendre [5]. Edwin et Morkar,

---

1. Quos brutos et idiotas consuevit appellare, contemnendo eos quasi Anglios (Ibid., pag. 52.)

2. Parentibus suis Normannicis, de substantiâ ecclesiæ. (Ibid., p. 53.)

3. Litteraturæ ignaris, et origine ac moribus ignobilibus quæ non possunt scribi. (Ibid.)

4. Paludum terra. (Chron. saxon. Gibson, p. 177.)

5. Anglia sacra, t. II, p. 610.

après avoir erré quelque temps par les forêts 1072. et les campagnes, y arrivèrent aussi avec d'autres chefs[1]. Le roi étranger qui venait de réussir, par sa seule ruse, à dissoudre la conjuration des prêtres patriotes, essaya de même la tromperie, avant d'employer la force, contre les Saxons du camp d'Ély. Morkar fut, pour la troisième fois, dupe de ses fausses paroles; il se laissa persuader d'abandonner le Camp du réfuge et de retourner à la cour[2]; mais à peine eut-il mis le pied hors des retranchements élevés par ses compatriotes, qu'il fut saisi et mis aux fers dans une forteresse, dont le gardien était Roger, fondateur et propriétaire du château de Beaumont, en Normandie[3]. Edwin quitta aussitôt l'île d'Ély, non pour se soumettre comme son frère, mais pour travailler à le délivrer. Durant six mois, il chercha du secours et rassembla des compagnons en Angleterre, en Écosse, et dans

[1]. Vagati per campos et sylvas. (Chron. saxon., Gibson, pag. 181.)

[2]. Falsis allegationibus simpliciter acquievit. (Orderic. Vital., p. 521.)

[3]. Cautelæ Rogeri, oppidani Belmontis, mancipavit. (Ibid.) — Beaumont-le-Roger, département de la Seine-Inférieure.

1072. le pays de Galles[1]; mais, au moment où il se trouvait assez fort pour exécuter son entreprise, deux traîtres le dénoncèrent et le vendirent aux Normands. Il se défendit long-temps, avec vingt cavaliers, contre des forces supérieures. Ce combat eut lieu près des côtes de la mer du Nord, vers laquelle le Saxon fit retraite, espérant trouver quelque moyen de s'y embarquer; mais il fut arrêté par un ruisseau que la marée montante avait grossi. Accablé par le nombre il succomba, et ses ennemis lui coupèrent la tête, et la portèrent au conquérant[2].

Tel fut le destin d'Edwin et de Morkar, fils d'Alfgar, beaux-frères du roi Harold, tous deux victimes de la cause qu'ils avaient plusieurs fois abandonnée. Leur sœur, nommée Lucie, éprouva le sort de toutes les femmes anglaises demeurées sans protecteur. Elle fut livrée en mariage à Ives Taille-bois, chef d'auxiliaires angevins, qui reçut, avec elle, tous les anciens domaines de la famille d'Alfgar[3]. La plus grande partie de ces

---

1. Sex igitur mensibus a Scotis, Guallis et Anglis auxilia sibi quæsivit. (Orderic. Vital., pag. 521.)

2. Ad hoc facinus exæstuatio marina Normannos adjuvat.... proditores, pro favore illius, caput ei domini sui deferebant. (Ibid.)

3 Quorum sororem, nomine Luciam, cum omnibus terris

terres était située aux environs de Spalding, vers 1072. les confins des provinces de Cambridge et de Lincoln, dans la contrée marécageuse qu'on appelait Hol-land, c'est-à-dire le Pays-bas, près du camp des réfugiés d'Ély. Ives Taille-bois s'établit dans ce lieu; il devint, pour les fermiers de l'ancien domaine, ce que dans la langue saxonne on appelait le *hlaf-ord*, et par contraction le *lord* de la terre [1]. Ce nom signifiait proprement donneur ou distributeur de pain; et c'est ainsi que, dans la vieille Angleterre, on désignait le chef d'une grande maison, celui dont la table nourrissait beaucoup d'hommes. Mais, à cette signification inoffensive, se substituèrent d'autres idées, des idées de domination et de servitude, lorsque les hommes de la conquête reçurent des indigènes le nom de *lords*. Le lord étranger fut un maître; les habitants du domaine tremblèrent en sa présence, et n'approchèrent qu'avec terreur de son manoir ou de sa *halle*, comme parlaient les Saxons, demeure autrefois hospitalière, dont la porte était toujours ouverte et le foyer toujours allumé; maintenant fortifiée,

eorum, Ivoni Taylbois, tum Andegavensi comiti, maritavit. (Monast. anglican., tom. I, pag. 306.)

1. Dominus Spaldingæ et totius Hollandiæ. (Ibid.) — Ingulf. croyl. ed. Gale, pag 94.

1072. murée, crénelée, garnie d'armes et de soldats, à la fois citadelle pour le maître, et prison pour le voisinage.

« Aussi, dit un contemporain, tous les gens
« du Pays-bas avaient grand soin de paraître hum-
« bles devant Ives Taille-bois, et de ne lui adres-
« ser la parole qu'un genou en terre [1]; mais
« quoiqu'ils s'empressassent de lui rendre tous
« les honneurs possibles, et de payer tout ce qu'ils
« lui devaient et au-delà, en redevances et en
« services, de son côté, il n'avait pour eux ni
« affabilité, ni bienveillance. Au contraire, il
« les vexait, les tourmentait, les torturait, les
« emprisonnait, les accablait de corvées, et, par
« ses cruautés journalières, contraignait la plu-
« part d'entr'eux de vendre le peu qu'ils pos-
« sédaient encore, et de s'en aller en d'autres
« pays [2]. Par un instinct diabolique, il se plaisait
« à malfaire pour le mal seul : souvent il lançait
« ses chiens à la poursuite du bétail des pauvres
« gens, dispersait les animaux domestiques à
« travers les marécages, les noyait dans les lacs,

---

1. Eum omnes Hoylandenses genu flexo deprecabantur ut dominum. (Ingulf. croyl., ed. Saville, p. 902.)

2. Sed torquens et tribulans, angens et angarians, incarcerans et excrucians, et quotidiè novis servitiis onerans, plurimos omnia sua vendere, et alias patrias quærere, compellebat. (Ibid.)

« ou les mutilait de diverses manières, et les « rendait incapables de servir en leur brisant les « membres ou le dos¹. »

Une partie des moines anglais de l'abbaye de Crowland habitait près de Spalding, dans une succursale que le monastère possédait à la porte même du manoir de ce redoutable Angevin. Il leur fit éprouver, encore plus violemment qu'au reste du voisinage, les effets de sa manie destructive contre tout ce qui était saxon, ou appartenait à des Saxons². Il estropiait leurs chevaux et leurs bœufs, tuait leurs moutons et leurs oiseaux de basse-cour, accablait leurs fermiers d'exactions, et faisait assaillir leurs serviteurs, sur les routes, à coups de bâtons ou d'épées³. Les moines essayèrent auprès de lui les supplications et les offres; ils donnèrent des présents à ses valets, ils tentèrent tout

---

1. Instinctu diabolico.... in mariscos oves, canibus suis insectans, et crebrò spinis ac tibiis jumentorum fractis. (Ibid., p. 609.)

2. In januis ejus quotidiè conversantes, in tantùm tribulavit. (Ibid.)

3. Jumentis eorum tam bobus quàm equis multotiès mutilatis, ovibus ac avibus quotidiè enecatis, cùm famuli prioris gladiis et fustibus in compitis sæpiùs cæderentur. (Ibid.)

1072. et souffrirent tout, dit l'histoire contemporaine[1], « puis, voyant que leurs efforts étaient superflus « et que la malice du tyran et des siens ne faisait « que s'accroître, ils prirent avec eux les vases « sacrés, leurs lits et leurs livres, et, laissant leur « habitation en la main de Dieu tout-puissant, « secouant la poussière de leurs pieds contre les « fils du feu éternel, ils retournèrent à Crow- « land[2] ». Ives Taille-bois, joyeux de leur retraite, fit partir promptement un message pour Angers, sa ville natale, demandant qu'on lui envoyât des moines, auxquels il offrait, disait-il, une maison honnête et suffisante pour un prieur et cinq religieux, toute bâtie, toute préparée, bien pourvue de terres et de fermages[3]. Les moines étrangers passèrent le détroit et s'emparèrent de la succursale de Crowland. L'abbé de Crowland, qui, par hasard, était encore un Anglais, eut la hardiesse d'adresser quelques plaintes au conseil du roi, contre le chef angevin; mais Ives Taille-bois fut absous et félicité même de tout ce qu'il avait commis en vexations, en

1. Post innumera suis ministris donaria, post peracta omnia. (Ingulf. croyl., p. 902.)

2. Relictâ cellâ in manu domini, excutientes pulverem pedum suorum in filios ignis æterni. (Ibid.)

3. Paratam et ædificatam, et tenementis satis ditatam. (Ibid.)

pillages et en meurtres [1]. « Ces étrangers se
« soutenaient mutuellement, dit l'ancien nar-
« rateur; ils formaient une ligue étroite, serrés
« les uns contre les autres, comme sur le corps
« du dragon infernal, l'écaille est jointe à l'é-
« caille [2]. »

Il y avait dans ce temps en Flandre un Saxon
nommé Hereward, anciennement établi dans ce
pays, et à qui des émigrés anglais, fuyant leur
patrie après y avoir tout perdu, annoncèrent
que son père était mort, que son héritage paternel était la propriété d'un Normand, et que
sa vieille mère avait subi et subissait encore
une foule d'afflictions et d'insultes [3]. A cette
nouvelle, Hereward se mit en route pour l'Angleterre, et arriva, sans être soupçonné, au lieu
habité autrefois par sa famille; il se fit reconnaître de ceux de ses parents et de ses amis
qui avaient survécu à l'invasion, les détermina à se réunir en troupe armée, et, à leur
tête, attaqua le Normand qui avait insulté sa

1. Prædas et pressuras, cædes et cæteras injurias Ivonis
Talbois justificant et acceptant. (Ibid.)

2. Veluti in corpore Behemoth squama squamæ con-
juncta fuisset. (Ibid.)

3. Paternam hæreditatem, munere regis, cuidam Normanno
donari, matremque viduam multis injuriis et molestiis affligi.
(Ibid. pag. 901.)

4.

mère et occupait son héritage[1]. Hereward l'en chassa et prit sa place; mais contraint, pour son propre salut, de ne point se borner à ce seul exploit, il continua la guerre de partisan aux environs de sa demeure et soutint, contre les comtes et les gouverneurs des forteresses et des villes voisines, de nombreux combats dans lesquels il fut victorieux, par sa constance et son adresse[2]. Le bruit de ses actions d'éclat se répandit par toute l'Angleterre. Les regards des vaincus se tournèrent vers cet homme avec un sentiment d'espérance; on fit sur ses aventures et à sa louange des vers populaires qui maintenant ont péri, mais qui furent long-temps chantés dans les rues, aux oreilles des conquérants, grâce à leur longue ignorance de l'idiome du peuple anglais[3].

L'héritage reconquis sur les Normands par le Saxon Hereward était situé à Brunn, aujourd'hui Bourn, au sud de la province de Lincoln, près de l'abbaye de Crowland, non loin de celle de Peterborough, et des îles d'Ély et de

[1]. Collectâque cognatorun non contemnendâ manu.... de suâ hæreditate procul fugat et eliminat. (Ibid., p. 901.)

[2]. Ingentia prælia et mille pericula, tam contra regem Angliæ, quàm comites et barones et præfectos et præsides. (Ibid., pag. 899.)

[3]. Prout adhuc in triviis canuntur. (Ibid.)

Thorneye : les insurgés de ces cantons ne tardèrent pas à pratiquer des intelligences avec les bandes que commandait le brave chef de partisans. Frappés de sa renommée et de son habileté, ils l'invitèrent à se rendre auprès d'eux, pour être leur commandant, et Hereward, cédant à leur prière, passa au Camp du réfuge avec tous ses compagnons [1]. Avant de prendre le commandement d'hommes dont plusieurs étaient membres de la haute milice saxonne, espèce de confrérie et de corporation autorisée par les anciennes lois du pays, il voulut s'y faire agréger lui-même, et devenir, suivant l'expression des auteurs contemporains, un homme de guerre légitime [2]. L'institution d'une classe supérieure parmi ceux qui se vouaient aux armes, et de cérémonies, sans lesquelles nul ne pouvait être admis dans cet ordre militaire, avait été apportée et propagée dans tout l'occident de l'Europe par les peuples germaniques qui démembrèrent l'Empire romain. Cette coutume existait en Gaule, et, dans la langue romane de ce pays, un soldat de la haute milice se nom-

1072.

---

1. Celeri nuncio ad eos accersitus, dux belli et magister militum efficitur. (Ingulf. croyl. p. 901.)

2 Nondùm militari baltheo legitimè se accinctum.... legitimæ militiæ.... militem legitimum. (Ibid.)

1072. mait *cavalier* ou *chevalier*, parce que les soldats à cheval étaient alors, dans toute la Gaule, et en général sur le continent, la principale force des armées. Il n'en était point de même en Angleterre ; la perfection de la science équestre n'entrait pour rien dans l'idée qu'on s'y formait de l'homme de guerre accompli ; les deux seuls éléments de cette idée étaient la jeunesse et la force, et, en langue saxonne, on appelait *cniht*, c'est-à-dire *jeune-homme*, celui que les Français, les Normands, les Gaulois méridionaux et même les Allemands appelaient *homme de cheval*[1].

Malgré cette différence, les cérémonies par lesquelles un guerrier était agrégé à la haute milice nationale, en Angleterre et sur tout le continent, étaient exactement les mêmes ; l'aspirant devait se confesser un soir, veiller dans l'église toute la nuit suivante, et le matin, à l'heure de la messe, placer son épée sur l'autel, la recevoir des mains de l'officiant, et communier après l'avoir reçue[2]. Tout combattant qui s'était soumis à ces diverses formalités, était dès lors réputé un homme de guerre en titre, et

---

[1]. Al. *Knight*, aut *Cild.* al. *Child*. Les Germains avaient pareillement employé le mot *Hild* ou *Held*, avant celui de *Reiter* ou *Ritter*.

[2]. Anglorum erat consuetudo ut, qui militiæ legitimè consecrandus esset, vespere præcedente.... (Ingulf. croyl. p. 901.)

capable de servir et de commander dans tous
les grades ¹. C'était de cette manière qu'un
homme d'armes était fait chevalier en France
et dans toute la Gaule, à l'exception de la Normandie, où, par un reste des usages danois,
l'investiture de la chevalerie avait lieu sous des
formes plus militaires et moins religieuses. Les
Normands avaient même coutume de dire que
celui qui s'était fait ceindre l'épée par un clerc
à longue robe, n'était point un vrai chevalier,
mais un bourgeois sans prouesse². Ce propos
dédaigneux fut proféré contre le Saxon Hereward, quand les conquérants surent qu'il était
allé au monastère de Peterborough, prendre le
baudrier militaire de la main d'um abbé saxon.
Dans cette occasion, toutefois, il y eut de la part
des Normands plus que leur mépris habituel
pour les rites de la consécration sacerdotale;
car, ils ne voulaient pas qu'un Anglais de race
obtînt, de quelque manière que ce fût, le droit
de s'intituler *chevalier*, et de réclamer d'eux les
égards que les chevaliers de toutes les nations
devaient avoir l'un pour l'autre. Leur orgueil,
comme vainqueurs, paraît avoir été bien plus

1. Sic denuò miles legitimus permaneret. (Ibid.)
2. Hanc consecrandi milites consuetudinem Normanni abominantes, non militem legitimum talem tenebant, sed socordem equitem, et quiritem degenerem deputabant. (Ibid.)

1072 vivement blessé, par cette appréhension, que leur point d'honneur comme guerriers ne l'était par la cérémonie religieuse; car eux-mêmes, dans la suite, se soumirent à cette cérémonie, et accordèrent aux évêques le droit de conférer la chevalerie. Mais, quand cela arriva, tous les évêchés d'Angleterre étaient occupés par des hommes de race normande, et alors, à la différence de ce qui se pratiquait dans le temps de la liberté saxonne, le privilége de faire des chevaliers fut interdit aux moines et à tout le clergé inférieur, lequel demeurait encore, en grande partie, composé d'Anglais de race [1].

Le chef actuel de l'abbaye de Peterborough était ce même Brand qui, après son élection par les moines du lieu, était allé faire confirmer son titre par Edgar, et non par Guillaume [2]. En bénissant l'épée d'un ennemi des Normands, Brand commit, pour la seconde fois, le crime de lèse-majesté envers le roi créé par la conquête. Il en eût sans doute été durement puni, si la mort n'était venue l'enlever très-peu de temps après; et c'est alors que fut envoyé, comme son successeur, à l'abbaye de Péterborough, le Nor-

---

1. Voyez Sharon Turner, Hist. des Anglo-normands, t. I, p. 140.

2. Voyez livre IV, tome Ier, page 331.

mand Turauld, ce moine batailleur déja nommé ci-dessus[1]. Turauld, menant avec lui cent soixante hommes bien armés, s'arrêta dans la ville de Stamford, à quelques lieues de Peterborough, et envoya des coureurs pour observer la position des réfugiés anglais, et s'assurer des obstacles qu'il trouverait à prendre possesion de l'abbaye[2]. De leur côté, les réfugiés, avertis de l'approche du Normand, firent une descente au monastère, et, trouvant les moines peu résolus à se défendre contre l'abbé et ses hommes d'armes, ils enlevèrent tous les objets précieux qu'ils trouvèrent, des croix, des vases, des étoffes, et les transportèrent, par eau, dans leur quartier, afin d'avoir, disaient-ils, des gages de la fidélité du couvent[3]. Le couvent ne fut pas fidèle, et reçut les étrangers sans résistance.

Turauld s'y installa comme chef, et prit soixante-deux hydes de terre sur les domaines de l'église pour le salaire ou le fief de ses soldats[4]. L'Angevin Ives Taille-bois, vicomte de Spalding, proposa bientôt à l'abbé, son voisin,

1. Page 26.
2. Venit Turoldus abbas et 160 homines cum eo benè armati omnes..... (mid his frencisce men.) (Chron. saxon., Gibson, p. 177.)
3. For thes mynstres holdscipe. (Ibid.)
4. Chronicon abbatiæ Petroburgensis, pag 47

1072. une expédition de guerre contre Hereward et le camp des Saxons. Turauld parut accepter la proposition avec joie, mais, comme sa bravoure était moins grande contre les gens armés que contre les moines, il laissa le vicomte angevin s'avancer seul à la découverte, au milieu des forêts de saules qui servaient de retranchements aux Saxons, et demeura fort en arrière avec quelques Normands de haut parage [1]. Pendant qu'Ives entrait d'un côté dans le bois, Hereward en sortit par l'autre, assaillit à l'improviste l'abbé et ses Normands, les fit tous prisonniers, et les retint dans ses marais jusqu'à ce qu'ils eussent payé une rançon de trois mille marcs [2].

Cependant la flotte danoise, qui, après avoir passé dans le golfe de l'Humber l'hiver de 1069, repartit au printemps sans livrer aucun combat, et causa ainsi la seconde prise de la ville d'York et la conquête du nord de l'Angleterre, était arrivée en Danemark. Ses chefs furent mal accueillis, à leur retour, par le roi Swen, dont ils avaient violé les ordres, en se laissant gagner par Guillaume. Le roi irrité bannit son frère Osbeorn, et, prenant lui-même le commandement de la

---

1. Sed venerabilis abbas, ac majores proceres qui cum eo fuerant, angustias sylvarum ingredi formidantes... (Petri Blesensis continuatio Ingulfi, p. 125.)

2. In locis abditis custodivit. (Ibid.)

flotte, fit voile pour la Grande-bretagne¹; il entra 1072. dans le fleuve de l'Humber, et, au premier bruit de son approche, les habitants de la contrée se soulevèrent encore, vinrent au-devant des Danois et renouvelèrent alliance avec eux². Mais, dans ce pays si dévasté, si abattu par les exécutions militaires, il n'y avait plus assez de moyens pour entreprendre efficacement une grande résistance. Le roi danois repassa la mer, et ses capitaines et ses guerriers, continuant leur route vers le sud, descendirent dans le golfe de Boston, et, par l'embouchure de l'Ouse et de la Glen, arrivèrent dans l'île d'Ély. Les réfugiés les y accueillirent comme des libérateurs et des amis³.

Aussitôt que le roi Guillaume fut informé de l'apparition de la flotte danoise, il envoya en toute hâte des messages et des présents au roi Swen en Danemark; et ce roi, qui, si peu de temps auparavant, avait puni son frère d'avoir trahi les Saxons, gagné lui-même on ne se sait pourquoi, car il y a beaucoup de choses obscures dans l'histoire de ces temps reculés, les trahit à son tour⁴. Les

1. Florentius Wigorn., p. 636.
2. Et ejus regionis incolæ obviàm ei venerunt, et fœdus inibant cum eo. (Chron. saxon., Gibson, p. 177.)
3. Deindè venerunt in Elig, atque Angli de omni paludum terrâ iis sese adjunxerunt (Ibid.)
4. Tunc duo reges Willelmus et Swanus in gratiam rediére. (Ibid, p. 178.)

1072. Danois, stationnés sur leurs vaisseaux, près d'Ély, reçurent l'ordre de faire retraite : ils ne se contentèrent pas de s'éloigner simplement; mais ils enlevèrent et emportèrent avec eux une partie du trésor des insurgés, et, entre autres choses, les croix, les vases et les ornements de l'abbaye de Péterborough[1]. Alors, de même qu'en l'année 1069, le roi normand rassembla toutes ses forces contre les Saxons délaissés. Le Camp du refuge fut investi par terre et par eau, et les assaillants construisirent de toutes parts des digues et des ponts sur les marais [2]. Hereward et les autres chefs, parmi lesquels était Siward Beorn, compagnon de la fuite du roi Edgar, résistèrent quelque temps avec bravoure. Guillaume fit commencer, du côté de l'occident, une chaussée longue de trois mille pas, à travers les lacs couverts de joncs, et comme ses travailleurs étaient continuellement troublés dans leur ouvrage, Ives Taille-bois, qui les commandait, s'avisa de faire marcher devant eux une magicienne qui, par ses sortiléges, devait rendre inutiles et sans effet toutes les attaques des Saxons [3]. La sorcière fut placée en grand ap-

---

1. Undè recesserunt Danici viri de Ehg, cum omnibus supradictis thesauris. (Ibid.)

2. Navali et pedestri et equestri exercitu, ponte facto. (Math. Paris, pag. 5.)

3. Quamdam sortilegam exercitui præponere.... et ejus

pareil sur une haute tour de bois, à la tête des ouvrages commencés; mais, au moment où les soldats et les ouvriers s'avançaient avec plus de confiance, Hereward, que l'ancien historien appelle le rusé capitaine, se présenta sur le côté, et, mettant le feu aux champs de roseaux, fit périr dans les flammes la magicienne et la plus grande partie des hommes d'armes et des travailleurs normands [1].

Ce succes des insurgés ne fut pas le seul, et, malgré la supériorité de nombre et de tactique de l'ennemi, ils l'arrêtèrent à force d'activité, et, durant plusieurs mois, la contrée d'Ély toute entière resta bloquée comme une ville de guerre, ne recevant aucune provision du dehors. Il y avait dans l'île un couvent de moines, qui, ne pouvant supporter la famine et les misères du siége, envoyèrent au camp de Guillaume, et offrirent de lui livrer un passage, s'il promettait de les laisser en possession de leurs biens [2]. L'offre des moines fut acceptée, et deux chefs

---

carminibus et increpationibus adversarios non posse resistere. (Petri Blesensis, contin., Ingulf. croyl., p. 125.)

1. Occurrebat a latere sagacissimus baro Herwardus de Brunâ, arundinetum proximum inflammans, et tam magam quàm milites omnes, foco et flammâ extinguens. (Ibid.)

2. John Stow's annals., p. 115.

1072. normands, Gilbert de Clare et Guillaume de Garenne, engagèrent leur foi pour l'exécution de ce traité. Grâce à la trahison des religieux d'Ély, les troupes du roi pénétrèrent inopinément dans l'île, tuèrent mille Anglais, et, cernant de près le Camp du refuge, forcèrent le reste à mettre bas les armes [1]. Tous se rendirent, à l'exception de Hereward, qui, audacieux jusqu'au bout, fit sa retraite par des lieux impraticables, où les Normands n'osèrent le poursuivre [2]. Il gagna, de marais en marais, les terres basses de la province de Lincoln, où des pêcheurs saxons, qui portaient chaque jour du poisson au poste normand voisin, le reçurent dans leurs bateaux, lui et ses compagnons, et les cachèrent sous des tas de paille. Les bateaux abordèrent auprès du poste comme à l'ordinaire : le chef et ses soldats, connaissant de vue les pêcheurs, ne conçurent ni alarmes ni soupçons; ils apprêtèrent leur repas, et se mirent tranquillement à manger sous leurs tentes. Alors Hereward et ses amis s'élancèrent, avec leurs haches de combat, sur les étrangers qui ne s'y attendaient point, et les massacrèrent

---

1. John Stow's annals., p. 115.

2. Præter Herewardum solum singulosque ejus sequaces, quos ipse viriliter eduxit. (Chron. saxon. Ed. Lye et id. Ed. Gibson.)

presque tous [1]. Ce coup de main ne fut pas le dernier exploit du grand capitaine des *guerillas* anglo-saxonnes; il se promena encore en plusieurs lieux avec sa bande recrutée de nouveau, et fit grand carnage des Normands auxquels il dressait partout des embûches [2], ne voulant pas, dit un auteur du temps, que ses compatriotes eussent péri sans vengeance [3]. A la fin, il se lassa d'une lutte fatigante, qui malheureusement ne pouvait sauver l'Angleterre; il fit sa paix comme les autres, mais il s'était fait craindre, et conserva tant qu'il vécut son héritage paternel [4].

1072.

Ainsi fut détruit, en l'année 1072, le camp d'Ély, qui avait donné un moment l'espoir de la liberté à cinq provinces. Long-temps après la dispersion des braves qui s'y étaient réfugiés, on trouvait encore, sur ce coin de terre marécageuse, les traces de leurs retranchements, et les restes d'un fort de bois, que les habitants du lieu nommaient le château de Hereward [5]. Beaucoup

---

1. Gaymar, poète normand cité par Sharon Turner, Hist. des Anglo-normands, tom. I, p. 8.

2. Insidias exquisitas. (Math. Paris, pag. 5.)

3. Inultos abire ad inferos non permisit. (Ingulf. croyl., pag. 902.)

4. Cum regiâ pace, paternâ obtentâ hæreditate. (Ibid.)

5. Quod usque in hodiernum diem castellum Herwardi a cumprovincialibus nuncupatur. (Math. Paris, p. 5.)

1072. de ceux qui avaient mis bas les armes eurent les mains coupées ou les yeux crevés, et, par une sorte de dérision atroce, le vainqueur les renvoya libres en cet état [1]; d'autres furent emprisonnés dans des châteaux-forts, sur tous les points de l'Angleterre. L'archevêque Stigand fut condamné à la réclusion perpétuelle, l'évêque de Durham, Égelwin, accusé par les Normands d'avoir dérobé les trésors de son église, parce qu'il les avait employés à soutenir la cause patriotique, fut renfermé à Abingdon, où, peu de mois après, il mourut de faim [2]. Un autre évêque, Égelric, fut mis en prison dans l'abbaye de Westminster pour avoir, disait la sentence rendue par les juges étrangers, attenté au repos public, et exercé la piraterie [3]. Mais le jugement des Anglais et l'opinion populaire sur son compte étaient bien différents; on le loua, tant qu'il vécut, et, après sa mort, on fit de lui un saint. Les pères enseignèrent à leurs enfants à implorer son intercession, et, un siècle après sa

[1]. Manibus truncatis vel oculis erutis, abire permisit. (Chron. saxon., Gibson, p. 181.)

[2]. Direpti ecclesiæ thesauri accusatus, in carcerem detrusus est, ubi et nimio dolore et fame, seu spontaneâ seu coactâ, obiit. (Anglia sacra, t. I, p. 703.)

[3]. Quòd turbasset pacem regiam, piraticam adorsus. (Will Malmesb. Vitæ pontific. p. 277)

mort, il venait encore des visiteurs et des péle- 1072.
rins à son tombeau [1]. »

La trahison des moines d'Ély reçut bientôt sa 1072
récompense; quarante hommes d'armes occupè- à 1073
rent leur couvent, comme un poste militaire, et
y vécurent à francs quartiers. Chaque matin, il
fallait que le celérier leur distribuât des vivres et
une solde dans la grande salle du chapitre [2]. Les
moines se plaignirent amèrement de la violation
du traité qu'ils avaient conclu avec le roi, et on
leur répondit que l'île d'Ély avait besoin d'être
gardée [3]. Ils offrirent alors la somme de sept cents
marcs pour être délivrés de la charge d'entretenir les soldats étrangers, et cette somme, qu'ils
se procurèrent en dépouillant leur église, fut
portée au Normand Picot, vicomte royal à Cambridge. Le vicomte fit peser l'argent, et, trouvant que par hasard il y manquait le poids d'un
gros, il accusa judiciairement les moines du
crime de fraude envers le roi, et les fit condam-
ner par sa cour à payer trois cents marcs de plus,

---

1. Sanctitatis opinionem apud homines concepit... hodiè-
que ejus tumulus nec votis nec frequentiâ petitorum caret
(Will. Malmesb. Vitæ pontific., p. 277.)

2. Infrà aulam ecclesiæ quotidiè victum de manu celeraru
capientes et stipendia. (Ex historiâ Eliensi ap. Angliam sacram. t. I, p. 613.)

3. Ad custodiam. (Ibid.)

en réparation de cette offense [1]. Après le paiement des mille marcs, vinrent des commissaires royaux, qui enlevèrent du couvent d'Ély tout ce qui restait de choses précieuses, et firent un recensement des terres de l'abbaye, afin de les partager en fiefs [2]. Les moines firent des lamentations, qui ne furent écoutées de personne; ils invoquèrent la pitié pour leur église, autrefois la plus belle, disaient-ils, entre les filles de Jérusalem, maintenant souffrante et captive [3]; mais pas une larme ne coula, pas une main ne s'arma pour leur cause.

Après l'entière défaite et la dispersion des refugiés de l'île d'Ély, l'armée normande de terre et de mer se dirigea vers les provinces du nord pour y faire en quelque sorte une battue, et empêcher qu'il ne s'y formât de nouveaux rassemblements. Passant pour la première fois la Tweed, elle entra sur le territoire d'Écosse, afin d'y saisir tous les émigrés anglais, et d'effrayer le roi Malcolm, qui, à leur sollicita-

---

1. John Stow's annals, p. 115.
2. Quidquid optimum in ornamentis et in aliis rebus.... quæcumque bona ac prædia Ecclesiæ militibus suis divisit. (Anglia sacra, t. I, p. 610.)
3. Quondam famosissima, et inter filias Jerusalem speciosa, calamitatis nunc oppressa amaritudine. (Hist. Eliensis. Ed. Gale, p 501.

tion, avait fait, dans la même année, une incursion hostile en Northumberland[1]. Les émigrés échappèrent à cette poursuite, et le roi d'Écosse ne les livra point aux Normands; mais, intimidé par la présence de troupes plus régulières et mieux armées que les siennes, il vint à la rencontre du roi Guillaume, dans un appareil tout pacifique, lui toucha la main en signe d'amitié, lui promit d'avoir ses ennemis pour ennemis, et s'avoua, de plein gré, pour son vassal ou son *homme-lige*, comme on s'exprimait alors[2]. Guillaume se retira satisfait d'avoir enlevé à la cause saxonne le dernier appui qui lui restât; et, à son retour d'Écosse, il fut reçu à Durham par l'évêque Vaulcher, Lorrain de nation, que les Normands avaient mis à la place d'Egelwin, dégradé par eux et condamné à une prison perpétuelle. Il paraît que le triste sort du prélat saxon avait excité dans le pays une haine indomptable contre l'élu des étrangers. Quoique la ville de Durham, située sur des hauteurs, fut très-forte par sa position, Vaulcher ne s'y croyait point

1072 à 1073.

---

1. Credens aliquos ibi ex suis hostibus indomitis vel profugis, apud regem, delituisse. (Willelm. Malmesbur. — Math. Paris, p. 59.)

2. Obviavit ei pacificè, et homo suus devenit.... accepto regis Scotorum, cum obsidibus, homagio. (Ibidem.)

5.

1072 à 1073. assez en sûreté contre l'aversion des Northumbriens. A sa demande, disent les chroniques, le roi fit bâtir, sur la plus haute colline, une citadelle, où l'archevêque pût séjourner avec ses gens, à l'abri de toute espèce d'attaque [1].

L'évêque Vaulcher, après sa consécration à Winchester, avait été accompagné jusqu'à York par une escorte nombreuse de chefs et de soldats normands; et, dans cette ville, le Saxon Gospatric, qui, en se réconciliant avec le roi, avait acheté de lui, au prix d'une grande somme, le gouvernement du pays au-delà de la Tyne, était venu recevoir le pontife lorrain pour le conduire à Durham [2]. Ce bon office, rendu à la cause de la conquête, ne put faire oublier au conquérant que Gospatric était Anglais, et qu'il avait été patriote : aucune bassesse n'était capable d'effacer cette tache originelle. Guillaume enleva au Saxon la dignité qu'il avait payée, mais sans lui rien restituer, et la raison qu'il allégua fut que Gospatric avait combattu au siége d'York, et pris part à l'insurrection où avait péri Robert Comine [3]. Gos-

---

1. Ubi episcopus se, cum suis, tutè ab incursantibus habere posset. (Rogerii de Hoved., annales, p. 454.)

2. Suscepit pontificem perducendum. (Ibid.)

3. Multâ emptum pecuniâ comitatum. (Monastic. anglic., tom. I, p. 41)... quòd in parte hostium fuisset, cùm Normanni apud Eboracum necarentur. (Ibid.)

patric, saisi du même chagrin et du même remords qu'autrefois l'archevêque Eldred [1], quitta pour jamais l'Angleterre, et se retira en Écosse, et où sa famille se perpétua long-temps, honorée et opulente [2]. Le gouvernement, ou, pour parler comme les Normands, le comté de Northumberland fut donné alors à Waltheof fils de Siward, qui, de même que Gospatric, s'était trouvé dans les rangs saxons au siége d'York, mais dont l'heure fatale n'était pas encore venue.

1072 a 1073.

Après cette suite d'expéditions heureuses, le roi Guillaume, trouvant en Angleterre un moment d'abattement profond, ou d'heureuse paix, comme disaient les vainqueurs, hasarda un nouveau voyage en Gaule, où il était rappelé par des troubles et une opposition élevée contre son pouvoir. Le dernier chef national, ou le dernier comte de la population des Manceaux, voisine des terres de Normandie, abusant de son titre et de son autorité, soit par intérêt, soit par faiblesse, avait légué, avant sa mort, au duc des Normands l'administration de sa province. Le duc Guillaume était un étranger pour les habitants du Maine ; mais ceux-ci, trop faibles pour résister, se sou-

1073.

---

1 Voyez livre IV, tome Ier, page 379.

2. Privatus comitatu, Scotiam adiit. (Script. rer. danicar., p. 206.) — Voyez Dugdale's baronage.

1073 mirent à son usurpation, et ratifièrent, du moins par leur silence, le testament qui disposait d'eux comme d'une propriété privée. Ils souffrirent et se turent jusqu'au temps où toutes les forces de Guillaume semblèrent occupées en Angleterre; et alors, s'insurgeant tout-à-coup, au nom de leur ancienne indépendance, ils chassèrent de leurs villes les officiers et les garnisons de race normande [1]. C'est pour faire valoir son prétendu titre d'héritrage contre la volonté des habitants du Maine, que le conquérant partit, pour la seconde fois, d'Angleterre, menant avec lui une armée d'hommes de race anglaise, réduits par la misère à devenir les soldats de leur ennemi. Par une bizarrerie qui n'est pas sans exemple dans l'histoire, la haine impuissante qu'ils lui portaient s'exhala contre les Manceaux, qui, bien qu'ennemis du roi Guillaume, semblaient aux Saxons, par la conformité de langue et par le voisinage, être les frères des Normands. Les Saxons se souvenaient que le Maine avait fourni son contingent d'aventuriers pour la conquête de l'Angleterre, et ils firent à ce pays tout le mal qu'ils eussent voulu rendre au conquérant lui-même; ils le dévastèrent avec une sorte de

---

1. Ejiciunt, quosdam perimunt, et, cum libertate, de Normannis ultionem assumunt. (Orderic Vital., p. 522.)

frénésies, arrachèrent les vignes, coupèrent les arbres, brûlèrent les hameaux [1], et réduisirent les habitants sous le joug qui affligeait leur propre patrie, et presque au même degré de détresse [2].

1073.

Pendant que ces choses se passaient, le roi Edgar alla, d'Écosse en Flandre, négocier auprès du comte de ce pays, rival politique, quoique parent de Guillaume, quelques secours pour la cause saxonne, plus que jamais désespérée. Ayant peu réussi, malgré ses efforts, il repassa en Écosse, où il fut surpris de recevoir un message amical de la part du roi des Français, Philippe, Ier de ce nom [3]. Philippe, alarmé des succès du Normand dans le Maine, avait résolu, en aidant les Saxons, de lui susciter des obstacles qui le rendissent moins actif de l'autre côté de la mer; il invitait Edgar à venir près de lui, pour assister à son conseil; il lui promettait une forteresse sur les bords du détroit, à portée de l'Angleterre, pour y descendre, et de la Normandie pour y faire du ravage [4]. Edgar accepta cette

1. Urbes, vicos et vineas cum frugibus, depopulantes (Math. Paris, p. 8.)

2. Omnem provinciam debiliorem simùl et pauperiorem multo post tempore reliquerunt. (Ibid.)

3. Misit rex de Franciâ (of Franc-rice) litteras ad eum. (Chron. saxon. frag. Ed. Lye.)

4 Voluit dare ei castellum apud Mustræl (Montreuil) ut inde posset quotidiè ejus inimicis incommoda inferre. (Ibid.)

1073. proposition, et disposa tout pour son voyage en France. Le roi Malcolm, son beau-frère, devenu homme-lige et vassal volontaire du roi Normand, ne pouvait, sans fausser sa foi, fournir au Saxon des soldats pour cette entreprise ; il se contenta de lui donner des secours secrets en argent, et distribua, selon l'usage du siècle, des armes et des habits à ses compagnons de fortune [1]. Edgar mit à la voile ; mais, à peine en pleine mer, ses vaisseaux furent dispersés, et ramenés au rebours de leur route, par une tempête violente [2]. Une partie échoua sur les côtes septentrionales de l'Angleterre, et les hommes qui les montaient devinrent prisonniers des Normands ; les autres périrent en mer [3]. Le roi et les principaux d'entre ceux qui l'accompagnaient échappèrent à ces deux périls, et rentrèrent en Écosse après avoir tout perdu, les uns à pied, les autres pauvrement montés, dit une chronique contemporaine [4]. Après ce malheur, Malcolm donna à son beau-frère le conseil de ne plus s'obstiner contre le sort, et de demander, pour la troisième fois, la paix à son rival

---

1. Magna dona et multas opes ei et omnibus ejus hominibus. (Chron. saxon., frag. ed. Lye.)

2. Et furens ventus eos in terram conjecit. (Ibid.)

3. Nonnulli capti à francicis hominibus. (Ibid.)

4. Alii pedibus iter facientes, alii miserè (*earmelice*) equitantes. (Ibid.)

heureux [1]. Edgar, se laissant persuader, envoya outre-mer un message au roi Guillaume, et celui-ci l'invita à passer en Normandie. Pour s'y rendre, il traversa l'Angleterre entière, escorté par les chefs et les comtes normands des provinces, et nourri dans leurs châteaux [2]. A la cour de Rouen, où il séjourna onze années, il vécut dans l'hôtel du roi, s'habilla de ses livrées, et s'occupa de chiens et de chevaux plus que d'intérêts politiques [3]. Mais, après ces onze ans, il éprouva un sentiment de regret, et revint en Angleterre habiter auprès de ses malheureux compatriotes [4]: dans la suite, il retourna encore en Normandie, et passa toute sa vie dans les mêmes irrésolutions, ne sachant prendre aucun parti durable, jouet des évènements, et d'un caractère sans énergie et sans véritable fierté [5].

La triste destinée du peuple anglais paraissait déja fixée sans retour. Dans le silence de toute opposition, une sorte de calme, celui du décou-

1073.

1074.

---

1. Tunc consilium dedit rex Malcolmus ei. (Chron. saxon., frag. Ed. Lye.)

2. Et suppeditavit ei viam et pabulum apud omne castellum. (Ibid.)

3. Et ille erat in ejus familiâ. (Ibid.) — Willem. Malmesbur., pag. 103.

4. Recessit à rege. (Annales Waverleienses, p. 133.)

5. Will. Malmesbur., p. 103.

1074. ragement, régna par tout le pays. Les brocanteurs d'outre-mer étalèrent sans crainte, dans les marchés, des étoffes et des armes fabriquées en Gaule, et qu'ils venaient échanger contre le butin de la conquête[1]. On eût pu voyager, dit l'histoire contemporaine, portant avec soi son poids en or, sans que personne vous adressât autre chose que de bonnes paroles[2]. Le soldat normand, plus tranquille dans la possession de son lot de terre ou d'argent, moins troublé par des alarmes de nuit, moins souvent obligé de dormir dans son haubert, la main sur la lance ou l'arbalète, devint moins brutal, moins irritable, moins haineux, et les vaincus eux-mêmes respirèrent dans la fausse paix de la servitude[3]. Les femmes anglaises eurent moins d'insultes à craindre pour leur pudeur : un grand nombre d'entre elles, qui s'étaient réfugiées dans des monastères, et y avaient pris le voile, comme une sauve-garde contre la licence des conquérants[4], commen-

1. Fora urbana gallicis mercibus et mangonibus referta conspiceres. (Orderic. Vital., p. 520.)

2. Chron. saxon. Gibson.—Etiamsi aureis thesauris onerati viderentur. (Math. Westmonast., p. 229.)

3. Securitas aliquanta habitatores terræ refovebat.... civiliter Angli cum Normannis vivebant. (Orderic. Vital., pag. 520.)

4. .... Normannorum libidinem... pudori suo metuentes,

cèrent à désirer la fin de cette retraite forcée, 1074. et voulurent rentrer dans la vie de famille, toujours chère aux hommes, même dans le temps des plus grandes calamités publiques.

Mais il ne fut pas aussi aisé aux femmes saxonnes de quitter le cloître que d'y entrer. Les prêtres normands tenaient la clef des monastères, comme les laïcs normands tenaient la clef des villes, et il fallut que ces maîtres souverains des corps et des âmes des Anglais, délibérassent, en assemblée solennelle, sur la question de laisser libres les femmes devenues religieuses, à contre-cœur et par nécessité[1]. L'archevêque Lanfranc présidait ce concile, où assistèrent tous les évêques nommés par le roi Guillaume, avec plusieurs abbés de Normandie et d'autres personnages de haut rang. L'avis du primat fut que les Anglaises qui, afin de sauver leur chasteté, avaient pris le couvent pour asyle, ne devaient point être punies d'avoir obéi aux saints préceptes, et qu'il fallait ouvrir les portes des cloîtres à toutes celles qui le demanderaient[2]. Cette opinion prévalut dans le concile normand,

monasteria virginum petivère, acceptoque velo, sese inter ipsas à tantâ infamiâ protexère. (Eadmeri historia, p. 57.)

1. Wilkins concilia, pag. 303.
2. Eadmeri historia, p. 57.

1074. moins peut-être parce qu'elle était la plus humaine que parce qu'elle venait du chef ecclésiastique de la conquête, et de l'ami intime du conquérant. Les réfugiées, à qui il restait encore une famille, un foyer et des protecteurs, recouvrèrent ainsi leur liberté.

Vers le même temps, Guillaume fils d'Osbert, le premier capitaine et le premier conseiller du roi Guillaume, périt de mort violente en Flandre, où il s'était engagé, pour l'amour d'une femme, dans des intrigues politiques [1]. L'aîné de ses fils, appelé du même nom que lui, hérita de ses terres en Normandie, et Roger, le plus jeune eut les domaines conquis en Angleterre et le comté de Hereford. Il se chargea du soin de pourvoir et de doter sa jeune sœur, appelée Emma, et négocia bientôt pour elle un mariage avec Raulf de Gael, Bas-breton de naissance, et comte de Norfolk [2]. On ne sait pour quelle raison cette alliance déplut au roi, qui envoya de Normandie une défense expresse de la conclure. Mais les parties ne tinrent aucun compte de cette défense, et, au jour fixé pour la cérémonie, la nouvelle épouse fut conduite à Norwich, principale ville du comté de Norfolk, où se fit,

---

[1] Totus in amorem mulieris. (Will. Malmesb., p 105.)
[2]. Chron. saxon., Gibson, pag. 183.

dit la Chronique saxonne, une fête de noces qui 1074. fut fatale à tous ceux qui y assistèrent [1]. Il y vint des évêques et des barons normands, des Saxons amis des Normands, et même des Gallois, invités par le comte de Hereford : Waltheof fils de Siward, mari d'une nièce du roi, et comte de Huntingdon, de Northampton et de Northumberland, figurait à l'une des premières places [2].

Après un repas somptueux, où le vin fut versé en abondance, les langues des assistants se délièrent : Roger de Hereford blâma hautement le refus du roi Guillaume d'approuver l'union formée entre sa sœur et le comte de Norfolk; il s'en plaignit comme d'un affront fait à la mémoire de son père, l'homme à qui le bâtard, disait-il, devait incontestablement sa conquête et sa royauté[3]. Les Saxons, qui avaient reçu de Guillaume des injures bien autrement cruelles, applaudirent avec véhémence aux invectives du comte normand; et, les esprits s'échauffant par degrés, l'on en vint de toutes parts à un concert d'exécrations contre le conquérant de l'Angleterre [4].

1. Ubi eæ nuptiæ fuerunt, omnibus qui aderant fatales. (Ibid.)

2. Ibid. — Plures episcopi et abbates, cum barombus et bellatoribus multis. (Math. Paris, pag. 7.)

3. Willelm. Malmesb., pag. 104.

4. Cœperunt unanimiter in regis proditionem, voce clamosâ, conspirare. (Math. Paris.)

1074. « C'est un bâtard, un homme de basse lignée,
« disaient les Normands; il a beau se faire ap-
« peler roi, on voit clairement qu'il n'est pas
« fait pour l'être, et que Dieu ne l'a point pour
« agréable [1]. — Il a empoisonné, disaient les Bas-
« bretons, Conan, ce brave comte de Bretagne,
« dont tout notre pays garde encore le deuil [2].
« — Il a envahi le noble royaume d'Angleterre,
« s'écriaient à leur tour les Saxons; il en a mas-
« sacré injustement les héritiers légitimes, ou
« les a contraints de s'expatrier [3]. — Et ceux
« qui sont venus à sa suite et à son aide, re-
« prenaient les gens d'outre-mer, ceux qui l'ont
« élevé plus haut que pas un de ses devanciers,
« il ne les a point honorés comme il devait; il
« est ingrat envers les braves qui ont versé leur
« sang à son service [4]; que nous a-t-il donné à
« nous, vainqueurs et couverts de blessures? des
« fonds de terres stériles ou dévastés; et encore

1. Degener utpotè nothus est, qui rex nuncupatur. (Orderic. Vital., pag. 534.)

2. Conanum strenuissimum consulem. (Ibid.) — Voyez
livre III, tome Ier, page 277.

3. Nobile regnum Angliæ temerè invasit, genuinos hære-
des injustè trucidavit, vel in exilium crudeliter pepulit.
(Orderic. Vital., p. 534.)

4. Suos quoque adjutores, per quos super omne genus
suum sublimatus est. (Ibid.)

« dès qu'il voit nos fiefs s'améliorer, il nous les
« enlève ou nous les diminue[1]. — C'est vrai, c'est
« la vérité, s'écriaient tumultueusement tous les
« convives; il est en haine à tous les hommes : sa
« mort réjouirait beaucoup d'hommes[2]. »

Après ces propos, jetés d'une manière confuse, l'un des deux comtes normands se leva, et s'adressant à Waltheof : « Homme de cœur, lui
« dit-il, voici le moment; voici, pour toi, l'heure
« de la vengeance et de la fortune[3]. Unis-toi seu-
« lement à nous, et nous rétablirons, en toutes
« choses, le royaume d'Angleterre comme il était
« sous le bon roi Edward. L'un de nous trois
« sera roi, les deux autres commanderont après
« lui, et toutes les dignités du pays releveront
« de nous[4]. Guillaume est occupé outre-mer
« par des affaires interminables; nous tenons
« pour assuré qu'il ne repassera plus le détroit[5].
« Allons donc, brave homme de guerre, em-
« brasse ce parti, c'est le meilleur pour toi, pour ta

---

1. Vulneratis victoribus, steriles fundos et desolatos.....
postmodum, avariciâ cogente abstulit seu minoravit. (Ibid.)
2. Omnibus igitur est odio, et, si periret, multis esset gaudio. (Ibid.)
3. Ecce peroptatum tempus, ô strenue vir. (Ibid.)
4. Unus ex nobis sit rex, et duo sint duces. (Ibid.)
5. Pro certo scimus quòd in Angliam rediturus non est. (Ibid.)

« famille, pour ta nation abattue et foulée¹. »
A ces paroles, de nouvelles acclamations s'élevèrent; les comtes Roger et Raulf, plusieurs évêques et abbés, avec un grand nombre de barons normands et de guerriers saxons, se conjurèrent par serment contre le roi Guillaume². Waltheof entra dans le complot: Roger de Hereford se rendit promptement dans sa province, afin d'y rassembler ses amis, et il engagea dans sa cause beaucoup de Gallois des frontières, qui se lièrent à lui, soit pour une solde, soit par haine pour le conquérant, qui menaçait leur indépendance³. Dès que le comte Roger eut ainsi réuni toutes ses forces, il se mit en marche vers l'est, où l'attendaient les autres conjurés.

Mais, lorsqu'il voulut passer la Saverne, au pont de Worcester, il trouva des préparatifs de défense assez formidables pour l'arrêter; et, avant qu'il eût pu trouver un autre passage, le Normand Ours, vicomte de Worcester, et l'évêque Wulfstan, toujours fidèle ami des Normands, dirigèrent des troupes sur différents points de la rive orientale du fleuve. Egelwin, cet abbé cour-

---

1. Tibi, generique tuo, omnique genti tuæ quæ prostrata est. (Orderic. Vital., p. 534.)

2. Ingenti plausu dicenti acclamant. (Wil Malm., p. 104.)

3 Allexerunt Britones in suas partes, et congregaverunt suos contrà regem. (Chron. saxon., Gibson, p. 183.)

tisan qui s'était fait le serviteur de l'intérêt étranger contre ses compatriotes, détermina, par ses intrigues, la population de la contrée de Glocester à écouter l'appel des chefs royaux plutôt que les proclamations et les promesses du conspirateur normand[1]. Les Saxons se réunirent en effet sous la bannière du comte Gaultier de Lacy contre Roger de Hereford et ses Gallois, dont la cause ne leur parut pas assez évidemment liée à leur cause nationale. Entre deux partis, presque également étrangers pour eux, ils suivirent celui qui offrait le moins de péril, et servirent le roi Guillaume qu'ils haïssaient à la mort. Dans son absence, c'était le primat Lanfranc qui, sous le titre de lieutenant royal, administrait toutes les affaires[2]; il fit partir, en grande hâte, de Londres et de Winchester des troupes qui marchèrent vers la province où Roger était tenu en échec, et, en même temps, lança contre lui une sentence ecclésiastique, conçue dans les termes suivants :

« Puisque tu t'es départi des règles de conduite « de ton père, que tu as renoncé à la foi qu'il

---

1. Restitit Wulfstanus Wigorniensis episcopus, cum magnâ militari manu, et Egelwinus Eveshamensis abbas, cum suis. (Script. rerum Danic., t. III, p. 207.)

2. Lanfrancus erat regis vicarius, princeps et custos Angliæ. (Lanfranci opera, p. 15.)

« garda, toute sa vie, à son seigneur, et qui lui fit « acquérir tant de richesses, au nom de mon au- « torité canonique, je te maudis, t'excommunie, « et t'exclus du seuil de l'église et de la compa- « gnie des fidèles [1]. »

Lanfranc écrivit aussi au roi, en Normandie, pour lui annoncer cette révolte et l'espérance qu'il avait d'y mettre fin promptement. « Ce serait « avec plaisir, lui disait-il, et comme un envoyé « de Dieu même, que nous vous verrions au « milieu de nous. Ne vous hâtez cependant pas « de traverser la mer, car ce serait nous faire « honte que de venir nous aider à détruire une « poignée de traîtres et de brigands [2]. » La première de ces épithètes paraît avoir été destinée aux Normands qui suivaient le comte Roger, et la seconde aux Saxons qui se trouvaient en assez grand nombre dans l'armée de Raulf de Gaël, campée auprès de Cambridge, ou bien qui, encouragés par la présence de cette armée, commençaient à s'agiter dans les villes maritimes de l'est, et à renouer avec les Danois, par des mes-

---

[1]. Te, et omnes adjutores tuos, maledixi et excommunicavi, et a liminibus sanctæ ecclesiæ et consortio fidelium, separavi. (Lanfranci opera, p. 321.)

[2]. Libenter vos videremus, sicut angelum Dei... magnum nobis dedecus faceretis si, pro talibus perjuris et latronibus vincendis, ad nos veniretis (Ibid., p. 318.)

sages envoyés outre-mer, leurs anciennes négociations [1].

Le roi de Danemark promit, encore une fois, d'envoyer contre le roi Guillaume des troupes de débarquement; mais, avant l'arrivée de ce secours, l'armée du comte de Norfolk fut attaquée, avec des forces supérieures, par Eudes, évêque de Bayeux, Geoffroy, évêque de Coutances, et Guillaume de Garenne. La bataille se donna dans un lieu que les anciens historiens nomment Fagadon [2]. Les conjurés normands et saxons y furent complètement défaits, et l'on raconte que les vainqueurs coupèrent le pied droit à tous leurs prisonniers, de quelque nation et de quelque rang qu'ils fussent [3]. Raulf de Gael s'échappa et courut se renfermer dans sa citadelle de Norwich; puis il s'embarqua pour aller chercher du secours auprès de ses amis en Basse-Bretagne, et laissa le château à la garde de sa nouvelle épouse et de ses vassaux [4]. La fille de Guillaume fils d'Osbert fit une longue

---

1. Conjurata rebellio pei regiones Angliæ subitò erupit (Orderic. Vital., p 535.) Communiter ad regem Danorum nuncios dirigentes. (Math. Paris, p 7.)

2. In campo qui Fagaduna dicitur. (Orderic. Vital., p. 535.)

3. Cujuscumque conditionis sint, dextrum pedem, ut notificentur, amputant. (Ibid.)

4. Math. Paris, p. 7.

6.

1074. résistance aux attaques des officiers royaux, et ne capitula que quand elle y fut contrainte par la famine[1]. Les hommes d'armes qui défendaient la forteresse de Norwich se rendirent, sous condition d'avoir la vie sauve s'ils quittaient l'Angleterre dans le délai de quarante jours[2]. « Gloire « à Dieu au haut des cieux, écrivit alors Lanfranc « au roi Guillaume, votre royaume est, enfin, « purgé de l'ordure de ces Bretons[3]. » En effet, beaucoup d'hommes de cette nation, qui étaient venus comme auxiliaires ou comme aventuriers à la conquête, enveloppés dans la disgrâce de Raulf de Gael, perdirent les terres qu'ils avaient enlevées aux Anglais[4], et, pendant que les amis de Raulf étaient ainsi vaincus et dispersés, ceux de Roger de Hereford furent défaits dans l'ouest et leur chef emmené prisonnier.

Le roi Guillaume, avant de passer en Angleterre, pour jouir de ce nouveau triomphe, fit une incursion hostile sur le territoire des Bretons de la Gaule. Il voulait y poursuivre le comte Raulf de Gael, et tenter, sous ce prétexte, la conquête d'une portion du pays, objet con-

1 Deficientibus alimentis. (Math., Paris., pag. 7.)
2. Concessâ eis vitâ et membris. (Lanfranci opera, p. 318.)
3. Gloria in excelsis Deo, regnum vestrum purgatum est spurcitiâ Brittonum. (Ibid.)
4. Reddiderunt terras quas in Angliâ habebant. (Ibid.)

stant de l'ambition et de la politique de ses aieux[1]. 1074.
Mais, après avoir vainement assiégé la ville de
Dol, il se retira devant l'armée du duc de Bretagne qui marchait contre lui, soutenu par le
roi de France[2]. Traversant alors le détroit, il vint
à Londres, aux fêtes de Noel, présider le grand
conseil des Normands et juger les auteurs et les
complices de la dernière conspiration[3]. Raulf
de Gaël, absent et contumace, fut dépossédé de
tous ses biens; Roger de Hereford comparut,
et fut condamné à perdre aussi ses terres et à
passer toute sa vie dans une forteresse[4]. Au fond
de sa prison, son caractère fier et indomptable
lui fit souvent braver, par des injures, le roi
qu'il n'avait pu détrôner. Un jour, aux fêtes de
Pâques, Guillaume, suivant l'usage de la cour
normande, lui envoya, comme s'il eût été libre,
un habit complet d'étoffes précieuses, tunique
et manteau de soie, juste-au-corps garni de fourrures étrangères[5]. Roger examina en détail ces
riches vêtements, avec une apparence de satisfaction, puis il fit préparer un grand feu, et les

---

1. Cupiens fines suos dilatare, sibique Britones, ut sibi obscundarent, subjugare. Orderic. Vital., p. 544.)
2. Ibidem.
3. Curiam suam tenuit. (Alured. Beverlac., p 134.)
4. Ibidem.
5. Structum pretiosarum vestium. (Ord. Vital., p. 535.)

1074 y jeta¹. Le roi, qui ne s'attendait point à voir ses dons reçus de la sorte, en fut vivement courroucé, et jura par la splendeur de Dieu (c'était son serment favori), que l'homme qui lui faisait un tel outrage, de sa vie ne sortirait de prison².

Après avoir raconté cette déplorable destinée du fils de l'homme le plus puissant en Angleterre, après le conquérant, de celui qui avait le plus excité Guillaume à entreprendre sa conquête, fondant sur elle, en espérance, la grandeur de sa propre maison³, l'historien, Saxon de naissance, s'écrie avec une sorte d'enthousiasme : « Où est-il à présent ce Guillaume fils
« d'Osbert, vice-roi, comte de Hereford, séné-
« chal de Normandie et d'Angleterre⁴? Lui qui
« fut le premier et le plus grand oppresseur des
« Anglais, qui, par ambition et par avarice, en-
« couragea la fatale entreprise où périrent tant
« de milliers d'hommes, il est tombé à son tour,
« et a reçu le prix qu'il méritait⁵. Il avait tué
« beaucoup d'hommes par l'épée, et il est mort

---

1. Pyram ingentem antè se jussit præparari. (Ibid.)

2. Per splendorem Dei, in omni, vitâ de carcere meo non exibit. (Ibid.)

3. Voyez livre III, tome Ier, page 272.

4. Ubi est Guillelmus Osberni filius?... (Orderic. Vital., Angligena, p. 536.)

5. Recepit quod promeruit. (Ibid.)

« par l'épée; et, après sa mort, l'esprit de dis- 1074.
« corde a fait révolter son fils et son gendre
« contre leur seigneur et leur parent. La race
« de Guillaume fils d'Osbert a été déracinée de
« l'Angleterre, tellement qu'aujourd'hui elle n'y
« a pas un seul coin où mettre le pied [1]. »

La vengeance royale s'étendit sur tous ceux
qui avaient assisté au banquet de noces de Norwich, et la ville même où ce fatal banquet avait
eu lieu fut frappée sans distinction et en masse [2].
Des vexations multipliées en ruinèrent les habitants saxons, et forcèrent un grand nombre
d'entre eux à émigrer dans la province de Suffolk, aux environs de Beecles et de Halesworth.
Là, trois Normands, Roger Bigot, Richard de
Saint-Clair, et Guillaume des Noyers, s'emparèrent de leurs personnes et en firent des serfs
tributaires, bien qu'ils fussent devenus trop misérables pour être une propriété avantageuse [3].
D'autres Saxons, et les Gallois faits prisonniers,

---

[1]. Guillelmi progenies sic eradicata est de Angliâ, ut non passum pedis jam nanciscatur in illâ. (Ibid.)

[2]. Quotquot nuptiis interfuerant apud Northwic. (Chron. saxon., Gibson, p. 183.)

[3]. De burgensibus qui manserunt in burga de Norwic abierunt et manent in Beecles XXII, et VI in Humilgar, et dimiserunt burgu. In terrâ Rog. Bigot I, et sub W. de Noiers I, et Ricard de Seint-Cler I. Isti fugientes et alii re-

1074. les armes à la main, sur les bords de la Saverne, eurent les yeux crevés et les membres mutilés, ou furent pendus à des gibets, par sentence des comtes, des prélats, des barons, et des chevaliers normands, réunis dans le palais ou dans la cour de leur roi [1].

Sur ces entrefaites, une nombreuse flotte de guerre, partie du Danemark, et conduite par l'un des fils du roi Swen, redevenu l'ami des Anglais, s'approcha de la côte orientale; mais quand les Danois apprirent ce qui se passait, ils n'osèrent engager le combat contre les Normands, et relâchèrent sur le rivage de Flandre [2]. Ce fut Waltheof qu'on accusa de les avoir appelés par des messages; il nia cette imputation, mais la femme normande qu'il avait reçue du roi Guillaume se fit sa dénonciatrice, et porta témoignage contre lui [3]. Les voix de l'assemblée ou de la *cour*

manentes, omninò sunt vastati, partìm propter forisfacturas Rodulfi comitis, parti. ppt. arsuram, parti. ppt. geltum regis, parti. ppt. Walerannum. (Doomesday-book, t. I, p. 117.)

1. Excæcati, patibulo suspensi. (Chron. saxon., Gibson, pag. 183.)

2. Venerunt ab oriente e Dannemarciâ 200 naves..... verùm non ausi congredi. (Ibid.—Math. Paris, p. 5.)

3. Ipsum, missis nunciis, Danicam classem invitasse (Fordun, tom. III, p. 510.), per delationem Judith uxoris suæ accusatus est. (Oderic. Vital, p 536.)

(comme on disait alors, en prenant le local du conseil pour le conseil lui-même) se divisèrent sur l'arrêt à porter contre le chef saxon. Les uns votaient la mort, comme pour un révolté anglais, les autres la prison perpétuelle, comme pour un officier du roi [1]. Ces débats se prolongèrent presque une année, pendant laquelle Waltheof fut enfermé dans le fort royal de Winchester. A la fin, ses ennemis prévalurent, et dans l'une des cours qui se tenaient trois fois l'an, l'arrêt de mort fut prononcé [2]. Les contemporains anglais accusent Judith, la nièce du roi Guillaume, mariée à Waltheof contre son gré, d'avoir souhaité et pressé la sentence qui devait la rendre veuve et libre [3]. En outre, beaucoup de Normands ambitionnaient les trois comtés que réunissait le chef saxon [4]; et Ives Taillebois, dont les terres touchaient à celles de Waltheof, et qui désirait s'arrondir, fut un des plus acharnés à sa perte [5]. Le roi lui-même,

1074.

---

[1]. Secundùm leges Normannorum. (Alured. Beverl., p. 134.)

[2]. Prævalens concio æmulorum ejus in curiâ regali coadunata est. (Orderic. Vital., p. 536.)

[3]. Impiissimâ uxore suâ novas nuptias affectante. (Ingulf. croyl. p. 903.)

[4]. Inhiantibus Normannis ad ejus comitatus. (Ibidem.)

[5]. Pro terris suis et tenementis, suum sanguinem sitiente. (Ibidem.)

1074 à qui Waltheof ne pouvait plus être utile en rien, fut joyeux de trouver un prétexte pour se défaire de lui, car déja depuis long-temps il avait conçu ce projet, si l'on en croit les anciens narrateurs [1].

1075. De grand matin, pendant que le peuple de Winchester dormait encore, les Normands conduisirent le chef saxon hors des murs de la ville [2]. Waltheof marcha au supplice revêtu de ses habits de comte, et les distribua à des clercs et à des pauvres qui l'avaient suivi, et que les Normands laissèrent approcher, à cause de leur petit nombre et de leur aspect tout pacifique [3]. Arrivés sur une colline, à peu de distance des murs, les soldats s'arrêtèrent, et le Saxon se prosternant, pria à voix basse, durant quelques instants; mais les Normands, craignant que le moindre retard ne fît répandre dans la ville la nouvelle de l'exécution, et qu'il n'y eût un soulèvement pour sauver Waltheof, lui dirent impatiemment: «Lève-toi, Saxon, afin que nous accom-«plissions nos ordres [4].» Il leur demanda pour

---

1. Quæsivit occasionem et invenit illum tollendi de medio. (Fordun., tom. III, pag. 510.)

2. Dùm adhuc populus dormiret. (Orderic. Vital., p. 536.)

3. Ibidem.

4. Cumque carnifices trepidarent nè cives excitâ.... Surge, inquiunt, prostrato comiti... (Orderic. Vital., p. 536.)

dernière grâce, d'attendre encore qu'il eût récité 1075. pour lui et pour eux, l'oraison dominicale[1]. Ils le permirent, et Waltheof se relevant de terre, mais restant agenouillé, se mit à dire à haute voix : « Notre père, qui es dans les cieux.... » mais au dernier verset, « et ne nous induis pas « en tentation.... », le bourreau, qui aperçut peut-être quelque rayon du jour naissant, ne voulut plus tarder davantage, et tirant subitement sa large épée, abattit d'un seul coup la tête du condamné[2]. Son cadavre fut jeté dans une fosse creusée entre deux chemins, et recouvert de terre à la hâte[3].

Les Anglais, qui ne purent sauver Waltheof, 1075 portèrent le deuil de sa mort et firent de lui à un saint et un martyr, comme ils avaient fait 1076. des martyrs des anciens chefs tués par les Danois, et, plus récemment, de l'évêque Égelwin, mort de faim dans l'un des donjons normands[4]. « On a voulu, dit un contemporain, effacer son « souvenir de ce monde, mais on n'y a pas réussi; « car nous croyons fermement qu'il habite le

1. Pro me et pro vobis... (Ibidem.)
2. Carnifex autem ulteriùs præstolari noluit, sed mox, exempto gladio... (Ibidem)
3. In bivio. (Math. Paris., pag. 7.)
4. Ord. Vital., pag 537. — Snorre's Heimskringla, t. III, pag. 169.

« ciel, au rang des bienheureux[1]. » Le bruit courut parmi les serfs et les bourgeois de l'Angleterre, qu'après quinze jours, le corps du dernier chef de race anglaise, enlevé par les moines de Crowland, avait paru intact et arrosé de sang frais[2]. D'autres miracles, enfantés de même par la superstition patriotique, s'opérèrent au tombeau de Waltheof dressé, avec la permission du roi Guillaume, dans le chapitre de l'abbaye de Crowland[3], dont il avait été le bienfaiteur. La nouvelle de ce prodige effraya l'épouse normande du chef décapité, et pour apaiser l'ame de celui qu'elle avait trahi et dont elle avait causé la mort, elle vint au tombeau de Waltheof, et posa sur la pierre un voile de soie; mais ce présent, disait la vieille légende, fut aussitôt repoussé au loin comme par une main invisible[4].

L'abbé de Crowland, Wulfketule, Anglais de race, se hâta de publier ces faits miraculeux,

---

1. Cujus memoriam voluerunt in terrâ delere, sed creditur verè illum, cum sanctis, in cœlo gaudere. (Florent. Wigorn., pag. 639.)

2. Orderic. Vital., p. 537.

3. Permissu regis, honorificè tumulatur. (Ibidem.)

4. Uxor sua, audiens Christi magnalia, ad tumulum viri accessit, et pallium sericum..... quod, quasi manibus alicujus rejectum fuisset, longiùs a tumulo resiluit. (Ingulf. croyl. pag. 904)

et les prêcha, en langue saxonne, aux visiteurs de son couvent. Mais l'autorité normande ne le laissa pas long-temps faire en paix ces prédications[1]. Wulfketule fut accusé d'idolâtrie, devant un concile tenu à Londres[2], où les évêques et les comtes assemblés le dégradèrent de sa dignité ecclésiastique, et l'envoyèrent, comme simple reclus, au couvent de Glastonbury, situé loin de Crowland, et gouverné par un Normand appelé Toustain, renommé entre tous les abbés de la conquête, pour son naturel dur et féroce[3]. Ce châtiment ne découragea point la superstition populaire : fondée sur des regrets nationaux, elle ne s'éteignit qu'avec ces regrets, quand les fils des Saxons eurent oublié la vieille cause pour laquelle avaient souffert leurs aieux. Mais ce temps ne vint pas aussi vîte que l'eussent souhaité les conquérants; et, quarante années après la mort de Waltheof, lorsque le gouvernement du monastère de Crowland avait déja passé par une succession d'abbés étrangers sous l'autorité d'un certain Geoffroy, venu de la ville d'Orléans, les miracles recommencèrent à s'opé-

1075 a 1076.

1. Undè Normanni, nimiùm indignati. (Ibid.)

2. Ad proximum concilium, Londoniis summonitum, de idolatriâ accusant. (Ibid.)

3. Glastoniæ, sub cruentissimo abbate Thorstano, procul a notis et a suâ patriâ. (Ibidem.)

rer sur le tombeau du chef anglais [1]. Les Anglais de race venaient en foule visiter sa sépulture, et les moines d'origine normande, qui se trouvaient à l'abbaye de Crowland, tournaient cet empressement en dérision, et injuriaient les pélerins saxons, ainsi que l'objet de leur culte, disant que c'était un félon et un traître, justement comdamné à mort [2].

La veuve de Waltheof hérita de tous ses biens, et même on enleva pour elle au monastère de Crowland des terres, que son mari avait données, en possession pleine et entière [3]. Judith espérait partager ce vaste héritage avec un époux de son choix; mais elle se trompa, et la même puissance, qui avait disposé de sa main pour faire déserter un Saxon, voulut l'employer encore à payer les services d'un Français. Sans consulter sa nièce plus qu'il n'avait fait précédemment, le roi Guillaume la donna, avec les

1. Ad tumbam Guallevi comitis miracula demonstrari cœperunt. (Orderic. Vital., p. 543.)

2. Angliæ plebes ad tumulum sancti compatriotæ frequenter accurrunt..... quidam de Normannis monachus advenientes derisit, dicens quòd nequam proditor fuerit, et pro reatu suo obtruncari meruerit. (Ibid., pag. 544.)

3. Doomesday-book, tom. I, p. 72.—Tom. II, p. 152, 202, 228, etc. Terra Judithæ comitissæ. Totam hanc terram tenuit Waltef comes T. R. E. — Ingulf croyl. p. 903.

biens de Waltheof, à un certain Simon, venu de la ville de Senlis, brave soldat, mais boiteux et mal fait[1]. Judith témoigna pour cet homme un dédain qui courrouça le conquérant; peu disposé à faire plier sa politique devant l'intérêt d'une femme[2], il adjugea à Simon de Senlis le comté de Northampton, et tout l'héritage de Waltheof qu'il enleva à sa veuve. Ainsi la fille des oppresseurs fut à son tour opprimée: seule avec ses deux enfants, elle mena une vie obscure et triste, dans plusieurs cantons retirés de l'Angleterre. Les Normands la méprisaient, parce qu'elle était devenue pauvre; les Saxons la haïssaient comme coupable de meurtre, et les vieux historiens de race anglaise montrent une sorte de joie en racontant ses années d'abandon et de chagrin[3].

L'exécution de Waltheof mit le comble à l'abattement du peuple vaincu. Il paraît que ce peuple n'avait point encore perdu toute espérance, tant qu'il voyait l'un des siens investi d'un grand pouvoir, même sous l'autorité de l'étranger. Après le fils de Siward, il n'y eut

1. In alterâ suâ tibiâ claudicavit. (Ibidem.)
2. Illa nuptias ejus respuit. (Ibidem.)
3. Odio omnibus habita, et dignè despecta, per diversa loca et latibula erravit. (Ibidem.)

plus en Angleterre aucun chef politique qui fût né dans le pays, qui n'en regardât pas les indigènes comme des ennemis ou des brutes. Toute l'autorité religieuse avait aussi passé aux mains d'hommes de nation étrangère, et, des anciens prélats saxons, il ne restait plus que Wulfstan, évêque de Worcester [1]. C'était un homme simple et faible d'esprit, incapable de rien oser, et qui, ainsi qu'on l'a vu plus haut, après un moment d'entraînement patriotique, s'était réconcilié, de tout son cœur, avec les conquérants [2]. Depuis, il leur avait rendu plusieurs services; il avait fait des visites pastorales et proclamé les amnisties du roi dans les provinces encore mal pacifiées [3]; il avait marché en personne contre Roger de Hereford, au passage de la Saverne : mais il était de race anglaise; son jour vint comme celui des autres.

Dans l'année 1076, Wulfstan fut cité devant un concile d'évêques et de chefs normands, réunis dans l'église de Westminster, près de Londres, et présidés par le roi Guillaume et par l'archevêque Lanfranc. L'assemblée déclara una-

1. Quasi unus ex anglicis superstes. (Chron. Jo. Brompton, p. 976.)

2. Voyez page 41

3. Voyez page 80.

nimement que le prélat saxon était incapable d'exercer en Angleterre les fonctions épiscopales, attendu qu'il ne savait pas parler français[1]; et en vertu de cet arrêt bizarre, le roi et l'archevêque ordonnèrent au condamné de rendre le bâton et l'anneau[2], insignes de sa dignité. L'étonnement et l'indignation d'être si mal récompensé, inspirèrent à Wulfstan une énergie toute nouvelle pour lui; il se leva, et, tenant à la main son bâton pastoral, marcha droit au tombeau du roi Edward, enterré dans l'église; là s'arrêtant, et s'adressant au mort en langue anglaise: « Edward, dit-il, c'est toi qui m'as « donné ce bâton, c'est à toi que je le rends et le « confie[3]. » Puis se tournant vers les Normands : « J'ai reçu cela de qui valait mieux que vous; « je le lui remets, ôtez-le lui, si vous pouvez[4]. »

1. Quia nescivit gallicum. (Annales monast. Burtoniens.) Quia linguam gallicanam non noverat. (Math. Paris., p. 20.) Propter gallicæ linguæ carentiam. (Chron. Henric. Knyghton. p. 2368.)

2. Jubetur baculum et annulum resignare, archiepiscopo Lanfranco præcipiente, et hoc rege præscribente. (Jo. Brompton. pag. 976.)

3. Et dixit linguâ suâ : Edwarde, dedisti mihi baculum, et ideo illum tibi committo. (Annales Burtonienses. — Jo. Brompton., p. 976.)

4. Melior te hunc mihi dedit, cui et retradam. Avelle, si poteris. (Chron. H. Knyghton., pag. 2368.)

1076. En prononçant ces derniers mots, le Saxon frappa vivement la pierre de la tombe avec la pointe du bâton pastoral. Son air et ce geste inattendu produisirent sur l'assemblée une grande impression de surprise, mêlée d'un effroi superstitieux : le roi et le primat ne réitérèrent point leur demande, et laissèrent le dernier évêque anglais garder son bâton et son office [1].

L'imagination populaire fit de cette aventure un prodige, et l'on répandit la nouvelle que le bâton pastoral de Wulfstan, quand il en frappa la pierre, s'y était enfoncé profondément, comme dans une terre molle, et que personne n'avait pu l'en arracher, excepté le Saxon lui-même, lorsque les étrangers eurent révoqué leur sentence [2]. Après la mort de Wulfstan et après qu'un chanoine de Bayeux, appelé Samson, lui eut succédé dans l'épiscopat de Worcester, les Anglais de race le décorèrent, comme Waltheof et comme Égelwin, des noms de saint et de bienheureux [3]. Ce fut le lot de presque tous les hommes un peu éminents, qui étaient morts ou avaient

---

1. Restitutus est. (Math. Paris. Vitæ abbat., p. 31.)

2. Baculum in solidâ petrâ ita defixit, ut a nullo posset avelli, donec ille, ad regis rogatum, baculum resumeret (Chron. Jo. Brompton., p. 976.)

3. Sanctus Wulfstanus. (Annales Burtonienses.)

souffert pour leur résistance au pouvoir du conquérant.

Tout cela est un peu étrange pour nous, car les nations opprimées ont maintenant perdu l'usage de faire des saints de leurs défenseurs et de leurs amis; elles ont la force de conserver le souvenir de ceux qu'elles ont chéris, sans les entourer, après leur mort, d'une auréole superstitieuse. Mais quelque différence qu'il y ait entre nos mœurs et les mœurs des hommes qui nous ont précédés sur la terre, que cette différence ne nous rende point des juges trop sévères pour eux; que la forme bizarre de leurs actes nationaux ne nous induise pas à prononcer qu'il n'y avait rien de national et de patriotique dans leurs actes. La grande pensée de l'indépendance humaine leur fut révélée comme à nous; ils l'environnèrent de leurs symboles favoris, rassemblèrent autour d'elle ce que leur esprit imaginait de plus noble et de plus brillant, et la firent religieuse, comme nous la faisons poétique. C'est la même conviction et le même enthousiasme formulés d'une autre manière; le même penchant à immortaliser en idée ceux qui ont dévoué leur vie au salut ou au bien-être d'autrui.

LIVRE VI.

DEPUIS LA QUERELLE DU ROI GUILLAUME AVEC SON FILS AÎNÉ, ROBERT, JUSQU'AU DERNIER PASSAGE DE GUILLAUME SUR LE CONTINENT.

1077 — 1087.

1077 à 1079. Une des phases nécessaires de toute conquête, soit grande, soit petite, soit de guerre, soit de brigandage, c'est que les conquérants se querellent entre eux pour la possession et le partage du bien enlevé à autrui. Les Normands n'échappèrent pas à cette nécessité de leur nouvel état. Quand il n'y eût plus d'Anglais libres à soumettre, l'Angleterre devint, pour ses maîtres, une cause de guerres intestines, et même ce fut dans la famille du roi de la conquête, entre le père et son fils aîné, que la dispute éclata d'abord. Ce fils, appelé Robert, et que les Normands surnommaient, dans leur langue, *Gamberon* ou *Courte-heuse*, à cause du peu de longueur de ses jambes [1], avait été, avant la bataille de

[1]. Vulgo *Gambaron* cognominatus est, et Brevis ocrea. (Orderic Vital., p. 545.)

Hastings, désigné par le duc Guillaume, héritier de ses terres et de son titre. Cette désignation s'était faite selon l'usage, d'après le consentement formel des chefs normands, qui tous avaient prêté serment au jeune Robert, comme à leur seigneur futur[1]. Lorsque Guillaume fut devenu roi des Anglais, le jeune homme, dont l'ambition s'était éveillée à la vue des succès de son père, le requit d'abdiquer, en sa faveur, le gouvernement de la Normandie; mais le roi refusa, voulant garder ensemble son ancien duché et son nouveau royaume[2]. Il s'ensuivit une querelle violente, où les deux plus jeunes frères, Guillaume-le-Roux, et Henri, prirent parti contre leur aîné, sous couleur d'affection filiale, mais réellement pour le supplanter, s'ils le pouvaient, dans la succession que leur père lui avait assurée[3].

Un jour que le roi était à Laigle avec ses fils, Guillaume et Henri vinrent au logement de Robert, dans la maison d'un certain Roger Chaussiègue, et montant à l'étage supérieur, ils se mirent d'abord à jouer aux dés, à la façon des gens de guerre du temps, puis ils firent grand bruit et versèrent de l'eau sur Robert et sur ses

---

1. Optimates gratanter acquieverunt. (Ord. Vital., p. 545.)
2. Possibilitate denegavit. (Ibid.)
3. Guillelmus Rufus et Henricus patri favebant. (Ibid.)

1077 à 1079. amis qui étaient au-dessous [1]. Robert, irrité de cet affront, courut, l'épée à la main, sur ses deux frères : il y eut un grand tumulte que le roi calma, non sans peine [2], et dès la nuit suivante, le jeune Robert, suivi de tous ses compagnons, sortit de la ville, et gagna Rouen, dont il essaya de surprendre la citadelle. Il n'y réussit point; plusieurs de ses amis furent arrêtés, lui-même échappa avec quelques autres, et passant la frontière de Normandie, il se réfugia dans le Perche, où Hugues, neveu d'Aubert-le-Ribaud, l'accueillit dans ses châteaux de Sorel et de Reymalard [3].

Il y eut ensuite entre le père et le fils une réconciliation qui ne fut pas de longue durée, car les jeunes gens qui entouraient le dernier, recommencèrent bientôt à stimuler son ambition par leurs conseils et leurs railleries [4]. « Noble fils « de roi, lui disaient-ils, il faut que les gens de « ton père gardent bien son trésor royal, puis-

---

1. In domo Rogerii Calcegii venerunt, ibique super solarium (sicut militibus mos est) tesseris ludere cœperunt, deinde ingentem strepitum facere et aquam.... (Ord. Vital., pag. 545.)

2. De hospitio suo rex accurrit. (Ibid.)

3. Tum Hugo, nepos Alberti Ribaldi, exules suscepit, eisque novum castellum Raimalast atque Sorellum patefecit. (Ibid., p. 546.)

4. Seditiosi tirones, juveni regis filio.... dixerunt. (Ibid.)

« que tu n'as pas un denier pour donner à ceux
« qui te suivent. Comment souffres-tu de de-
« meurer si pauvre, lorsque ton père est si ri-
« che? Demande-lui donc une partie de son
« Angleterre, ou tout au moins le duché de Nor-
« mandie qu'il t'a promis devant l'assemblée des
« chefs [1]. » Robert, excité par ces propos et d'autres semblables, alla renouveler son ancienne
requête; mais le roi refusa encore une fois, et
l'exhorta, d'un ton paternel, à rentrer dans le
devoir, et surtout à faire choix de meilleurs conseillers, de personnes d'un âge mûr, graves et
sages telles que l'archevêque Lanfranc [2]. « Sei-
« gneur roi, répliqua brusquement Robert, je
« suis venu ici pour réclamer mon droit, et
« non pour écouter des sermons; j'en ai entendu
« assez, et d'assez ennuyeux, lorsque j'apprenais
« la Grammaire. Réponds-moi donc positivement,
« afin que je voie ce que j'aurai à faire; car je
« suis fermement résolu à ne plus vivre du pain
« d'autrui, et à n'être aux gages de personne [3]. »

1077
à
1079

1. Nobilissime fili regis.... patris tui satellites regale sic servant ærarium, ut vix tuis clientibus unum inde possis dare denarium.... cur hoc pateris? (Orderic. Vital., p. 546.)

2. Ibid., pag. 570.

3. Huc, domine mi rex, non accessi pro sermonibus au-diendis... hoc fixum est apud me quod nemini militabo. (Ibid.)

1077
d
1079.

Le roi répondit, en colère, qu'il ne se dessaisirait point de la Normandie, son pays natal, et ne partagerait avec qui que ce fût l'Angleterre, le prix de ses fatigues [1]. « Eh bien, dit Robert, « je m'en irai, j'irai servir les étrangers, et peut-« être obtiendrai-je chez eux, ce qu'on me re-« fuse dans mon pays [2]. » Il partit en effet, et parcourut la Flandre, la Lorraine, l'Allemagne, puis la France et la Gascogne, visitant, dit l'ancien historien, des ducs, des comtes, de riches bourgeois des villes, leur contant ses griefs, et leur demandant des secours [3]; mais tout ce qu'il recevait pour le soutien de sa cause, il le donnait à des jongleurs, à des parasites ou à des femmes débauchées, et se trouvait bientôt obligé de mendier de nouveau, ou d'emprunter à grosse usure [4]. Mathilde, sa mère, lui envoyait quelquefois de l'argent à l'insu du roi. Guillaume l'apprit, et le lui défendit; elle recommença, et

1. Natale solum Normaniæ..... Angliæ quoque regnum, quod ingenti nactus sum labore. (Oderic. Vital., p. 570.)

2. Extraneis tentabo servire. (Ibid.)

3. Nobiles expetit cognatos, duces et comites et potentes oppidanos; illis querelas suas deprompsit. (Ibid.)

4. Histrionibus et parasitis ac meretricibus distribuebat.... egestate compressus mendicabat, aut ab externis fœneratoribus.... (Ibid.)

le roi irrité lui reprocha, en termes amers, de distribuer à ses ennemis le trésor qu'il lui donnait en garde[1]; puis il fit arrêter le porteur des présents de Mathilde, avec ordre de lui crever les yeux[2]. C'était un Bas-Breton d'origine, appelé Samson; il prit la fuite et devint moine, dit la vieille chronique, pour le salut de son âme et de son corps[3].

Après beaucoup de circuits et de voyages, le jeune Robert se rendit, sous les auspices de Philippe, roi de France, au château de Gerberoy, situé dans le Beauvoisis, sur les confins de la Normandie. Il y fut bien accueilli par Élie, vicomte du château, et par son collègue; car, dit l'ancien narrateur, c'était la coutume de Gerberoy qu'il y eût deux seigneurs égaux en pouvoir, et qu'on y reçût les fugitifs de tous pays[4]. Là le fils du conquérant assembla des chevaliers à gages[5]; il lui en vint de France et de Normandie; plusieurs hommes d'armes de la maison du

---

1. Inimicos meos sustentat opibus meis. (Ibid., p. 571.)
2. Veredarium reginæ comprehendi, et oculis privari. (Ibid.)
3. Pro salvatione corporis et animæ. (Ibid.)
4. Helias quoque vicedominus, cum compari suo... moris enim est illius castri ut ibidem duo pares domini sint, et omnes fugitivi suscipiantur. (Ibid., p. 572.)
5. Gregarios equites. (Ibid.)

1079. roi Guillaume, plusieurs de ceux qui le flattaient chaque jour et vivaient a sa table, quittèrent leurs offices pour se rendre à Gerberoy, et lui-même alors, passant la mer, vint en personne assiéger le château où son fils s'était renfermé [1].

Dans une sortie que fit Robert, il engagea le combat, seul à seul, avec un cavalier couvert de son armure, le blessa au bras et le renversa de cheval; la voix du blessé lui fit reconnaître son père, et aussitôt il mit pied à terre, l'aida à se relever et à se remettre en selle, et le laissa repartir librement [2]. Les chefs et les évêques normands s'employèrent à réconcilier de nouveau le père avec le fils. Mais Guillaume résista d'abord à leurs instances : « Pourquoi, leur disait-il, « me sollicitez-vous en faveur d'un traître qui « a séduit contre moi mes gens de guerre, ceux « que j'avais nourris de mon pain, et à qui j'avais « donné leurs armes [3] ? » Il céda pourtant, à la fin, mais le bon accord entre le père et le fils ne fut pas de longue durée : pour la troisième fois Robert s'éloigna, alla en pays étranger, et

---

1. Multi de his qui regi adulabantur. (Ord. Vital., p. 572.)

2. Chron. saxon., Gibson, p. 184.

3. Miror quod tantopere pro perfido supplicatis homine.... Tirones meos, quos alui et armis militaribus decoravi, abduxit. (Orderic. Vital., p. 573.)

ne revint plus du vivant de son père[1]. Le roi 1079. le maudit à son départ, et les historiens du siècle attribuent à cette malédiction les infortunes qui remplirent toute la vie du fils aîné de Guillaume-le-bâtard, infortunes dont la conquête de l'Angleterre fut, comme on voit, la première cause[2].

De ces dissensions qui troublaient le repos du chef des conquérants, le peuple vaincu ne retirait aucun profit; et si, dans l'absence de Guillaume, la main royale, comme on disait alors, ne pesait plus sur ce peuple, d'autres mains, celles des comtes, des vicomtes, des juges, des capitaines, des prélats, des abbés de race étrangère, lui faisaient sentir leur poids. Parmi les plus impitoyables de ces ministres de la conquête, figurait Vaulcher le Lorrain, évêque de Durham, qui, depuis l'exécution de Waltheof, cumulait, conjointement avec son office ecclésiastique, le gouvernement de tout le pays situé entre la Tweed et la Tyne[3]. Les amis du comte-évêque

1. A patre recessit, nec posteà rediit. (Ibid.)

2. Quapropter rex maledixit filio suo, quam maledictionem antequam obiret, expertus est vehementer. (Math. Paris., pag. 10.)

3. Defuncto Waltheofo, Walcherus episcopus comitatum Northumbriæ a rege obtinuit. (Anglia sacra, tom 1, pag. 703.)

1079. vantaient beaucoup son administration, et le louaient d'être aussi habile à réprimer, par le tranchant de l'épée, les rébellions des Anglais du nord, qu'à réformer leurs mœurs par la persuasion de ses discours [1]. Ce qu'il y avait de réel dans ces éloges, c'est que Vaulcher tourmentait sa province par des exactions insupportables, qu'il permettait à ses officiers de percevoir, après lui, des tributs pour leur propre compte, et qu'il laissait ses gens d'armes piller et tuer impunément [2]. Parmi ceux qu'ils firent périr, sans aucun jugement, se trouvait un certain Liulfe, homme chéri de toute la contrée, qui s'était retiré à Durham, après avoir été dépouillé, par les Normands [3], de tous les biens qu'il possédait au sud de l'Angleterre. Ce meurtre, exécuté avec des circonstances atroces, mit le comble à la haine populaire contre l'évêque lorrain et ses agents. L'ancien esprit du Northumberland se réveilla, et les habitants de cette

1. Frænaret rebellionem gentis gladio, et reformaret mores eloquio. (Wil. Malmesb. Vitæ pontif., p. 277.)

2. Extorsit pecuniam infinitam. (Math. Paris., p. 7.) Ministris suis durissimam plebis oppressionem permittens.... aliquos etiam ex majoribus natu interficiebant. (Anglia sacra, tom. I, p. 703.)

3. Vir toti provinciæ carissimus, qui, possessionibus suis a Normannis privatus, Dunelmum secesserat. (Ibid., p. 704.)

terre fatale aux étrangers se réunirent, comme au temps de Robert Comine [1]. 1079.

Ils tinrent de nuit des conférences, et délibérèrent unanimement de venir, avec des armes cachées, à l'assemblée de justice que tenait, de temps en temps l'évêque, à la *cour du comté*, comme on disait en langue normande [2]. Cette cour se tenait sur les bords de la Tyne, près du château neuf bâti par les conquérants sur la grande route d'Écosse, dans un lieu appelé, en saxon, Gotes-heavd, ou Tête-de-chèvre [3]. Les Northumbriens s'y rendirent en grand nombre, comme pour adresser à leur seigneur d'humbles et pacifiques requêtes. Ils demandèrent réparation des différents torts qui leur avaient été faits [4] : « Je ne ferai droit, répondit l'évêque, à « aucune de ces plaintes, à moins qu'auparavant « vous ne me comptiez 400 livres, en bonne 1080.

---

1. Odia et furorem. (Ibid.) Northanhumbri, populus semper rebellioni deditus. (Wil. Malmesb., p. 112.)

2. Decreverunt unanimiter ut occulte armati venirent ad placita comitatûs. (Math., Paris. p. 7.) In quodam Gemote. (Chron. saxon., p. 184.)

3. Ad Caput-capræ. (Florent. Wigorn., p. 637.)

4 De diversis injustitiis sibi justitiam fieri. (Math. Paris., pag. 7.)

1080. « monnaie [1]. » Celui des Saxons qui, sachant le français, parlait au nom de tous les autres, demanda permission de s'entendre avec eux [2], et tous s'éloignèrent un moment, comme pour consulter ensemble sur le payement de la somme demandée; mais tout à coup l'orateur, qui était le chef du complot, s'écria en langue anglaise : «Courtes paroles, bonnes paroles; tuez l'évêque[3].» A ce signal, ils tirèrent leurs armes, se jetèrent sur le Lorrain, le tuèrent, et avec lui une centaine d'hommes de race normande ou flamande[4]; deux serviteurs, anglais de nation, furent seuls épargnés par les conjurés [5]. Le soulèvement populaire s'étendit jusqu'à Durham; la forteresse qu'y avaient bâtie les Normands fut attaquée, mais la garnison, nombreuse et bien pourvue de munitions, résista aux Northumbriens, qui

---

1. Nisi sibi antea libras quadringentas optimæ monetæ numerassent. (Math. Paris., p. 7.)

2. Unus eorum, pro omnibus, loquens. (Ibid.)

3. Præcipitanter, patriâ linguâ, dixit : *Shorte red, god red; slea ye the bishoppe.* (Ibid.)

4. Et 100 homines cum eo Franci et Flamingi. (Chron. saxon., Gibson, p. 184.)

5. Duobus tantum anglicis ministris, ob consanguinitatem, pepercerunt (Florent. Wig , p. 640.)

se dispersèrent découragés, après un siége de quatre jours[1].

A ce nouveau signe de vie donné par la population du nord, Eudes, évêque de Bayeux, frère du roi et l'un de ses lieutenants, en son absence, marcha promptement vers Durham, avec une nombreuse armée. Sans prendre le temps ni la peine de faire une enquête sur le soulèvement, il se saisit au hasard d'hommes qui étaient restés dans leurs maisons, et les fit décapiter et mutiler[2]. D'autres ne rachetèrent leur vie qu'en abandonnant tout ce qu'ils possédaient[3]. L'évêque Eudes pilla l'église de Durham, et enleva ce qui restait des ornements sacrés qu'Egelwin avait sauvés, en les transportant dans l'île de Lindisfarn[4]. Il renouvela, dans tout le Northumberland, les ravages que son frère y avait faits en l'année 1070; et c'est cette seconde dévastation qui, ajoutée à la première, imprima aux contrées du nord de l'Angleterre l'aspect de dé-

1080.

---

[1]. Quarto die obsidionis, obsidentes per diversa disperguntur. (Simeonis Dunelmensis hist., p. 47.)

[2]. Miseros indigenas, qui, in suâ innocentiâ confisi, domi resederant, plerosque decollari aut membrorum detruncatione præceperunt debilitari. (Ibidem.)

[3]. Nonnulli salutem et vitam pretio redemerunt. (Ibid.)

[4]. Ornamenta ecclesiæ abstulit (Ibid, pag. 46.) Voyez livre IV, tome Ier, page 401.

1080. solation et de tristesse qu'elles présentaient encore plus d'un siècle après ces événements [1]. « Ainsi, dit un historien postérieur de soixante-« dix années, furent tranchés les nerfs de cette « province, jadis si florissante. Ces villes autre-« fois renommées, ces hautes tours qui mena-« çaient le ciel, ces campagnes riantes de pâtu-« rages et arrosées d'eaux vives, l'étranger qui « les voit en gémit, l'ancien habitant ne les re-« connaît plus [2]. »

Sur ce pays, tout ruiné qu'il était, la population, demi-saxonne, demi-danoise, garda longtemps son ancien esprit d'indépendance et de fierté sauvage. Les rois normands, successeurs du bâtard, habitaient, en pleine sûreté, les provinces méridionales, mais ce n'était guère sans appréhension qu'ils voyageaient au-delà de l'Humber, et un historien de la fin du douzième siècle assure qu'ils ne visitaient jamais cette partie de leur royaume sans conduire avec eux une armée de soldats auxiliaires [3]. C'est dans le nord

---

1. Provinciæ illius reliquias, quæ aliquantum respiraverant, funditus exterminavit. (Will. Malmesb., p. 277.)

2. Si quis videt modo peregrinus, ingemit; si quis vetus incola, non agnoscit. (Ibid., p. 258.)

3. Rex si quando partes illas regni adit, non sine magno auxiliatorum comitatu vadit. (Will. Malmesb., p. 458.)

que se conserva le plus long-temps le penchant à la rébellion contre l'ordre social établi par la conquête ; c'est là que se recrutèrent encore pendant près de deux siècles ces bandes d'*Outlaws* [1], successeurs politiques des réfugiés du camp d'Ély et des soldats de Hereward. L'histoire ne les a point compris; elle les a passés sous silence, ou bien, suivant le langage des actes légaux du temps, elle les a flétris d'un nom qui écarte d'eux tout intérêt, du nom de séditieux, de voleurs et de bandits. Mais que ces titres odieux, en apparence, ne nous en imposent point ; ils sont ceux que, dans tout pays subjugué par l'étranger, portèrent les braves qui, en petit nombre, se réfugièrent sur les montagnes et dans les forêts, laissant l'habitation des villes à qui supportait l'esclavage [2]. Le peuple, qui n'avait pas le courage de les imiter, les aimait du moins et les accompagnait de ses vœux. Pendant que des ordonnances, rédigées en langue française, prescrivaient à tout habitant des villes et des villages d'Angleterre de traquer l'homme mis

1080.

---

1. *Utlaghe*, selon l'orthographe saxonne.

2. . . . . Τούρκους μὴ προσκυνοῦμεν
Πᾶμεν νὰ λιμεριάζωμεν ὅπου φωλεάζουν λύκοι.
'Σ ταῖς χώραις σκλάβοι κατοικοῦν . . . .
(Chansons populaires des Grecs modernes, publiées par M Fauriel)

2   8

hors la loi, *l'homme des forêts* comme un loup[1], de le poursuivre de bourgade en bourgade, de canton en canton, par la *huée* et par le *cri*[2], il circulait des chansons anglaises en l'honneur de cet ennemi du pouvoir étranger, qui avait, disait-on, pour trésor la bourse des comtes, et pour troupeaux les daims du roi. Les poètes populaires célébraient ses victoires, ses combats, ses stratagèmes contre les agents de l'autorité. On chantait comment il avait lassé à la course les gens et les chevaux du vicomte; comment il avait pris l'évêque, l'avait rançonné à mille marcs, et forcé d'exécuter un pas de danse dans ses habits pontificaux[3].

L'évêque normand, Eudes de Bayeux, après son expédition dans le Northumberland, devint fameux parmi les siens, comme l'un des plus grands *dompteurs* d'Anglais[4]; il était chef des juges ou grand-justicier de toute l'Angleterre, comte de Kent et de Hereford, depuis l'emprisonnement de Roger, fils de Guillaume fils d'Os-

---

1. Les Normands employaient quelquefois le mot saxon francisé *utlages*, et quelquefois celui de *forestiers*.

2. En anglais moderne *by hue and cry*.

3. Ballads of Robin Hood, Adam Bell, Clym o'the Chlough, etc., passim.

4. Anglos maximè perdomuit. (Gloss Spelmann, p 337.)

bert. Le renom dont il jouissait l'enorgueillit, et le pouvoir qu'il exerçait en Angleterre et en Normandie excita en lui l'ambition de la plus grande puissance qu'il y eût alors, de la puissance papale. Des devins italiens, payés par l'évêque de Bayeux, prédirent que ce serait lui qui succéderait a Grégoire VII [1]; et l'évêque, s'aidant de ces prédictions, commença des intrigues à Rome, y acheta un palais, envoya de riches présents à ceux que les gens de l'autre côté des Alpes appelaient encore *sénateurs*, et chargea de lettres et de dépêches les pélerins de Normandie et d'Angleterre [2]; il engagea des chefs et des hommes de guerre normands, entre autres Hugues le Loup, comte de Chester, à le suivre en Italie, pour lui faire une brillante escorte [3]. Le roi Guillaume, encore en Normandie, fut averti de ces préparatifs, et ils lui déplurent, on ne sait par quelle raison. Ne se souciant pas que son frère devînt pape, il s'embarqua, et le surprit en mer, à la hauteur de l'île de Wight [4]. Le roi assembla aussitôt les chefs normands dans

1080 à 1082.

1. Quidam sortilegi Romanorum. (Orderic. Vital., p. 646.)

2. Palatium sibi emit, senatores Quiritum, magnis muneribus datis.... (Ibid.)

3. (Ibid.)

4. Ex insperato in insulâ Vectâ obviavit. (Ibid.)

8.

cette île, et accusa devant eux l'évêque d'avoir abusé de son pouvoir de juge et de comte; d'avoir maltraité les Saxons outre mesure, au grand danger de la cause commune [1]; d'avoir spolié les églises, et enfin d'avoir tenté de séduire et d'emmener hors de l'Angleterre les guerriers sur la foi desquels reposait le salut des conquérants [2]. « Considérez ces griefs, dit le roi à l'assemblée, « et apprenez-moi comment je dois agir envers « un tel frère [3]. » Personne n'osa répondre. « Qu'on « l'arrête donc, reprit Guillaume, et qu'on l'enferme sous bonne garde [4]. » Aucun des assistants n'osa mettre la main sur l'évêque. Le roi s'avança, et le saisit par ses vêtements. « Je suis « clerc, s'écria Eudes; je suis le ministre du sei« gneur : le pape seul a droit de me juger [5]. » Mais Guillaume, sans lâcher prise, répondit : « Ce « n'est point un clerc que je juge; c'est mon « comte, c'est mon serviteur que j'arrête [6]. » Le frère du vainqueur des Anglais fut conduit

---

1. Angliam vehementer oppressit. (Ord. Vital., p. 646.)
2. Ecclesias spoliavit, militesque meos qui Angliam tutari debuerant seduxit et trans Alpes .. (Ibid., p. 647.)
3. Considerate... (Ibid.)
4. Comprehendite et solerter custodite. (Ibid.)
5. Clericus sum et minister domini. (Ibid.)
6 Ego nec clericum nec antistitem damno, sed comitem meum, quem meo, vice meâ, præposui regno. (Ibid.)

en Normandie et emprisonné dans une forteresse, peut-être dans celle où languissait encore Ulfnoth, le frère du roi Harold, dont le sort était maintenant pareil au sien, après quinze ans d'une fortune si différente [1].

Les reproches du roi à l'évêque sur sa conduite dans le nord de l'Angleterre, s'ils ne sont pas une invention de l'ancien historien, semblent déceler quelques craintes de nouveaux soulèvements de la part de ceux qui avaient tué Robert Comine, repris la ville d'Yorck, massacré l'évêque Vaulcher, et qui couraient avec joie à la rencontre de tout ennemi des Normands, qui venait descendre sur leurs côtes. Cette crainte n'était pas entièrement vaine; car plus d'une révolte éclata dans le voisinage de Durham, sous l'épiscopat de Guillaume, successeur du Lorrain [2]. Dans le reste de l'Angleterre, les vaincus montraient moins d'énergie et plus de résignation à leurs souffrances. Peu de faits positifs, sur la nature de ces souffrances, sont parvenus jusqu'à nous, et encore se rapportent-ils pour la plupart aux misères des gens d'église, la seule

1080 à 1082.

1. Voyez livre III, tome Ier.

2. Willelmus Dunelmensis episcopus moritur, et fit commotio hominum. (Annales Margan. apud Scriptor. Oxon., tom. II, pag. 3.)

classe des opprimés de la vieille Angleterre qui ait trouvé des historiens. Toutefois ce qu'on osait contre cette classe privilégiée peut faire conjecturer, par induction, ce que devaient subir les autres classes d'hommes qu'aucun scrupule ne protégeait; et un trait du régime intérieur d'un monastère anglais, sous le pouvoir d'un abbé normand, dans la seizième année de la conquête, aidera peut-être à deviner le régime des villes et des provinces, sous l'autorité des comtes, et des vicomtes, et des baillis du roi étranger [1].

Le couvent de Glastonbury, dans la province de Sommerset, après la déposition d'Égelnoth, son abbé de race saxonne, avait été donné à Toustain, moine de Caen [2]. Toustain, suivant la coutume des autres Normands devenus abbés en Angleterre, avait commencé par diminuer la portion de nourriture de ses religieux, pour les rendre plus maniables; mais la famine ne fit que les irriter davantage contre le pouvoir de

---

1. Hoc monasterium semper post adventum Normanorum pessimis est infractum laboribus. Abbates enim rerum gloriâ elati non religiosos sed tyrannos agunt, foris tumidi, intùs crudeles et incommodi. (Adamus de Domerham. Ed. Hearne, pag. 114.)

2. Voyez livre V, page 93.

celui qu'ils qualifiaient hautement d'intrus ¹. 1082
L'abbé, par esprit national, ou par fantaisie de
despotisme, voulait que ses moines saxons ap-
prissent à chanter les offices d'après la méthode
d'un musicien fameux dans la ville de Fécamp,
et les Saxons, autant par haine de la musique
normande que par habitude, tenaient au chant
grégorien². Ils reçurent plusieurs fois l'injonction d'y renoncer, ainsi qu'à d'autres anciens
usages ; mais ils résistèrent jusqu'au point de
déclarer un jour, en plein chapitre, leur ferme
résolution de ne pas changer³. Le Normand
se leva furieux, sortit et revint aussitôt à la tête
d'une compagnie de gens armés de toutes pièces⁴.
A cette vue, les moines s'enfuirent vers l'église,
et se réfugièrent dans le chœur dont ils eurent
le temps de fermer la porte ⁵. Les soldats qui
les poursuivaient, se trouvant arrêtés, essayèrent

1. Monachos in victualibus miserabiliter tractare, hinc
lites verborum animorumque discordiæ quia ut ait Lucanus,
nescit plebs jejuna timere. (Will. Malmesb., pag. 254.)

2. Ut cujusdam Willelmi Fiscannensis cantum discerent et
cantarent (Will. Malmesb., ed. Gale, pag. 332.).

3. Ibid.

4. Milites ac satellites suos phaleratos. (Ibid.)

5. Chron. saxon. Ed. Gibson, p. 184. — Will. Malmesb.
Ed. Gale, p. 332.)

1082. de la forcer. Pendant ce temps, quelques-uns d'entre eux escaladèrent les piliers, et se plaçant sur les solives qui couronnaient la clôture du chœur, commencèrent l'attaque de loin et à coups de flèches[1]. Les moines, réfugiés près du maître-autel, se glissaient dessous ou se tapissaient derrière les châsses et les reliquaires qui, leur servant de rempart, reçurent les flèches lancées contre eux ; le grand crucifix de l'autel en fut hérissé de toutes parts[2]. Bientôt la porte du chœur céda aux efforts de ceux qui l'ébranlaient, et les saxons, forcés dans leur retraite, furent chargés de près à coups d'épées, et de lances ; ils se défendirent le mieux qu'ils purent avec les bancs de bois et les candélabres de métal, et même blessèrent quelques soldats[3] ; mais les armes étaient trop inégales, dix-huit d'entre eux furent tués ou blessés mortellement, et leur sang, dit la chronique contemporaine, ruissela sur les degrés de l'autel[4]. Un autre vieux

1. Quidam etiam solaria inter columnas erecta scandebant, (Will. Malmesb. Ed. Gale, pag. 332.)

2. Crucifixum sagittis inhorrere fecerunt. (Ibid.)

3. Sese candelabris et scamnis, prout possent, defendentes, quosdam de militibus vulneraverunt. (Chron. Henric. Knyghton, pag. 2352.)

4. De ará in gradus et de gradibus in aream. (Chron. saxon., p. 184.)

historien annonce qu'il pourrait mentionner 1082. beauconp d'avantures semblables à celle-ci, mais qu'il aime mieux les passer sous silence comme également pénibles à raconter et à entendre [1].

Dans l'année 1083 mourut Mathilde, l'épouse 1083. du roi Guillaume ; un ancien récit dit que les conseils de cette femme adoucirent plus d'une fois l'âme dure et cruelle du conquérant, qu'elle le disposa souvent à la clémence envers les Anglais, mais qu'après sa mort Guillaume s'abandonna sans réserve à son humeur tyrannique [2]. Les faits manquent pour constater cet accroissement d'oppression et de misère pour le peuple vaincu, et l'imagination ne peut guère y suppléer, car il est difficile d'ajouter un seul degré de plus au malheur des années précédentes. La seule différence qu'on puisse remarquer entre l'époque de la conquête qui suivit la mort de Mathilde et celles que le lecteur a déja parcourues, c'est que Guillaume, n'ayant plus de progrès à faire dans sa domination sur les indigènes, commença dès-lors à se créer régulièrement une domination personnelle sur ses propres compa-

1. Multa his similia referri possent, verùm quià hæc sunt minùs læta, his omissis..... (Orderic Vital., p. 524.)

2. Istius consilio, rex pacificè cum anglis tractabat, post mortem verò ipsius omnem induit tyrannidem. (Anglia sacra, pag. 257.)

gnons de victoire. La nécessité eut, d'ailleurs, à cette entreprise autant de part que l'ambition ; comme il ne restait plus rien à enlever aux Anglais, le roi se vit obligé de lever, sur les Normands eux-mêmes, des contributions pour le maintien de la propriété commune. Dans cette année 1083, il exigea six sous d'argent pour chaque hyde, ou journée de terre dans tout le royaume, sans distinction de possesseur [1]. Le guerrier normand, usé par vingt ans de combats, se vit contraint de payer, sur les revenus du domaine qu'il avait conquis dans ses jours de force et de jeunesse, la solde d'une nouvelle armée.

De cette époque date l'origine d'un esprit de défiance mutuelle et d'hostilité sourde entre le roi et ses vieux amis. Ils s'accusaient réciproquement d'avarice et d'égoïsme. Guillaume reprochait aux chefs normands de tenir plus à leur bien-être personnel qu'à la sûreté commune; de songer plutôt à bâtir des fermes, à élever des troupeaux, à former des haras, qu'à se tenir prêts contre l'ennemi indigène ou étranger [2].

---

1. De unoquoque aratro, id est hydâ terræ, totius regni sex solidos cepit argenti. (Math. Paris., p. 8.)

2. Ricardus de Rulos multùm agriculturæ deditus, ac in jumentorum et pecorum copiâ delectatus. (Ingulf. croyl., Script. Oxon., p. 77.)

A leur tour, les chefs reprochaient au roi d'être avide de gain au-delà de toute mesure et de vouloir s'approprier, sous de faux prétextes d'utilité générale, les richesses acquises par le travail de tous. Afin d'asseoir sur une base fixe ses demandes de contributions ou de services d'argent, pour parler le langage du siècle, Guillaume fit faire une grande enquête territoriale, et dresser un registre universel de toutes les mutations de propriété opérées en Angleterre par la conquête; il voulut savoir en quelles mains, dans toute l'étendue du pays, avaient passé les domaines des Saxons, et combien d'entre eux gardaient encore leurs héritages, par suite de traités particuliers [1] conclus avec lui-même ou avec ses chefs : combien, dans chaque domaine rural, il y avait d'arpents de terres; quel nombre d'arpents pouvait suffire à l'entretien d'un homme d'armes, et quel était le nombre de ces derniers dans chaque province ou comté de l'Angleterre [2] : à quelle somme montait en gros le produit des cités, des villes,

1083.

1080 à 1086.

1. Quomodò incoleretur hæc terra et a quibus hominibus. (Chron. saxon. Ed. Gibson, p. 187.)

2. Quot acræ et jugera terræ, quid uni militi sufficere posset, et quot milites essent in unoquoque comitatu. (Anglia sacra, pag. 257.)

des bourgades, des hameaux[1] : quelle était exactement la propriété de chaque comte, baron, chevalier, sergent d'armes; combien chacun avait de terre, de gens ayant-fiefs sur ses terres, de Saxons, d'animaux, de charrues[2].

Ce travail, dans lequel des historiens modernes ont vu la marque du génie et un grand monument d'utilité nationale, fut le simple résultat de la position spéciale du roi normand, comme chef d'une armée conquérante, et de la nécessité d'établir un ordre quelconque dans le chaos de la conquête. Cela est si vrai, que dans d'autres conquêtes, dont les détails nous ont été transmis, par exemple, dans celle de la Grèce, par les croisés latins au XIIIe siècle, on trouve la même espèce d'enquête faite sur un plan tout semblable par les chefs de l'invasion[3].

En vertu des ordres du roi Guillaume, Henri de Ferrières, Gaultier Giffard, Adam, frère d'Eudes le sénéchal, et Remi, évêque de Lincoln,

---

1. De urbibus et villis et viculis ad quid in solidum ascenderent. (Anglia sacra, pag. 257.)

2. Quantùm terræ quisque baronum suorum possidebat, quot feudatos milites, quot villanos, quot animalia, imò quantùm vivæ pecuniæ quisque possidebat in omni regno. (Florent. Wigorn. apud Spelmanni. Glossar.)

3. Poeme sur la Conquête de la Morée, ms. de la Bibl. du Roi, publié et traduit par M. Buchon.

ainsi que d'autres personnages pris parmi les gens de justice et les gardiens du trésor royal, se mirent à voyager par tous les comtés de l'Angleterre, établissant dans chaque lieu un peu considérable leur assemblée ou leur conseil d'enquête [1]. Ils faisaient comparaître devant eux le vicomte normand de chaque province ou de chaque *Shire* saxonne, personnage auquel les Saxons conservaient dans leur langue l'ancien titre de *Shire-reve*, ou de *Sheriff*. Ils convoquaient ou faisaient convoquer par le vicomte tous les barons normands de la province, qui venaient indiquer les bornes précises de leurs possessions et de leurs juridictions territoriales; puis quelques-uns des hommes de l'enquête, ou des commissaires délégués par eux, se transportaient sur chaque grand domaine, et dans chaque district ou *centurie*, comme s'exprimaient les Saxons. Là, ils faisaient déclarer, sous serment, par les hommes d'armes français de chaque seigneur, et par les habitants anglais de la centurie, combien il y avait sur le domaine de possesseurs libres et de fermiers [2], quelle portion

1. Dugdale's baronage — Misit homines suos. (Chron. saxon., p. 187.)

2. Per sacramentum vice-comitis scire et omnium baronum et eorum Francigenarum et totius centuriatûs. (Ex anonym. ms. apud Selden. præfat. ad Eadmeri hist., p. 15.)

chacun occupait en propriété pleine ou précaire; les noms des détenteurs actuels; les noms de ceux qui avaient possédé avant la conquête, et les diverses mutations de propriétés survenues depuis; de façon, disent les récits du temps, qu'on exigeait trois déclarations sur chaque terre : ce qu'elle avait été au temps du roi Edward, ce qu'elle avait été quand le roi Guillaume l'avait donnée, et ce qu'elle était au moment présent[1]. Au-dessous de chaque recensement particulier on inscrivait cette formule : « Voilà ce qu'ont juré tous les Français et tous « les Anglais du canton[2]. »

Dans chaque bourgade, on s'enquérait de ce que les habitants avaient payé d'impôt aux anciens rois, et de ce que le bourg produisait aux officiers du conquérant : on recherchait combien de maisons la guerre de la conquête ou les constructions de forteresses avaient fait disparaître, combien de maisons les vainqueurs avaient prises; combien de familles saxonnes, réduites à l'extrême indigence, étaient hors d'état de rien

---

1. Hoc totum tripliciter, scilicet tempore regis Edwardi, et quando rex Willelmus dedit, et quomodo sit modo. (Ex anonym., ms. Selden.)

2. Hoc omnes Franci et Angli de Hundredo juraverunt (Ibid.)

payer [1]. Dans les cités, on prenait le serment des grandes autorités normandes, qui convoquaient les bourgeois saxons au sein de leur ancienne chambre de conseil, devenue la propriété du roi ou de quelque homme de guerre étranger; enfin, dans les lieux de moindre importance, on prenait le serment du préposé ou *prévôt* royal, du prêtre et de six Saxons ou de six villains de chaque ville, comme s'exprimaient les Normands [2]. Cette recherche dura six années, pendant lesquelles les commissaires de Guillaume parcoururent toute l'Angleterre, à l'exception des pays montagneux au nord et à l'ouest de la province d'York, c'est-à-dire des cinq comtés modernes de Durham, Northumberland, Cumberland, Westmoreland et Lancaster [3]. Peut-être cette étendue de pays, cruellement dévastée à deux reprises différentes, n'offrait-elle point assez de terres en valeur, ni des propriétés assez fixement divisées, pour que le cadastre en fût ou utile ou possible à dresser; peut-être aussi les commissaires du roi normand craignirent-ils, s'ils transportaient leurs assises dans les bour-

1080 à 1086.

1. Vide librum censualem, passim.
2. Per sacramentum presbyteri, præpositi, sex villanorum uniuscujusque villæ. (Ms. anonym, Selden.)
3. Anno 1086, ab incarnatione domini, 25° regni Willelmi facta est ista descriptio. (Doomesday-book.)

1080 à 1086. gades de la Northumbrie, d'entendre retentir à leurs oreilles les mots saxons qui avaient été le signal du massacre de Vaulcher le Lorrain et de ses cent hommes.

Quoi qu'il en soit, le rôle de cadastre, ou pour parler l'ancien langage, le *terrier* de la conquête normande ne fit point mention des domaines conquis au-delà de la province d'York. La rédaction de ce rôle pour chaque province qu'il mentionnait fut *modelée* sur un plan uniforme. Le nom du roi était placé en tête, avec la liste de ses terres et de ses revenus dans la province; puis venaient à la suite les noms des chefs et des moindres propriétaires, par ordre de grade militaire et de richesse territoriale [1]. Les Saxons épargnés, par grâce spéciale, dans la grande spoliation, ne figuraient qu'aux derniers rangs; car le petit nombre d'hommes de cette race qui restèrent propriétaires franchement et librement, ou *tenant de leur chef* sous le roi, comme s'exprimaient les conquérants, ne le furent que pour de minces domaines : ils furent inscrits à la fin de chaque chapitre sous le titre de *thegns* du roi [2], ou avec diverses qualifications d'offices domestiques dans

---

[1]. Prænotato in ipso capite regis nomine, et deindè seriatim aliorum procerum nominibus appositis, secundùm status sui dignitatem. (Dialogus de Scacario.)

[2] Thani regis. (Doomesday-book)

la maison du conquérant [1]. Le reste des noms à physionomie anglo-saxonne, épars çà et là dans le rôle, appartient à des fermiers de quelques fractions plus ou moins grandes du domaine des comtes, chevaliers, sergents d'armes, ou arbalétriers normands [2].

1080 à 1086.

Telle est la forme du livre authentique, et conservé jusqu'à nos jours, dans lequel ont été puisés la plupart des faits d'expropriation énoncés çà et là dans ce récit. Ce livre précieux, où la conquête fut enregistrée toute entière pour que le souvenir ne pût s'en effacer, fut appelé par les Normands *le grand rôle*, *le rôle royal*, ou *le rôle de Winchester*, parce qu'il était conservé dans le trésor de la cathédrale de Winchester [3]. Les Saxons l'appelèrent d'un nom plus solennel, le livre du dernier jugement, *Doomesday-Book*, peut-être parce qu'il contenait leur sentence d'expropriation irrévocable [4]. Mais si ce livre fut un arrêt de dépossession pour la nation an-

---

1. Venatores, accipitrarii, ostiarii, pistores.
2. Nicolaus balistarius. (Doomesday-book.)
3. Rotulus magnus, rotulus regius, rotulus Wintoniæ. In thesauro ecclesiæ cathedralis Wintoniæ depositus. (Anglia sacra, tom. I, pag. 257.)
4. Al. *Domesdæge - boc*.... ab indigenis sic nuncupatus quia nulli parcit sicut nec magnus dies judicii. (Ibid.)

glaise, il le fut aussi pour quelques-uns des usurpateurs étrangers. Leur chef s'en servit habilement pour opérer à son profit de nombreuses mutations de propriété, et légitimer ses prétentions personnelles sur beaucoup de terres envahies et occupées par d'autres. Il se prétendait propriétaire par héritage de tout ce qu'avaient possédé Edward, l'avant-dernier roi des Anglo-saxons, Harold, le dernier roi, et la famille entière de Harold : il revendiquait au même titre toutes les propriétés publiques, et le haut domaine de toutes les villes, à moins qu'il ne les eût expressément aliénées, soit en entier, soit en partie, par diplôme authentique, *par lettre et saisine*, comme disaient les juristes normands [1].

Au moment de la victoire, dans cet instant de fraternité entre le chef et ses compagnons, personne n'avait songé aux formalités de *lettre* et de *saisine*, et chacun de ceux à qui Guillaume avait dit avant le combat, « Ce que je prendrai, « vous le prendrez », s'était fait sa portion lui-même [2] ; mais, après la conquête, les soldats de l'invasion sentirent peser sur leurs propres têtes une partie de la puissance qu'ils avaient élevée sur celle des Anglais. C'est ainsi que le droit de

1. Breve, sigillum, liberatio saisitio. (Doomesday-book. pas.)
2. Voyez liv. III, tom I, pag. 302.

Guillaume de Garenne sur la terre de deux Anglais libres, dans la province de Norfolk, lui fut contesté, parce que cette terre avait dépendu autrefois d'un manoir royal d'Edward[1]; il en fut de même d'un domaine d'Eustache, dans la province de Huntingdon, et de quinze acres de terre que tenait Miles, dans celle de Berks[2]. Une terre qu'Engelry occupait dans la province d'Essex fut, selon l'expression du grand rôle, saisie en la main du roi, parce qu'Engelry n'envoya personne pour rendre compte de ses titres[3]. Le roi saisit pareillement toutes les terres sur lesquelles il avait prétention, et dont le détenteur, quoique Normand, ne put ou ne voulut pas *rendre compte*[4].

Une autre prétention de sa part, c'était que chaque domaine qui, dans les temps saxons, avait

---

1. Quod pertinebant tempore regis Edwardi ad faganaham mans. reg. (Doomesday-book, tom. I, p. 172.)

2. Grafham dñt socam regis fuisse et esse; nec breve, nec saisitorem vidisse qui liberasset eam Eustachio (Ibid., t. II, pag. 208.)...... Rex Ed. habuit 15 acras; Milo tenet eas, nesciunt quomodò. (Ibid., tom. II, pag. 56.)

3. Et quia neque legatus neque alius homo venit ex parte sua qui dirationasset hanc terram, ideò est saisita in manu regis. (Ibid., tom. I, pag. 15.)

4. Rationare, derationare, reddere rationem (Ibid. passim.)

payé au roi Edward quelque rente ou quelque service, lui payât encore, bien qu'il fût tenu par un Normand, la même rente ou le même service. Cette prétention, fondée sur une succession aux droits d'un roi anglais, que ne pouvaient admettre ceux qui avaient déshérité la race anglaise, fut d'abord mal accueillie par les conquérants. La franchise d'impôts ou de services d'argent, hors quelques contributions volontaires, leur paraissait la prérogative inviolable de leur victoire ; et ils regardaient la condition de contribuables, *par coutume*, comme l'état spécial de la nation subjuguée [1]. Plusieurs résistèrent aux réclamations de leur chef, dédaignant de se voir imposer des servitudes personnelles pour la terre qu'ils avaient conquise. Mais il y en eut qui cédèrent lâchement ; et leur condescendance, soit volontaire, soit achetée par le roi Guillaume, énerva l'opposition des autres. Raoul de Courbespine refusa long-temps de payer aucune redevance pour les maisons qu'il avait prises dans la ville de Canterbury, et Hugues de Montfort pour les terres qu'il occupait dans la province d'Essex [2]. Ces

---

1. Consuetudo, custuma, custumarii, *coustumes* ; ce mot subsiste dans la langue anglaise moderne.

2. Radulfus de Curbespine habet 4 mansuras de quibus est saca et soca regis, sed usque nunc non habuit. (Doomesday-book, tom. II, pag. 2.) Huic manerio adjacebant IV

deux chefs pouvaient être fiers impunément; mais la fierté des hommes moins puissants et moins considérables fut quelquefois durement punie. Un certain Osbert, dit le Pêcheur, n'ayant point voulu acquitter la rente que sa portion de terre payait anciennement au roi Edward, comme dépendant de son domaine, fut exproprié par les agents royaux, et sa terre offerte à qui voudrait payer pour lui : Raoul Taille-bois paya, dit le grand rôle, et prit possession du domaine comme *forfait* par Osbert le Pêcheur [1].

Le roi normand tâchait aussi de lever sur ses propres compatriotes, dans les villes et les terres de son domaine, l'ancien impôt établi par la loi saxonne. Quand aux Anglais de ces villes et de ces domaines, outre cet impôt rigoureusement exigé au nom de la coutume du lieu, et souvent doublé ou triplé, ils étaient encore soumis à une redevance éventuelle, arbitraire, inégale, levée capricieusement et durement, que les Normands

---

liberi homines de IV hid. T. R. E. reddentes consuetudinem modò tenet Hugo de Monteforti et non reddidit consuetud. ex quo eas habuit. (Ibid., tom. I, pag. 2.)

1. Osbernus piscator.... sed ille gablum de hâc terrâ dare noluit; Radulfus Tailgebosc gablum dedit, et pro forisfacto istam terram sumpsit. (Doomesday-book, tom. II, page 1216)

1080
à
1086.

appelaient *Taille* ou *Taillage* [1]. Le grand rôle donne l'état des bourgeois taillables du roi par cités, par villes et par bourgs : « Voici les bour-« geois du roi à Colchester [2] : c'est Keolman qui « tient une maison et cinq acres de terre ; Leof-« win qui tient deux maisons et vingt-cinq acres, « Ulfric, Edwin, Wulfstan, Manwin, etc. » Les chefs et les soldats normands levaient aussi la taille sur les Saxons, qui leur étaient échus, soit dans les bourgs, soit hors des villes [3]. C'est ce qu'on appelait dans le langage des conquérants avoir un bourgeois ou un Saxon libre ; et dans ce sens les hommes libres se comptaient par tête, se vendaient, se donnaient, s'engageaient, se prêtaient ou même se divisaient par moitié entre Normands [4]. Le grand rôle dit qu'un certain vicomte *avait* dans le bourg d'Ipswich deux bourgeois saxons, l'un en gage, et l'autre pour dettes [5] ;

1. En latin *tallagium*.

2. Isti sunt burgenses regis... (Doomesday-book, tom. I, pag. 104.)

3. Omnes isti sunt liberi homines Rogerii Bigot, et Normannus tenet eos de eo. (Ibid., tom. I, pag. 341.)

4. Istos liberos homines calumniat Rogerus de Ramis. (Doomesday, liv. I, 337.) — Invasit Hugo de Corbon. sup Rog. Bigot medietat. unius liberi hominis. (Ibid., tom. I, pag. 278.)

5. Habet Normannus vicecomes 11 burgenses, unum in

et que le roi Guillaume avait, par acte authentique, *prêté* le Saxon Edwige à Raoul Taille-bois pour le garder tant qu'il vivrait[1].

Beaucoup de querelles intestines dans la nation des vainqueurs pour la dépouille des vaincus, beaucoup d'*invasions* de Normands sur Normands, comme s'exprime le rôle d'enquête[2], furent aussi enregistrées dans tous les coins de l'Angleterre. Par exemple, Guillaume de Garenne, dans le comté de Bedford, avait dessaisi Gaultier Espec d'une demi-hyde ou d'un demi-arpent de terre, et lui avait enlevé deux chevaux[3]. Ailleurs, c'était Hugues de Corbon qui avait usurpé sur Roger Bigot *la moitié d'un Anglais libre*, c'est-à-dire cinq acres de terre. Dans le comté de Hants, Guillaume de la Chesnaye réclamait contre Picot une certaine portion de terre, sous prétexte

---

vadimonio contrà eumdem, alterum pro debito. (Ibid., t I, pag. 438.)

1. Hanc terram tenuit Ovigi, et potuit dare cui voluit T. R. E. hanc ei posteà W. rex concessit, et per suum brevem Radulfo Tallebosc commodavit ut eum servaret quandiù viveret. (Doomesday-book, tom. II, p. 211.)

2. Invasiones.

3. Fuit Willems Spec saisitus per regem et ejus liberatorem, sed W. de Warenne sine breve regis eum dissaisivit et II equos ejus hominibus abstulit necdum reddidit (Ibid., tom. II, p. 211,)

1080 à 1086. qu'elle appartenait au Saxon dont il avait pris les biens [1]. Ce dernier fait et beaucoup d'autres du même genre prouvent que les Normands considéraient comme leur propriété légitime tout ce que l'ancien propriétaire aurait pu légalement revendiquer; et que l'envahisseur étranger, se regardant comme un successeur naturel, faisait les mêmes recherches, exerçait les mêmes poursuites civiles qu'eût exercées l'héritier du Saxon [2]. Il appelait en témoignage les habitants anglais du district, pour constater l'étendue des droits que lui avait communiqués sa substitution à la place de l'homme tué ou expulsé par lui [3]. Souvent la mémoire des habitants, troublée par la souffrance et par le fracas de la conquête, répondait mal à ces sortes de demandes; souvent aussi le Normand, qui voulait contester le droit de son compatriote, refusait de s'en tenir à la déposition de cette *vile populace* des vaincus [4]. Dans ce cas, le seul moyen de terminer la dispute était le duel judiciaire

1. Hanc terram calumniat W. de Chesney per hereditatem sui antecessoris anglici. (Doom.-book, t. II, pag. 44.)

2. Hanc terram clamant per antecessorem suum cujus terras omnes W. rex sibi donavit. (Doom.-book, t. II, p. 215.)

3. De hoc suum testimonium adduxit de antiquis hominibus totius comitatûs. (Ibid., tom. II, pag. 44.)

4. Testimonium de villanis et vili plebe. (Ibid.)

entre les parties ou le jugement dans la cour du roi [1].

Le *terrier* normand parle, en beaucoup d'endroits, d'envahissements injustes, de saisies, de prétentions injustes [2]. C'est sans doute une chose bizarre que de voir le mot de justice écrit dans le registre d'expropriation de tout un peuple; et l'on ne comprendrait point ce livre si l'on ne songeait à chaque phrase, qu'*héritage* y signifie spoliation d'un Anglais, que tout Anglais dépouillé par un Normand prend dès lors le nom de *prédécesseur* du Normand; qu'être *juste*, pour un Normand, c'est s'interdire de toucher au bien de l'Anglais tué ou chassé par un autre; et que le contraire s'appelle *injustice*, comme le prouve le passage suivant. « Dans le comté de « Bedford, Raoul Taille-bois a injustement des« saisi Lenoir de cinq hydes de terre, faisant no« toirement partie de l'héritage de son *prédéces« seur*, et dont la concubine de Lenoir occupe « même encore une portion [3]. »

1080 à 1086.

1. Judicium per regem, in curiâ regis; judicio, seu bello seu duello. (Ibid. — Passim.)

2. Invasit, injustè saisivit, injustè dissaisivit, injustè occupavit. (Ibid.)

3. Clamat Nigellus unam virgatam quam tenuit antecessor ejus T. R. E. ipse Nigellus indè saisitus fuit, sed Radulfus Tallegebosc eum dissaisivit.... Tenet quædam concubina Nigelli II hid. (Doomesday-book, tom. II, p. 214.)

Quelques Saxons dépossédés osèrent se présenter devant les commissaires de l'enquête pour faire leurs réclamations; il y en eût même plusieurs d'enregistrées avec des termes de supplication humble que nul des Normands n'employait. Ces hommes se déclaraient pauvres et misérables; ils en appelaient à la clémence et à la miséricorde du roi [1]. Ceux qui, après beaucoup de bassesses, parvinrent à conserver quelque mince partie de leurs héritages paternels, furent obligés de payer cette grace par des services dégradants et bizarres, ou la reçurent au titre non moins humiliant d'aumône. Des fils sont inscrits dans le rôle comme tenant par *aumône* le bien de leurs pères [2]. Des femmes libres gardent leur champ par *aumône* [3]. Une autre femme reste en jouissance de la terre de son mari, à condition de nourrir les chiens du roi [4].

---

1. Pauperes cum matre reclamant. (Ibid., t. I, p. 203.) Ipsi reclamant misericordiam regis. (Ibid.)

2. Hanc terram tenuit pater hujus hominis et vendere potuit T. R. E. hanc rex W. in eleemosinâ eidem concessit. (Doomesday-book, tom. II, pag. 218.)

3. Ibi habet OEldeva libera fœmina 1 hidam de rege in elecmosinâ quam eadem tenuit T. R. E. (Ibid., tom. II, p. 63.)

4. Godricus tenuit..... dicunt se vidisse brevem regis quo eam dederit fœminæ Godrici in dono, quòd nutriebat canes suos. (Ibid., tom. II, pag. 57.)

Enfin une mère et son fils reçoivent en *don* leur ancien héritage à condition de dire chaque jour des prières pour l'âme de Richard, fils du roi [1].

Ce Richard, fils de Guillaume le conquérant, mourut en l'année 1081, froissé par son cheval contre un arbre dans le lieu que les Normands appelaient la forêt neuve [2]. C'était un espace de trente milles, nouvellement planté d'arbres entre Salisbury et la mer. Cette étendue de terre, avant d'être mise en bois, contenait trente-six paroisses que le conquérant détruisit, et dont il chassa les habitants [3]. On ne sait si la raison de cet acte singulier ne fut pas purement politique, et si Guillaume n'eut pas pour objet spécial d'assurer à ses recrues de Normandie un lieu de débarquement sûr, où nul ennemi saxon ne pût se rencontrer, ou bien si, comme le disent la plupart des anciennes histoires, il ne voulut que satisfaire sa passion et celle de ses fils pour la chasse. C'est à cette passion effrénée qu'on attribue aussi les réglements bizarres et cruels qu'il

---

1. Hoc manerium tenuit Aldene teignus T. R. E. et vendere potuit, sed W. rex dedit hoc manerium huic Aldene et matri ejus pro animâ Ricardi filii sui. (Ibid., t. II, p. 141.)

2. *Nove forest*, en latin Nova foresta.

3. 36 matrices Ecclesias extirpavit, et populum carum dedit exterminio. (Walt Mappæus Ed. Camden.)

1080 à 1086. fit sur le port d'armes dans les forêts d'Angleterre ; mais il y a lieu de penser que ces réglements eurent un motif plus sérieux, et furent dirigés contre les Anglais qui, sous le prétexte de chasse, pouvaient se donner des rendez-vous en armes. « Il ordonna, dit une chronique con-
« temporaine, que quiconque tuerait un cerf ou
« une biche, eût les yeux crevés; la défense faite
« pour les cerfs, s'étendit aux sangliers; et il
« fit même des statuts pour que les lièvres fus-
« sent à l'abri de tout péril. Ce roi sauvage aimait
« les bêtes sauvages, comme s'il eût été leur
« père [1]. » Ces lois, exécutées avec rigueur contre les Saxons, accrurent singulièrement leur misère, car beaucoup d'entre eux n'avaient plus que la chasse pour unique moyen de subsistance. « Les pauvres murmurèrent, ajoute la
« chronique citée plus haut; mais il ne tenait
« compte de leur haine, et force leur fut d'obéir
« sous peine de perdre la vie [2]. »

---

1. Item statuit de leporibus ut a periculo immunes essent. Amabat rex ferus feras tanquàm esset pater earum. (Swa swithe he ludofe tha heoder swylce he wære heora fæder.) (Chron. saxon., Gibson, pag. 191.)

2. Hoc pauperes ægrè ferebant; verùm ita rigidus fuit, ut nihili haberet eorum omnium odium. eos oportuit obsequi, si vellent vivere. (Ibid.)

Guillaume comprit dans son domaine royal toutes les grandes forêts de l'Angleterre, lieux redoutables pour les conquérants, asile de leurs derniers adversaires. Ces lois, que les historiens saxons ridiculisent en les montrant destinées à garantir la vie des lièvres, étaient une puissante sauvegarde de la vie des Normands; et, afin que l'exécution en fût mieux assurée, la chasse dans les forêts royales devint un privilége dont la concession appartenait au roi, qui pouvait à son choix l'octroyer ou l'interdire. Plusieurs hauts personnages de race normande, plus sensibles à leur propre gêne qu'à l'intérêt de la conquête, s'irritèrent de cette loi exclusive [1]. Mais tant que l'esprit de nationalité se conserva parmi les vaincus, ce désir des Normands ne prévalut pas contre la volonté de leurs rois. Soutenus par l'instinct de la nécessité politique, les fils de Guillaume conservèrent aussi exclusivement que lui le privilége de chasse; et ce ne fut qu'à l'époque où ce privilége cessa d'être nécessaire, que leurs successeurs se virent forcés de l'abdiquer, quelque regret qu'ils en eussent [2].

1. Hoc viri summi conquesti sunt. (Chron. saxon., Gibson, pag. 191.)
2. Blackstone's, vol. II, pag. 414.

1080
à
1086.
Alors, c'est-à-dire au treizième siècle, les bois des propriétaires normands ne furent plus compris dans l'étendue des forêts royales, et le seigneur de chaque domaine obtint la libre jouissance de ses bois ; ses chiens ne furent plus soumis à la mutilation des jambes[1], et les *forestiers*, *verdiers* ou *regardeurs* royaux, ne rôdèrent plus sans cesse autour de sa maison pour le surprendre dans quelque délit de chasse, et lui faire payer une grosse amende. Au contraire, la garantie de la loi royale pour la conservation du gibier de grande et de petite espèce s'étendit au profit des descendants des riches normands, et eux-mêmes eurent des gardechasses pour tuer impunément le pauvre Anglais surpris en embuscade contre les daims et les lièvres[2]. Plus tard, le pauvre lui-même, le descendant des Saxons, ayant cessé d'être redoutable aux riches issus de l'autre race, ne fut puni, quand il osa chasser, que d'une seule année d'emprisonnement, à la charge de trouver ensuite douze cautions solvables pour répondre qu'à l'avenir il ne commettrait plus aucun délit « ni en parcs, ni en forêts, ni en garennes, ni

---

1. Ne amphùs expeditentur. (Chart. Henrici III.)

2. Si fugit et occidatur malefactor, non obtinebit jus nec appellum. (Additamenta ad Math. Paris., p. 156.)

« en viviers, ni en quoi que ce fût contre la
« paix du seigneur roi ¹ ».

Comme dernière particularité qu'offre le grand registre de la conquête normande, on y trouve la preuve que le roi Guillaume établit en loi générale, que tout titre de propriété antérieur à son invasion, et que tout acte de transmission de biens fait par un homme de race anglaise postérieurement à l'invasion, étaient nuls et non avenus, à moins que lui-même ne les eût formellement ratifiés. Dans la première terreur causée par la conquête, quelques Anglais avaient donné une portion de leurs terres aux églises, soit en don réel pour le salut de leur âme et de leur corps, soit en don simulé, afin d'assurer cette portion à leurs fils, si les domaines des saints de l'Angleterre étaient respectés par les Normands. Cette précaution fut inutile, et quand les églises ne purent administrer la preuve écrite que le roi avait confirmé le don, ou, en d'autres termes, que lui-même avait fait le don, la terre fut saisie à son profit ². C'est ce qui arriva pour le domaine

1. Et post inveniet 12 plegios qui ipsum manucapient quòd deinceps non maleficiet in parcis, vivariis vel forestis, nec in aliquo contra pacem domini regis. (Ibid.)

2. Hanc terram tenuit Godid quædam fœmina T. R. E. hanc dedit Sancto-Paulo postquam rex venit in Angliam,

1080 à 1086. d'Ailric, qui, avant de partir pour la guerre contre les Normands, avait donné son manoir au couvent de Saint-Pierre, dans la province d'Essex, et pour celui d'un certain Edric, affermé, avant la conquête, au monastère d'Abingdon [1].

Plus d'une fois dans la suite, cette loi fut remise en vigueur, et tout titre de propriété quelconque anéanti pour les fils des Anglo-saxons. C'est un fait attesté par le Normand Richard Lenoir, évêque d'Ély, vers le milieu du XIIe siècle. Il raconte que les Anglais, journellement dépossédés par leurs seigneurs, adressèrent de grandes plaintes au roi, disant que les mauvais traitements qu'ils avaient à subir de la part de l'autre race, et la haine qu'elle leur portait ne leur laissait plus d'autre ressource que de quitter le pays [2]. Après de longues délibérations,

sed non ostendit brevem neque concessum regis. (Doomesd., tom. I, pag. 15.)

[1]. Ailric abiit in navale prælium contra Willelm. regem... Tunc dedit Sancto-Petro istud manerium .... de hoc manerio Edricus qui eum tenebat, deliberavit illum filio suo qui erat in Abendone monachus ut ad firmam illud teneat. (Ibid., tom. II, p. 59.)

[2]. Cùm dominis suis odiosi passim pellerentur, nec esset qui ablata restitueret..... exosi et rebus spoliati, ad alienigenas transire cogerentur. (Dial. de Scaccario in notis ad Math. Paris.)

les rois et leur conseil décidèrent qu'à l'avenir tout ce qu'un homme de race anglaise obtiendrait des seigneurs, comme salaire de services personnels, ou par suite de conventions légales lui serait assuré irrévocablement, mais sous la condition qu'il renoncerait à tout droit fondé sur une possession antérieure [1]. « Cette décision, « ajoute l'évêque d'Ély, fut sage et utile; elle « obligea les fils des vaincus à rechercher les « bonnes grâces de leurs seigneurs par la sou-« mission, l'obéissance et le dévouement [2]. De « sorte qu'aujourd'hui, nul Anglais, possédant soit « un fonds de terre, soit toute autre propriété, « n'est possesseur à titre d'héritage ou de suc-« cession paternelle, mais seulement en vertu « d'une donation à lui faite, en récompense de « ses loyaux services [3]. »

C'est en l'an 1086 que fut achevée la rédac-

---

[1]. Quod a dominis suis, exigentibus meritis, interveniente aliquâ legitimâ pactione poterant obtinere.... Cæterùm autem nomine successionis, a temporibus subactæ gentis, nil sibi vindicarent. (Dial. de Scaccario, in notis ad Math. Paris.)

[2]. Devotis obsequiis dominorum suorum gratiam emercari. (Ibid.)

[3]. Sic igitur quisquis de gente subactâ fundos, vel aliquid hujusmodi possidet, non quòd ratione successionis deberi sibi videbatur adeptus est, sed quòd solummodò..... (Ibid.)

tion du *Grand-Rôle* des Normands, du *livre de jugement* des Saxons, et cette même année eut lieu une grande convocation de tous les chefs des conquérants, laïcs ou prêtres. Dans ce conseil furent débattues les réclamations diverses enregistrées dans le rôle d'enquête, et ce débat ne s'acheva point sans querelles entre le bâtard et ses Normands; ils eurent ensemble de graves entretiens, comme s'exprime la chronique contemporaine, sur l'importante distinction de ce qui devait être définitivement regardé comme légitime dans les prises de possession de la conquête[1]. La plupart des envahissements individuels furent ratifiés, mais quelques-uns ne le furent pas, et il y eut parmi les vainqueurs une minorité mécontente. Plusieurs barons et chevaliers renoncèrent à leur hommage, quittèrent Guillaume et l'Angleterre, et passant la Tweed, allèrent offrir au roi d'Écosse, Malcolm, le service de leurs chevaux et de leurs armes[2]. Malcolm les accueillit favorablement, comme il avait accueilli avant eux les émigrés saxons, et leur distribua des portions de terre pour lesquelles ils devinrent ses hommes liges, ses hommes de foi, ses soldats en-

---

1. Graves sermones habuit cum suis proceribus de hâc terrâ. (Chron. saxon., Gibson, p. 187.)

2. Ellis's metrical romances, tom. 1, pag. 125.)

vers et contre tous. Ainsi l'Écosse reçut une population toute différente de celles qui s'y étaient mêlées jusque-là. Les Normands réunis par un exil commun et une hospitalité commune aux Anglais, qui naguère avaient fui devant eux, devinrent, sous une banière nouvelle, leurs compagnons et leurs frères d'armes. L'égalité régna au-delà du cours de la Tweed entre deux races d'hommes qui en-deçà du même fleuve étaient de condition si différente; il se fit rapidement des uns aux autres un échange mutuel de mœurs et même de langage, et le souvenir de la diversité d'origine ne divisa point leurs fils, parce qu'il ne s'y mêlait aucun souvenir d'injure, ni d'oppression étrangère.

1080 à 1086.

Pendant que les conquérants s'occupaient ainsi à régler leurs affaires intérieures, ils furent subitement troublés par une alarme venant du dehors. Le bruit se répandit que mille vaisseaux danois, soixante vaisseaux norwégiens et cent vaisseaux de Flandres, fournis par Robert le Frison, nouveau duc de ce pays, et ennemi des Normands, se rassemblaient dans le golfe de Lymford, pour descendre en Angleterre et délivrer le peuple anglo-saxon [1]. Les rois de Dane-

1085.

---

1. Rumore expeditionis Britanniam usque velificantis... ut gentem nobilissimam pristinæ libertati restitueret. (Script.

10.

mark, qui tant de fois depuis vingt années avaient successivement flatté et trahi l'espoir de ce peuple, ne pouvaient, à ce qu'il paraît, se résoudre à l'adandonner entièrement. L'insurrection qui, en 1080, causa la mort de Vaulcher, l'évêque de Durham, semble avoir été encouragée par l'attente d'un débarquement des hommes du Nord; car on trouve les mots suivants dans les dépêches officielles, adressées au comte évêque: « Les Danois viennent : faites garnir avec soin « vos châteaux de munitions et d'armes [1]. » Les Danois ne vinrent pas, et peut-être les précautions extraordinaires recommandées à cause d'eux à l'évêque de Durham, furent-elles la cause du peu de succès du soulèvement où il fut tué, sans profit pour la liberté saxonne.

Mais cette fausse alarme ne fut rien auprès de celle qu'éprouva la nation maîtresse de l'Angleterre, en l'année 1085. La plus grande partie des forces normandes fut promptement dirigée vers l'est; on plaça des postes sur les côtes, on mit des croisières en mer; on entoura de nou-

rer. Danic., tom. III, pag. 348 — 350.) — Orderic Vital., pag. 650. — Florent Wigorn. pag. 641.

1. Dani reverà veniunt : castrum itaque vestrum hominibus et armis et alimentis vigilanti curâ munire facite. (Opera Lanfranci, pag. 314.)

veaux ouvrages les forteresses récemment bâties, et l'on releva les murs des anciennes villes démantelées par les conquérants [1]. Le roi Guillaume fit publier en grande hâte par toute la Gaule le ban qu'il avait proclamé vingt années auparavant, sur le point de descendre en Angleterre, il promit solde et récompense à tout cavalier ou piéton qui passerait le détroit pour son service. Il en arriva de toutes parts un nombre immense. Tous les pays qui avaient fourni des troupes d'invasion pour exécuter la conquête, fournirent des garnisons pour la défendre [2]. Les nouveaux soldats furent cantonnés dans les villes et les villages ; et les comtes, vicomtes, évêques et abbés normands eurent ordre de les héberger et de les nourrir proportionellement à l'étendue de leurs juridictions ou de leurs domaines [3]. L'ancien impôt, appelé *taxe danoise*, qui, avant d'être levé par les pirates et les conquérants du nord, l'avait été pour la défense du pays contre leurs invasions, fut rétabli à raison de douze deniers du temps pour cent acres de

---

1. Scriptores rer. Danicar., tom. II, pag. 350.
2. Cum tanto exercitu equitum ac peditum e Francorum regno atque e Britanniâ, quantus anteà nunquam terram hanc petebat. (Chron. saxon., Gibson, pag. 186.)
3. Pro suâ terræ portione. (Ibid.). — Florent Wigorn., pag 641.

1085. terre. Les Normands, sur lesquels pesa cet impôt, s'en firent rembourser le montant par leurs fermiers ou leurs serfs anglo-saxons, qui payèrent ainsi, pour repousser les Danois, venant à leur secours, ce que leurs ancêtres avaient payé jadis pour les repousser comme ennemis [1].

Des détachements de soldats parcoururent en tout sens les contrées du nord-est de l'Angleterre, afin de les dévaster et de les rendre inhabitables, soit pour les Danois, s'ils venaient à y débarquer, soit pour les Anglais même qu'on soupçonnait de désirer ce débarquement [2]. Il ne resta sur le rivage de la mer, à portée des vaisseaux, ni un homme, ni une bête, ni un arbre à fruit. La population saxonne fut de nécesssité refoulée vers l'intérieur, et pour surcroît de précaution contre la bonne intelligence de cette population avec les Danois, un ban royal, proclamé dans tous les lieux voisins de la mer, ordonna aux hommes de race anglaise de prendre des vêtements normands, des armes normandes,

---

1. Danigeldi redditio propter piratas primitùs statuta est ad eorum insolentiam reprimendam. (Wilkins, pag. 312.) Voyez livre II, tome I.

2. Experti sunt incolæ multos dolores, et rex permisit devastari omnes terras maritimas. (Chron. saxon., Gibson, pag. 186.)

et de se raser la barbe à l'instar des Normands ¹. 1085. Cet ordre bizarre avait pour objet d'ôter aux Danois le moyen de distinguer les amis qu'ils venaient secourir des ennemis qu'ils venaient combattre ².

La crainte qui inspirait ces précautions n'était point sans fondement ; il y avait réellement à l'ancre, sur la côte du Danemark, une flotte nombreuse destinée pour l'Angleterre. Olaf Kyr, roi de Norwège, fils et successeur de ce Harold qui, ayant voulu conquérir le pays des Anglais, n'y avait obtenu que sept pieds de terre, venait maintenant au secours du peuple qui avait vaincu et tué son père, sans peut-être se rendre bien compte du changement de destinée de ce peuple, et croyant aller venger Harold ³. Quant au roi de Danemark, Knut, fils de Swen, promoteur de la guerre et chef suprême de l'armement, il comprenait la révolution opérée en Angleterre par la conquête normande, et c'était sciemment qu'il allait secourir les vaincus contre les vain-

1. Anglis autem quibus non minimi desiderii exercitûs adventum didicerat, barbas radere, arma et exuvias ad instar *Romanorum* coaptare, per omnia Francigenis, quos et Romanos dici prætulimus, assimilari præcepit. (Script. rer. Danic., tom. III, pag. 350.)

2. Ad deludendum adventantium visus. (Ibid.)

3. Snorre's heimskringla, tom. II, pag. 186.

queurs. « Il avait cédé, disent les historiens da-
« nois, aux supplications des exilés anglais, à des
« messages reçus d'Angleterre, et à la pitié que
« lui inspiraient les misères d'une race d'hom-
« mes alliée de la sienne, dont tous les chefs, les
« riches, les personnages considérables avaient
« été tués ou bannis, et qui, toute entière, se
« voyait réduite en servitude, sous la race étran-
« gère des *Français* ou des *Romains* [1]. »

Ces deux noms étaient en effet les seuls sous
lesquels le peuple de Normandie fût connu dans
le nord de l'Europe, depuis que les derniers
restes de la langue danoise avaient péri à Rouen
et à Bayeux [2]. Quoique les chefs des Normands
de la Gaule pussent encore facilement prouver
leur descendance scandinave, en oubliant l'i-
diome, qui était le signe visible de cette descendance, ils avaient perdu leur titre au pacte
de famille, qui, malgré des hostilités fréquentes
produites par les passions du moment, unissait

---

1. Si quidem inclytis eorum ducibus et nobilibus diversæ-
que dignitatis personis, ferro interemptis, hæreditate pri-
vatis, nativo solo exterminatis, reliquis veluti publicâ servitute oppressis,.... quorum et angustiis pius heros incitatus,
in commodum eorum succurrendum decrevit, et ut gentem
nobilissimam pristinæ libertati restitueret, et *Romanorum*
seu *Francigenarum* insolentiam puniret, classem.... (Script.
rer. Danic., tom III, pag. 348.)

2. Voyez livre II, tome I, page 165.

secrètement l'une à l'autre les populations teu- 1085.
toniques. Mais les Anglo-saxons avaient encore
droit au bénéfice de cette fraternité d'origine;
c'est ce que reconnut le roi des Danois, selon
le témoignage des chroniqueurs de sa nation, et
si son entreprise n'était pas pure de toute vue
d'ambition personnelle, du moins était-elle en-
noblie par le sentiment d'un devoir d'humanité
et de parenté. Sa flotte fut retenue dans le port
plus long-temps qu'il ne l'avait prévu, et durant
ce retard, des émissaires du roi normand, adroits 1086.
et rusés, comme leur maître, corrompirent avec
l'or de l'Angleterre plusieurs des conseillers et
des capitaines du Danois [1]. Le retard, d'abord
involontaire, fut prolongé par ces intrigues. Les
hommes vendus secrètement à Guillaume, et
surtout les évêques danois, dont la plupart se
laissèrent gagner, réussirent plusieurs fois à empêcher le roi Knut de mettre à la voile, en lui
suscitant des embarras et des obstacles imprévus. Pendant ce temps, les soldats [2], fatigués
d'un campement inutile, se plaignaient et mur-
muraient sous la tente. Ils demandaient qu'on ne

[1]. Adamus Bremensis, apud script. 1er. Danic. —Torfæi, hist. Norweg.

[2]. Vulgus impatiens moræ et littoreæ detentionis, præ-stolationes domesticis inutiles negotiis querebatur. (Script. 1er Danic. tom. II, pag. 352.)

se jouât pas d'eux, qu'on les fît partir sur-le-champ, ou qu'on les renvoyât dans leurs foyers, à leur labourage et à leur commerce. Ils tinrent des conciliabules, et firent signifier au roi, par des députés qu'ils nommèrent, leur résolution de se débander, si l'ordre de départ n'était donné sans plus de délais [1]. Le roi Knut voulut user de rigueur pour rétablir la discipline. Il emprisonna les chefs et soumit l'armée en révolte au paiement d'une amende par tête. L'exaspération, loin d'être calmée par ces mesures, s'accrut tellement, qu'au mois de juillet 1086, il y eut une émeute générale où le roi fut tué par les soldats [2] : ce fut le signal d'une guerre civile qui enveloppa tout le Danemark, et de ce moment le peuple danois, occupé de ses propres querelles, oublia les Anglo-saxons, leur servitude et leurs maux.

Ce fut la dernière fois que la sympathie des Teutons du Nord s'exerça en faveur de la race teutonique qui habitait l'Angleterre. Par degrés les Anglais, désespérant de leur propre cause, cessèrent de se recommander au souvenir ou à la bienveillance des peuples septentrionaux.

1. Consilio crebriùs inito, regi nuncios. (Script. rer. Danic., tom. II, pag. 352.)

2. Ibidem.

Les exilés de la conquête moururent dans les 1086.
pays étrangers, et y laissèrent des enfants qui,
oubliant la patrie de leurs ancêtres, n'en connurent plus d'autre que la terre où ils étaient nés [1].
Enfin, dans la suite, les ambassadeurs et les
voyageurs danois, qui se rendaient en Angleterre,
n'entendant retentir à leurs oreilles, dans les
maisons des grands et des riches, que la langue
romane de Normandie, et faisant peu d'attention
au langage que parlaient les marchands anglais
dans leurs échoppes ou les bouviers dans leurs
étables, s'imaginèrent que toute la population
du pays était normande, ou que la langue avait
changé depuis l'invasion des Normands [2]. En
voyant les trouvères français parcourir les châteaux et les villes, et faire les délices de la haute
classe des habitants de l'Angleterrre, qui eût pu
croire, en effet, que, soixante ans auparavant,
les Scaldes du nord y avaient joui de la même
faveur [3] ? Aussi, dès le XIIe siècle, l'Angleterre

1. Ipsorum etiam Anglorum qui in Daniam tædio Normannorum dominationis profugi. (*Dania Isaaci Pontani*,
pag. 197.)

2. Lingua verò in Angliâ mutata est, ubi Willelmus Nothus Angliam subegit; ex eo enim tempore invaluit in Angliâ lingua gallica (*waslshe*). (*Sagan of Gunnlaugi*, p. 88.)

3. Gunnlaugus (Islandensis) ad regem Ethelredum accessit....... « Carmen de te composui cui vellem audiendo va-

1086. fut-elle regardée par les nations septentrionales comme un pays de langage absolument étranger pour elles. Cette opinion devint si forte, que, dans les lois civiles et dans le droit d'aubaine du Danemark et de la Norwège, les Anglais furent classés parmi les étrangers, que ces lois traitaient avec le plus de rigueur. Par exemple, dans le code qui porte le nom du roi Magnus, à l'article des successions on rencontre les formules suivantes : « Si des hommes de race an-« glaise ou d'autres encore plus inconnus de « nous... si des Anglais ou d'autres hommes par-« lant un idiome sans aucune ressemblance avec « le nôtre [1]... » Cependant ce défaut de ressemblance ne pouvait s'entendre de la simple diversité des dialectes; car aujourd'hui même, la langue populaire des provinces du nord de l'Angleterre est, à la rigueur, intelligible pour un Danois ou un Norwégien [2].

Vers la fin de l'année 1086, il y eut à Salisbury,

« cares. » Rex ita convenit, undè Gunnlaugus recitavit. Eadem tunc Angliæ quæ Daniæ et Norwegiæ fuit lingua. (Ibidem.)

1. Si jam Angli aut alii qui communi sermone nobiscum non utuntur... Si homines Angli, vel alii magis adhuc nobis ignoti. (Magnæus codex de hæreditatibus, ap. script. rer. Danic., pag. 247.)

2. La seule différence vient des mots français qui s'y sont introduits en grand nombre.

d'autres disent a Winchester, un rendez-vous 1086. général de tous les conquérants ou fils de conquérants. Chaque homme en dignité, laïc ou prêtre, vint à la tête de ses gens d'armes et des feudataires de ses domaines. Ils se trouvèrent soixante mille, tous possesseurs au moins d'une portion de terre suffisante pour l'entretien d'un cheval et d'une armure complète [1]. Ils renouvelèrent successivement au roi Guillaume leur serment de foi et d'hommage, en lui touchant les mains et en prononçant cette formule: « De cette « heure en avant, je deviens votre homme-lige « de ma vie et de mes membres; honneur et foi « vous porterai en tous temps, pour la terre que « je tiens de vous; qu'ainsi Dieu me soit en aide [2] ». Ensuite la colonie armée se sépara, et ce fut probablement alors, que les hérauts du roi publièrent en son nom les ordonnances suivantes [3].

« Nous voulons fermement et ordonnons que

1. Omnes terrarii (Annales Waveileienses). Ealle land sittende menn. (Chron. saxon., pag. 187.) — et 60,000 militum invenit. (Ord. Vital., pag. 649.)

2. Formules anglo-normandes. — Chron. saxon., Gibson, pag. 187. — Math. Westmonast., pag. 229.

3. Quos omnes, dum necesse esset, paratos esse præcepit. (Orderic Vital, pag. 649.)

1086. « les comtes, barons, chevaliers, sergents d'ar-
« mes, et tous les hommes libres de ce royaume,
« soient et se tiennent convenablement pourvus
« de chevaux et d'armes pour être prêts à nous
« faire entièrement et en tout temps le service
« légitime qu'ils nous doivent pour leurs do-
« maines et tenures [1]. »

« Nous voulons que tous les hommes libres
« de ce royaume soient ligués et conjurés comme
« des frères d'armes pour le défendre, maintenir
« et garder selon leur pouvoir [2].

« Nous voulons que toutes les cités, bourgs,
« châteaux et cantons de ce royaume soient sur-
« veillés toutes les nuits, et qu'on y veille à
« tour de garde contre les ennemis et les mal-
« faiteurs [3].

« Nous voulons que tous les hommes amenés
« par nous d'outre-mer, ou qui sont venus après
« nous, soient partout le royaume sous notre

1. Statuimus et firmiter præcipimus, ut omnes comites
et barones et milites et servientes et liberi homines totius
regni nostri habeant et teneant se semper benè in equis et
armis ut decet et oportet. (Notæ ad Eadmerum. Ed. Selden, pag. 191.)

2. Præcipimus ut omnes liberi homines totius regni præ-
dicti sint fratres conjurati. (Ibid.)

3. Singulis noctibus vigilentur et custodiantur in gyrum.
(Ibid.)

« paix et protection spéciale ; que si l'un d'eux
« vient à être tué, son chef, dans l'espace de
« cinq jours, devra s'être saisi du meurtrier,
« sinon il nous paiera une amende conjointement
« avec les Anglais du district où le meurtre aura
« été commis [1].

« Nous voulons que les hommes libres de
« ce royaume tiennent leurs terres et leurs pos-
« sessions bien et en paix, franches de toute
« exaction et de tout taillage, de façon qu'il
« ne leur soit rien pris ni demandé que le ser-
« vice libre qu'ils nous doivent, et sont tenus de
« nous faire à perpétuité pour leurs terres [2].

« Nous voulons que tous observent et main-
« tiennent la loi du roi Edward, avec celles que
« nous avons établies, pour l'avantage des An-
« glais et le bien commun de tout le royaume [3]. »

Ce vain nom de loi du roi Edward était tout ce
qui restait désormais à la nation anglo-saxonne

---

1. Ut omnes homines quos nobiscum adduximus aut qui post nos venerint, sint sub protectione et pace nostrâ per universum regnum, et si quis de illis occisus fuerit. (Ibid., p. 190.)

2. Ut omnes liberi homines..... habeant et teneant terras suas benè et in pace, et liberi sint ab omni exactione injustâ et ab omni tallagio. (Ibid., p. 192.)

3. Ut omnes habeant et teneant legem Edwardi regis, in omnibus rebus, adauctis iis quas constituimus ad utilitatem Anglorum. (Ibid.)

1086. de son antique existence; car la condition de chaque individu avait changé par la conquête. Depuis le plus grand jusqu'au plus petit, chaque vaincu avait été rabaissé au-dessous de son état antérieur; le chef avait perdu son pouvoir, le riche ses biens, l'homme libre son indépendance, et celui que la dure coutume du temps avait fait naître esclave dans la maison d'autrui, devenu serf d'un étranger, n'obtenait plus les ménagements que l'habitude de vivre ensemble et la communauté de langage lui attiraient de la part de son ancien maître [1]. Les villes et les bourgades anglaises étaient affermées par les comtes et les vicomtes normands à des traitants qui les exploitaient en propriétés privées, sans aucun mélange de procédés administratifs. Le roi faisait la même spéculation sur les grandes cités et les terres immenses qui composaient son domaine [2]. « Il louait, disent les chroniques, au « plus haut prix possible ses villes et ses terres; « puis venait un traitant qui proposait davantage, « et il lui accordait la ferme; puis venait un troi-

---

1. Et jus libertatis est abreptum, et jus mancipii coangustatum. (Sermo Lupi ad Anglos, apud hickes Thesaur. ling. sept., tom. II, pag. 99.)

2. He sette his tunnes and londs to ferme well fast (Robert of Loucester's chron., pag. 378.)

« sième qui haussait le prix, et c'était à ce der-
« nier que définitivement il adjugeait[1]. Il adju-
« geait au plus offrant, ne s'inquiétant point des
« crimes énormes que commettaient ses préposés
« qui levaient le cens des pauvres gens. Lui et
« ses chefs étaient avares à l'excès et capables de
« tout faire, s'ils voyaient un écu à gagner[2]. »

Guillaume avait pour sa part de conquête près de quinze cents manoirs; il était chef suprême et inamovible des conquérants de l'Angleterre, et cependant il n'était pas heureux. Dans les assemblées somptueuses qu'il tenait trois fois l'année, la couronne d'or sur la tête, soit à Londres, soit à Winchester, soit à Glocester, lorsque les compagnons de sa victoire et les prélats qu'il avait institués venaient se ranger autour de lui, son visage était triste et dur[3]; il semblait in-

---

[1]. Pretio quàm potuit maximo.... tunc accedens alius quispiam qui plus obtulit.... tertius.... cui rex terram concessit. (Chron. saxon., Gibson, pag. 188.)

[2]. Et non curabat quanto peccato præpositi censum a pauperibus hominibus adquisissent...... rex et optimates supra modum cupidi erant auri et argenti. (Annales Waverlcienses, pag. 134.) — Faceret, diceret pænè omnia ubi spes nummi effulsisset. (Will. Malmesb. p. 112.)

[3]. Ter gessit coronam suam in anno.... (Chron. saxon., Gibson, pag. 190.) — Feritate quâ omnibus videbatur sævus et formidabilis. (Eadmeri hist., pag. 13.)

1086. quiet et soucieux, et la possibilité d'un changement de fortune assiégeait son esprit. Il doutait de la fidélité de ses Normands et de l'abattement du peuple anglais. Il se tourmentait de son avenir et de la destinée de ses enfants, et interrogeait sur ses pressentiments les hommes renommés comme sages dans ce siècle où la divination était une partie de la sagesse. Un poète normand, presque contemporain, le représente assis au milieu de ses prêtres d'Angleterre et de Normandie, et sollicitant d'eux, avec de puériles instances, une explication décisive sur le sort de sa postérité. A chaque mot sortant de leur bouche, ce grand vainqueur tremblait devant eux, comme un bourgeois ou un serf anglo-saxon aurait tremblé en sa présence [1].

1087. Après avoir soumis à un ordre régulier, sinon légitime, les résultats mobiles et turbulents de la conquête, Guillaume quitta une seconde fois l'Angleterre, et traversa le détroit, disent les vieux historiens, chargé d'innombrables malédictions [2]. Il le traversa pour ne le repasser jamais, car la mort le retint sur l'autre rive. Parmi les lois et les ordonnances qu'il laissait à son

1. Continuateur anonyme du Brut, cité dans les Mémoires de la société des Antiquaires de Londres. (t. XIII, p. 245.)

2. In Normanniam innumeris maledictionibus laqueatus transfretavit. (Anglia sacra, tom. I, pag. 258.)

départ, deux surtout méritent d'être mention- 1087.
nées comme se rapportant spécialement à la
conservation de l'ordre établi par la conquête [1].
La première de ces deux lois, qui n'est que le
complément d'une proclamation déja citée plus
haut (si la proclamation elle-même n'en est pas
une version double), avait pour objet de réprimer
les assassinats commis contre les membres de la
nation victorieuse; elle était conçue en ces termes:
« Quand un *Français* sera tué ou trouvé mort
« dans quelque canton, les habitants du canton
« devront saisir et amener le meurtrier dans le
« délai de huit jours; sinon ils paieront à frais
« communs quarante-sept marcs d'argent [2]. »

Un historien normand du douzième siècle fait
de la manière suivante l'exposé des motifs de
cette loi : « Dans les premiers temps du nouvel
« ordre de choses, ceux des Anglais qu'on laissa
« vivre dressaient une foule d'embûches aux
« Normands [3], massacrant tous ceux qu'ils ren-

---

[1]. Quædam de iis quæ nova per Angliam servari constituit. (Eadmer. hist., pag. 6.)

[2]. Ki Freceis occist, et les homes del hundred nel pren-
ghent et amènent à la justice... (Leges Wil. conq. apud Ingulf.
croyl. Ed. Gale, pag. 90.)

[3]. Qui relicti fuerant de Anglicis, subactis, in exosam sibi
Normannorum gentem. (Dialog. de Scaccario, in notis ad
Math. Paris.)

1087. « contraient seuls dans les lieux déserts ou écar-
« tés. Pour venger ces assassinats, le roi Guil-
« laume et ses capitaines sévirent contre les sub-
« jugués par les châtiments et les tortures les
« plus recherchés [1]. Mais les supplices produisant
« peu d'effets, on décréta que tout district, ou,
« comme on dit en anglais, tout *hundred* dans
« lequel un Normand serait trouvé mort, sans
« que personne y fût soupçonné d'avoir commis
« l'assassinat, paierait néanmoins au trésor royal
« une forte somme d'argent. La crainte salutaire
« de cette punition, infligée à tous les habitants
« en masse, devait procurer sûreté aux passants,
« en excitant les hommes du lieu à dénoncer et
« à livrer le coupable, dont la faute seule causait
« une perte énorme à tout le voisinage [2]. »

Pour échapper à cette perte, les habitants du canton dans lequel un *Français,* c'est-à-dire un Normand de naissance ou un auxiliaire de l'armée normande était trouvé mort, avaient soin de détruire promptement tous les signes extérieurs capables de prouver que le cadavre était

---

1. Per aliquot annos reges et eorum ministri exquisitis tormentorum generibus in Anglicos desævierunt. (Ibid.)

2. Ut scilicet pœna generaliter inflicta prætereuntium indemnitatem procuraret, et festinaret quisque offerre judicio per quem tam enormis jactura totam lædebat viciniam. (Dialog. de Scaccario in notis ad Math. Paris.)

celui d'un Français ; car alors le canton n'était point responsable, et les juges normands ne poursuivaient point d'office. Mais ces juges prévirent la ruse, et la déjouèrent par un genre de procédure assez bizarre. Tout homme trouvé assassiné fut considéré comme Français, à moins que le canton ne prouvât judiciairement qu'il était Saxon de naissance, et il fallait que cette preuve se fît devant le juge royal par serment de deux hommes et de deux femmes les plus proches parents du mort, du côté du père et de la mère [1]. Sans ces quatre témoins, la qualité d'Anglais, l'*anglaiserie*, comme disaient les Normands, n'était pas suffisamment constatée, et le canton devait payer l'amende [2]. Près de trois siècles après l'invasion, si l'on en croit les antiquaires, cette enquête se faisait encore en Angleterre sur le cadavre de tout homme assassiné ;

1087.

---

1. Interfectus pro Francigenâ reputabatur, nisi..... (Bracton, lib. III. Fleta, lib. II, c. 30. — § 1 et 2.) Coràm justitiariis per duos masculos ex parte patris et per duas fœminas ex parte matris de propinquioribus parentibus interfecti. (Ibid.)

2. Nisi legaliter constaret de *englescheriâ*, interfecti. (Gloss. Spelmanni, pag. 195.) Fleta écrit *anglescheria*. Les Normands prononçaient quelquefois Anglech, Englech, pour Anglez, Englez ; anglécherie, pour anglezerie.

1087. et, dans le langage légal du temps, on l'appelait *démonstration d'anglaiserie* [1].

L'autre loi du conquérant eut pour objet d'accroître d'une manière exorbitante l'autorité des évêques d'Angleterre. Ces évêques étaient tous Normands : leur puissance devait s'exercer tout entière au profit de la conquête, et, de même que les guerriers qui avaient fait cette conquête, la maintenaient par l'épée et par la lance; c'était aux gens d'église à la maintenir par l'adresse politique et l'influence religieuse. A ces motifs d'utilité générale, il s'en joignait un autre plus personnel à l'égard du roi Guillaume; c'est que les nouveaux évêques d'Angleterre, bien qu'installés par le conseil commun de tous les chefs normands, avaient été choisis parmi les chapelains, les créatures ou les amis particuliers du roi [2]. Jamais aucune intrigue, du vivant de Guillaume, ne troubla cet arrangement; jamais il ne rencontra un seul évêque qui eût d'autre volonté que la sienne. La situation des choses changea, il est vrai, sous les rois ses successeurs; mais le conquérant ne pouvait prévoir l'avenir, et l'expérience de tout son règne le justifiait, quand il fit l'ordonnance suivante :

1. Présentement d'*anglécherie* (Blackstone); cette loi ne fut abrogée que par un statut d'Edward III, en l'année 1341.
2. Anglia sacra, et Wilkins concilia passim.

« Guillaume, roi d'Angleterre, par la grace de 1087.
« Dieu, aux comtes, vicomtes, et à tous les hommes
« français et anglais de toute l'Angleterre, salut :
« Sachez, vous et tous mes autres fidèles, que,
« du commun conseil des archevêques, évêques,
« abbés et seigneurs de tout mon royaume, j'ai
« jugé convenable de réformer les lois épisco-
« pales qui, mal à propos et contre les canons,
« ont été, jusqu'au temps de ma conquête, en
« vigueur dans ce pays [1]. J'ordonne que désor-
« mais nul évêque ou archidiacre ne se rende plus
« aux assemblées de justice pour y tenir les plaids
« des causes épiscopales, et ne soumette plus au
« jugement des hommes séculiers les procès qui
« se rapportent au gouvernement des âmes : je
« veux que quiconque sera interpellé, pour quel-
« que motif que ce soit, par la justice épiscopale,
« aille à la maison de l'évêque ou au lieu que
« l'évêque lui-même aura choisi et désigné [2]; que

[1]. Sciatis vos omnes et cæteri mei fideles quòd episcopales leges quæ non benè, nec secundùm canones usque ad
mea tempora in regno Anglorum fuerint...... emendandas
judicavi. (Seldeni analecton, pag. 130. Ejusd. notæ ad Eadmer., p. 167. — Monast. anglic., tom. II, p. 308.)

[2]. Nec causas quæ ad regimen animarum pertinent, ad
judicium sæcularium hominum adducant. Sed quicumque
per episcopales leges, de quâcumque causâ, interpellatus
fuerit, ad locum quem ad hoc episcopus elegerit et nomina-
verit, veniat. (Ibid.)

1087. « là il plaide sa cause, et fasse droit à Dieu et à
« l'évêque, non pas selon la loi du pays, mais
« selon les canons et les décrets épiscopaux [1];
« que, si quelqu'un par excès d'orgueil refuse de
« se rendre au tribunal de l'évêque, il sera ap-
« pelé par une, deux et trois fois, et si, après
« trois appels consécutifs, il ne comparaît pas,
« il sera excommunié, et au besoin la force et la
« justice du roi et du vicomte seront employées
« contre lui [2]. »

C'est en vertu de cette loi que s'effectua en Angleterre la séparation des tribunaux civils et des
tribunaux ecclésiastiques, et ainsi s'établit pour
ces derniers une indépendance absolue de tout
pouvoir politique, indépendance qu'ils n'avaient
jamais eue dans les temps de la liberté anglo-
saxonne. Alors les évêques étaient obligés de se
rendre à l'assemblée de justice, tenue deux fois
par an dans chaque province, et trois fois par
an dans chaque district; ils joignaient leurs accusations aux accusations portées par les magistrats ordinaires, et jugeaient conjointement avec

[1]. Et non secundùm *Hundret*, sed secundùm canones et
episcopales leges, rectum deo et episcopo faciat. (Seldeni
notæ ad Eadmer., p. 168.)

[2]. Si verò aliquis per superbiam elatus..... excommuni-
cetur, et ad hoc vindicandum fortitudo et justitia regis aut
vice-comitis adhibeantur. (Ibid.)

eux et avec les hommes libres du district les procès où la coutume du siècle leur permettait d'intervenir, ceux des veuves, des orphelins, des gens d'église, et les causes de divorce et de mariage. Pour ces causes, comme pour toutes les autres, il n'y avait qu'une loi, qu'une justice et qu'un tribunal. Seulement, quand on venait à les débattre, l'évêque s'asseyait à côté du sheriff et de l'alderman[1] ou ancien de la province; et, suivant l'usage ordinaire, des témoins assermentés répondaient sur les faits, et les juges décidaient du droit[2]. Le changement de ces usages nationaux ne date que de la conquête normande. C'est le conquérant qui, brisant les anciennes pratiques d'égalité civile, donna pouvoir aux membres du haut clergé d'Angleterre, de tenir un tribunal dans leur propre maison, et de disposer de la force publique pour y traîner les justiciables[3]; il soumit ainsi la puissance royale à l'obligation de faire exécuter les arrêts rendus par

1087.

---

1. Voyez livre II, pag. 133.
2. Hæbbe man thriwa on gear burghmote and twa scyregemote, and thær scyregemote se biscop and se Ealdorman, and thær ægther tæcon ge godes rihte, ge woruldes rihte. (Leges Edgari regis, cap. 5.) —Notæ ad Eadmer., pag. 166.
3. Judicium verò in nullo loco pa<unk>etur nisi in episcopali sede. (Charta W. conquæst. apud Selden.)

1087. la puissance ecclésiastique en vertu d'une législation qui n'était pas celle du pays. Guillaume imposa cette gêne à ses successeurs, sciemment et volontairement, par politique et non par dévotion ou par crainte de ses évêques qui, pour la plupart, étaient ses flatteurs et ses créatures[1].

La crainte du pape Grégoire VII, anciennement vendu au roi, n'influa pas davantage sur cette détermination. Le Normand savait repousser avec dureté les requêtes du pontife italien, quand elles ne lui convenaient pas, et le ton d'une de ses lettres à Grégoire prouve combien peu les prétentions papales faisaient d'impression sur son esprit. Le pape avait à se plaindre d'un retard dans l'envoi de l'impôt dit le denier de Saint-Pierre, dont le rétablissement avait été stipulé dans le traité conclu, en 1066, entre l'Église romaine et le conquérant. Il écrivit pour rappeler à Guillaume ses engagements envers l'Église; et Guillaume, fidèle à sa parole, pressa vivement en Angleterre le recouvrement des deniers de l'apôtre. Mais Grégoire, devenu plus exigeant, demanda que le roi prêtât serment de vasselage entre les mains de ses légats, attendu que dans la guerre de l'invasion

---

1. Curialis nimis et aulicus.... pro famulatu suo... stipendiarii.... (Vitæ abbat. Sancti-Albani, p. 47. — Ord. Vital.)

il avait levé, comme un vassal, la bannière du saint-siège. Guillaume répondit en ces termes : « Ton légat m'a requis, de ta part, d'envoyer de « l'argent à l'Église romaine et de jurer fidélité « à toi et à tes successeurs : j'ai admis la pre- « mière de ces demandes; pour la seconde, je ne « l'admets, ni ne veux l'admettre. Je ne veux point « te jurer fidélité, parce que je ne l'ai point pro- « mis, et qu'aucun de mes prédécesseurs n'a juré « fidélité aux tiens [1]. »

En terminant le récit des événements que le lecteur vient de parcourir, les chroniqueurs de race anglaise se livrent à des regrets vifs et touchants sur les misères de leur nation. « Il n'y a « point à en douter, s'écrient les uns, Dieu ne « veut plus que nous soyons un peuple; que nous « ayons l'honneur et la sécurité [2]. » D'autres se plaignent de ce que le nom d'Anglais est devenu une injure [3], et ce n'est pas seulement de la plume des contemporains que s'échappent de

1. Unum admisi, alterum non admisi, fidelitatem nolui facere nec volo, quia nec ego promisi.... (Notæ Eadmer., pag. 104.)

2. Salutem et honorem genti Anglorum abstulerit, et populum non esse jusserit. (Chron. Jo. Brompton, p. 984.) — Math. Westmonast. p. 229.

3. Et opprobrium erat Anglicus appellari. (Ibid.) — Ita ut Anglum vocari foret opprobrio. Math. Paris., t. I, p. 8.

1087. semblables plaintes : le souvenir d'une grande infortune et d'une grande honte nationale se reproduit de siècle en siècle, dans les écrits des enfants des Saxons, quoique plus faiblement, à mesure que le temps avance [1].

Au quinzième siècle, on rattachait encore à la conquête la distinction des rangs en Angleterre, et un historien de couvent, peu suspect de théories révolutionnaires, écrivait ces paroles remarquables : « S'il y a chez nous tant « de distance dans les conditions, l'on ne doit « point s'en étonner, c'est qu'il y a diversité de « races, et, s'il y a entre nous si peu de con- « fiance et d'affection mutuelle, c'est que nous « ne sommes point du même sang [2]. » Enfin, un auteur du seizième siècle prononce qu'il regarde la classe des pauvres artisans et des paysans de l'Angleterre comme une classe d'hommes déshérités [3]; c'est le dernier coup d'œil de

---

[1]. Amplas Anglorum terras, et prædia multa
Distribuens, *quod* adhùc præsens videt et dolet ætas.
(Guil Neubrigens Ed Hearne, pag 722)

[2]. Non miretur quis si varietas nationum tribuat varietatem conditionum, et indè crescat nimia diffidentia naturalis amoris, et dispersio sanguinis tribuat dispersam credulitatem mutuæ confidentiæ et dilectionis. (Chron. Henrici Knyghton, pag. 2343.)

[3]. Verstegan English antiquities, p. 178.

regret jeté dans le passé sur l'évènement qui 1087. avait amené en Angleterre des rois, des nobles et des chefs de race étrangère. Mais d'autres révolutions, une grande lutte patriotique engagée sous des formes toutes nouvelles, ont mis de nouvelles passions politiques à la place de ces vieux ressentiments.

Si, résumant en lui-même tous les faits exposés plus haut, le lecteur veut se faire une idée juste de ce qu'était l'Angleterre conquise par Guillaume de Normandie, il faut qu'il se représente non point un simple changement de régime, ni le triomphe d'un compétiteur; mais l'intrusion de tout un peuple au sein d'un autre peuple, dissous par le premier et dont les fractions éparses ne furent admises dans le nouvel ordre social que comme propriétés personnelles, comme *vêtement de la terre*, pour parler le langage des anciens actes [1]. On ne doit point poser d'un côté Guillaume roi et despote, et de l'autre des sujets de Guillaume grands ou petits, riches ou pauvres, tous habitants de l'Angleterre et par conséquent tous Anglais; il faut s'imaginer deux nations, les Anglais d'origine et les Anglais par invasion, divisés sur le même pays; ou plutôt

---

1. Terræ vestitus. Terra vestita. Id est agri cum domibus hominibus et pecoribus. (Vide Glossar. Cangii et Spelmanni.)

1087. se figurer deux pays dans une condition bien différente : la terre des Normands riche et franche de taillages, celle des Saxons pauvre, serve et grévée de cens. La première garnie de vastes hôtels, de châteaux murés et crénelés, la seconde parsemée de cabanes de chaume ou de masures dégradées; celle-là peuplée d'heureux et d'oisifs, de gens de guerre et de cour, de nobles et de chevaliers, celle-ci peuplée d'hommes de peine et de travail, de fermiers et d'artisans; sur l'une, le luxe et l'insolence, sur l'autre la misère et l'envie, non pas l'envie du pauvre à la vue des richesses d'autrui, mais l'envie du dépouillé en presence de ses spoliateurs.

Enfin, pour achever le tableau, ces deux terres sont, en quelque sorte, entrelacées l'une dans l'autre; elles se touchent par tout les points, et cependant, elles sont plus distinctes que si la mer roulait entre elles. Chacune parle une langue étrangère pour l'autre, la terre des riches parle la langue romane des provinces gauloises d'outre Loire, tandis que l'ancienne langue du pays reste aux foyers des pauvres et des serfs. Durant long-temps ces deux idiomes se propagèrent sans mélange, et furent, l'un signe de noblesse, l'autre signe de roture. C'est ce qu'atteste un ancien poète qui se plaint qu'en Angleterre les seules gens de basse condition conservent la langue anglaise, et que les hauts personnages ne parlent que français comme leurs aïeux de Normandie [1].

1087.

1. Thus come lo! Engelond unto Normannes honde.
   And the Normaunes ne couthe speke tho bote her ow speche
   Spoke french as dude atome, hes chyldrin dude so teche;
   So that heymen of this lond that of her blode come
   Holdeth alle sulke speche that hii off them nome,
   Ac lowe men holdeth to englyss and to her Kunde speche yet.
   (Robert of Glocester's chronicle, ed Hearne, p 364)

LIVRE VII.

DEPUIS LA MORT DE GUILLAUME-LE-BATARD, JUSQU'A LA DERNIÈRE CONSPIRATION GÉNÉRALE DES ANGLAIS CONTRE LES NORMANDS.

1087 — 1137.

1087. Dans le mois de juillet de l'année 1087, Guillaume, duc de Normandie et roi d'Angleterre, vint, avec mille hommes d'armes, devant la ville de Mantes, sur la Seine; il avait réclamé de Philippe, roi de France, cette ville avec le territoire situé entre l'Epte et l'Oise, qu'on appelait alors le comté de Vexin, et Philippe n'avait fait aucun droit aux réclamations du Normand[1]: il n'y avait répondu, disent les historiens du parti de ce dernier, que par des sophismes de séditieux[2]. Pendant les débats de cette affaire, Guillaume malade gardait le lit à Rouen, et comme il avait le ventre naturellement très-

---

1. Calumniam de Vulcassino comitatu. (Ord. Vital., p. 655.)
2. Seditiosorum frivolis sophismatibus usus est. (Ibid.)

gros, Philippe dit un jour par plaisanterie, que le roi d'Angleterre restait long-temps en couches, et que sans doute on verrait de belles relevailles. Cette raillerie piqua vivement Guillaume, qui jura par ses plus grands serments, par *la splendeur et la naissance de Dieu*, d'aller faire ses relevailles à Notre-Dame de Paris avec dix mille lances en guise de cierges[1]. Il attendit, si l'on en croit les historiens, la saison des moissons et des fruits, et commença l'accomplissement de son vœu sur la malheureuse ville de Mantes[2]. Son capitaine Ascelin Goël fit passer la cavalerie à travers les champs de bled, arracher les vignes et couper les arbres[3]. Le roi mit le feu à la ville, et se tint au milieu de l'incendie, encourageant ses soldats à tout détruire.

Comme il galopait à travers les décombres, son cheval mit les deux pieds sur des charbons couverts de cendre, s'abattit et le blessa au ventre. L'agitation qu'il s'était donnée en courant et en criant[4], la chaleur du feu et de la

---

1. Chronique de Normandie. — Ut quando a puerperio suo levaret, mille candelas in regno Franciæ illuminaret. (Johan. Brompton., p. 979.)

2. (Ord. Vital., pag. 655.)

3. Conculcationem segetum et extirpationem vinearum. (Ibib.)

4. Pondere armorum et labore clamoris. (Anglia sacra, pag. 271.)

1087. saison rendirent sa blessure dangereuse ; on le transporta malade à Rouen, et de-là dans un monastère, hors des murs de la ville dont il ne pouvait supporter le bruit [1]. Il languit durant six semaines, entouré de médecins et de prêtres ; et son mal s'aggravant de plus en plus, il envoya de l'argent à Mantes pour rebâtir les églises qu'il avait incendiées ; il en envoya aussi aux couvents et aux pauvres de l'Angleterre, pour obtenir, dit un vieux poète anglais, la rémission des brigandages qu'il avait commis [2]. Il ordonna qu'on mît en liberté les Saxons et les Normands qu'il retenait dans ses prisons. Parmi les premiers étaient Morkar, Siward Beorn et Ulfnoth, frère du roi Harold, l'un de ces deux ôtages pour la délivrance desquels Harold fit son fatal voyage [3]. Les Normands étaient Roger, ci-devant comte de Hereford, et Eudes, évêque de Bayeux, frère maternel du roi Guillaume.

Guillaume, surnommé le Roux, et Henri, les deux plus jeunes fils du roi, ne quittaient point les côtés de son lit, attendant, avec impatience, qu'il dictât ses dernières volontés. Robert, l'aîné

[1]. Quia strepitus Rhotomagi intolerabilis erat ægrotanti. (Orderic. Vital., pag. 656.)

[2]. To bete sulke robberye that he thoghte he hadde ydo. (Robert of Glocest. chr., p. 369.)

[3]. (Chron. saxon., Gibson, p. 192.)

des trois, était absent depuis sa dernière querelle avec son père. C'était à lui que Guillaume,
du consentement des chefs de Normandie, avait
légué autrefois son titre de duc, et malgré la
malédiction qu'il avait prononcée depuis contre
Robert, il ne chercha point à le déshériter de
ce titre que le vœu des Normands lui avait
destiné [1]. « Quant au royaume d'Angleterre,
« dit-il, je ne le lègue en héritage à personne,
« parce que je ne l'ai point reçu en héritage,
« mais acquis par la force et au prix du sang [2];
« je le remets entre les mains de Dieu, me bor-
« nant à souhaiter que mon fils Guillaume, qui
« m'a été soumis en toutes choses, l'obtienne,
« s'il plaît à Dieu, et y prospère [3]. — Et moi,
« mon père, que me donnes-tu donc, lui dit
« vivement Henri, le plus jeune des fils [4] ? — Je
« te donne, répondit le roi, 5,000 livres d'ar-
« gent de mon trésor. — Mais que ferai-je de cet
« argent, si je n'ai ni terre ni demeure [5]? — Sois
« tranquille, mon fils, et aie confiance en Dieu;
« souffre que tes aînés te précèdent, ton temps

1087.

1. Voyez livre VI, pag. 101.
2. Diro conflictu et multâ effusione humani cruoris. (Ord. Vital., p. 659.)
3. (Ibid.)
4. Et mihi, pater, quid tribuis? (Ibid.)
5. Si locum habitationis non habuero. (Ibid.)

1087. « viendra après le leur [1]. » Henri se retira aussitôt pour aller recevoir les 5,000 livres; il les fit peser avec soin, et se munit d'un coffre-fort bien garni de serrures et de ferrements [2]. Guillaume-le-Roux partit en même temps pour se rendre en Angleterre, et tenter de s'y faire nommer roi.

Le 10 de septembre, au lever du soleil, le roi Guillaume fut éveillé par un bruit de cloches, et demanda ce que c'était; on lui repondit que l'office de prime sonnait à l'église de Sainte-Marie. Il leva les mains en disant : je me recommande à madame Marie, la sainte mère de Dieu, et presque aussitôt il expira [3]. Ses médecins et les autres assistants, qui avaient passé la nuit auprès de lui, le voyant mort, montèrent en hâte à cheval et coururent veiller sur leurs biens [4]. Les gens de service et les vassaux de moindre étage, après la fuite de leurs supérieurs, enlevèrent les armes, les vases, les vêtements, le linge, tout le mobilier, et s'enfuirent

---

1. Ord. Vital., p. 659.
2. Diligenter ne quid deesset ponderare, munitumque gazophylacium sibi procurare. (Ibid.)
3. Dominæ meæ sanctæ Dei genitrici Mariæ me commendo. (Ibid., p. 661.)
4. Illico ascensis equis ad sua tutanda properaverunt (Ibid., p. 661.)

de même, laissant le cadavre nu sur le plancher [1]. Le corps du roi demeura ainsi abandonné pendant plusieurs heures [2], car dans toute la ville de Rouen, les hommes étaient devenus comme ivres, non pas de douleur, mais de crainte de l'avenir; ils étaient, dit un vieil historien, aussi troublés que s'ils eussent vu une armée ennemie devant les portes de leur ville [3]. Chacun sortait et courait au hasard, demandant conseil à sa femme, à ses amis, au premier venu; on transportait, on cachait tous ses meubles, ou l'on cherchait à les vendre à perte [4].

Enfin des gens de religion, clercs et moines, ayant repris leurs sens et recueilli leurs forces, arrangèrent une procession [5]. Revêtus des habits de leur ordre, avec la croix, les cierges et les encensoirs, ils vinrent auprès du cadavre et prièrent pour l'ame du défunt [6]. L'archevêque de Rouen, nommé Guillaume, ordonna que le corps

1. Et relicto regis cadavere pænè nudo in areâ domûs, aufugerunt. (Ord. Vital., p. 661.)
2. A primâ usque ad tertiam. (Ibid.)
3. Pænè omnes velut ebrii desipuerunt, ac si multitudinem hostium imminere urbi vidissent. (Ibid.)
4. Quid ageret a conjuge, vel obvio sodali, vel amico, consilium quæsivit. (Ibid.)
5. Collectis viribus et intimis sensibus. (Ibid.)
6. Honestè induti, cum crucibus et thuribulis. (Ibid., pag. 661.)

1087. du roi fût transporté à Caen, et enseveli dans la basilique de Saint-Étienne, premier martyr, qu'il avait bâtie de son vivant. Mais ses fils, ses frères, tous ses parents s'étaient éloignés; aucun de ses officiers n'était présent, pas un seul ne s'offrit pour avoir soin des obsèques[1], et ce fut un simple habitant de la campagne, nommé Herluin, qui, par bon naturel et pour l'amour de Dieu, disent les historiens du temps, prit sur lui la peine et la dépense[2]. Il fit venir à ses frais des ensevelisseurs et un chariot, transporta le cadavre jusqu'au port de la Seine, et de là sur une barque, par la rivière et par mer, jusqu'à la ville de Caen[3]. Gilbert, abbé de Saint-Étienne, avec tous ses religieux, vint à la rencontre du corps; beaucoup de clercs et de laïcs se joignirent à eux; mais un incendie qui éclata subitement, fit bientôt rompre le cortége, et courir au feu clercs et laïcs[4]. Les moines de

1. Verùm fratres ejus et cognati, jàm ab eo recesserant et omnes ministri ejus; nec unus inventus est.... (Ord. Vital., p. 661.)

2. Herluinus pagensis eques, naturali bonitate compunctus, pro amore Dei. (Ibid.)

3. Pollinctores ac vehiculum, mercede de propriis sumptibus. (Ibid.)

4. Omnes ad ignem comprimendum clerici cum laicis cucurrerunt. (Ibid.)

Saint-Étienne restèrent seuls et conduisirent le roi à l'église de leur couvent.

1087.

L'inhumation du grand chef, *du fameux baron*, comme disent les historiens de l'époque [1]. ne s'acheva point sans de nouveaux incidents. Tous les évêques et abbés de la Normandie s'étaient rassemblés pour la cérémonie; ils avaient fait préparer la fosse dans l'église entre le chœur et l'autel; la messe était achevée; on allait descendre le corps, lorsqu'un homme, se levant du milieu de la foule, dit à haute voix : « Clercs, « évêques, ce terrain est à moi; c'était l'empla-« cement de la maison de mon père; l'homme « pour lequel vous priez me l'a pris de force « pour y bâtir son église [2]. Je n'ai point vendu « ma terre, je ne l'ai point engagée, je ne l'ai « point forfaite, je ne l'ai point donnée, elle « est de mon droit, je la réclame [3]. Au nom de « Dieu, je défends que le corps du ravisseur y « soit placé, et qu'on le couvre de ma glèbe [4]. » L'homme qui parla ainsi se nommait Asselin, fils

1. Famosi baronis. (Ibid.)

2. Hæc terra ubi consistitis, area domûs patris mei fuit. (Ibid., p. 662.)

3. Vace, roman de Rou. — (Chron. de Normandie, rec. des hist. de la France, p. 242)

4. Ex parte Dei prohibeo, ne corpus raptoris operiatur cespite meo. (Ord. Vital, p. 662.)

1087. d'Arthur, et tous les assistants confirmèrent la vérité de ce qu'il avait dit. Les évêques le firent approcher, et, d'accord avec lui, payèrent soixante sous pour le lieu seul de la sépulture, s'engageant à le dédommager équitablement pour le reste du terrain [1]. Le corps du roi était sans cercueil, revêtu de ses habits royaux; lorsqu'on voulut le placer dans la fosse, qui avait été bâtie en maçonnerie, elle se trouva trop étroite; il fallut forcer le cadavre, et il creva [2]. On brûla de l'encens et des parfums en abondance, mais ce fut iuntilement; le peuple se dispersa avec dégoût, et les prêtres eux-mêmes, précipitant la cérémonie, désertèrent bientôt l'église [3].

Guillaume-le-Roux, en chemin pour l'Angleterre, avait appris la mort de son père au port de Wissant, près de Calais. Il se hâta d'arriver à Winchester, lieu de dépôt du trésor royal, et gagnant par des promesses Guillaume de Pont-de-l'Arche, gardien du trésor, il en reçut les clefs [4]. Il le fit inventorier et peser avec soin, et y trouva 60,000 livres d'argent fin

---

[1]. Pro reliquâ verò tellure æquipollens mutuum. (Ord. Vital., p. 662.)

[2]. Pinguissimus venter crepuit. (Ibid.)

[3]. Sacerdotes itaque festinabant exequias perficere. (Ibid.)

[4]. Monast. anglic., tom. II, p. 890. — Claves Thesauri nactus est. (Ibid., pag. 120.)

avec beaucoup d'or et de pierres précieuses [1]. 1087. Ensuite il fit assembler tous ceux d'entre les chefs normands qui se trouvaient en Angleterre, leur annonça la mort du conquérant, fut choisi roi par eux, et sacré par l'archevêque Lanfranc dans la cathédrale de Winchester, pendant que les chefs restés en Normandie tenaient conseil sur la succession [2]. Son premier acte d'autorité royale fut d'emprisonner de nouveau les Saxons Ulfnoth, Morkar et Siward Beorn, que son père avait rendus à la liberté [3]; puis il tira du trésor une grande quantité d'or et d'argent qu'il fit remettre à Othon, l'orfèvre, avec ordre d'en fabriquer des ornements pour la tombe de celui qu'il avait adandonné à son lit de mort [4]. Le nom de l'orfèvre Othon mérite d'être placé dans cette histoire, parce que le registre territorial de la conquête le cite comme un des grands propriétaires nouvellement créés [5]. Peut-être avait-il été le

1. Statim ponderans Thesaurum patris sui, reperiit.... (Ingulf. croyland. apud script. oxon., p. 106.)

2. Regem obiisse propalat..... dum cæteri proceres de regni successione tractant in Normanniâ. (Monast. anglic. tom. II, p. 890.)

3. Aluredus Beverlacensis, p. 136. — Florent. Wigorn.

4. Auri et argenti gemmarumque copiam Othoni auri fabro erogavit. (Orderic Vital., p. 663.)

5. Doomesday-book, passim.)

1087. banquier de l'invasion, et avait-il avancé une partie des frais sur hypothèque de terres anglaises; on peut le croire, car les orfèvres, au moyen âge, étaient en même temps banquiers : peut-être avait-il fait simplement des spéculations commerciales sur les domaines acquis par la lance et l'épée, et donné aux gens d'armes errants, espèce d'hommes commune dans ce siècle, de l'or en échange de leurs terres.

1087 à 1088. Une sorte de concours littéraire s'ouvrit alors entre les versificateurs latins d'Angleterre et de Normandie pour l'épitaphe qui devait être gravée sur le tombeau du roi défunt; et ce fut Thomas, l'archevêque d'York, qui en remporta l'honneur [1]. Plusieurs pièces de vers et de prose à la louange du conquérant nous ont été conservées, et parmi les éloges que lui donnèrent les clercs et les lettrés du siècle, il y en a d'assez bizarres : « Nation anglaise, s'écrie l'un d'en-« tre eux, pourquoi as-tu troublé le repos de « ce prince ami de la vertu [2]? O Angleterre, dit « un autre, tu l'aurais chéri, tu l'aurais estimé « au plus haut degré, sans ta folie et ta ma-

1. Solius Thomæ versus auro inserti sunt. (Ord. Vital., pag. 663.)

2. Gens Anglorum, tu bastis principem
Qui virtutis amabat tramitem.
(Script. rer. Normann, p 318.)

« lice [1]. Son règne fut pacifique, dit un troi-
« sième, et son ame bienfaisante [2]. » Il ne nous
reste rien des épitaphes et des panégyriques que
lui fit de vive voix le peuple vaincu, à moins
qu'on ne regarde comme un exemple des excla-
mations populaires qu'excita la mort du tyran
étranger, ces vers d'un poète anglais du treizième siècle : « Les jours du roi Guillaume furent
« des jours de souffrance, et beaucoup d'hommes
« trouvèrent sa vie trop longue [3]. »

Cependant les chefs normands, qui n'avaient
point concouru à l'élection de Guillaume-le-
Roux, repassèrent la mer, courroucés contre lui
de ce qu'il était devenu roi sans leur aveu ; ils
résolurent de le déposer, et de mettre à sa place
son frère aîné Robert, duc de Normandie [4]. A la
tête de ce parti figuraient Eudes de Bayeux, frère
du conquérant, nouvellement sorti de prison,
et beaucoup de riches Normands ou Français

1087
à
1088.

---

1. Diligeres eum, Anglica terra, si absit impudentia atque iniquitas tua. (Guil. Pictav., p. 207.)

2.   Cujus regnum pacificum
   Fuit atque fructiferum.
  (Chron. Raynaldi Andegavensis apud script. 1er franc, p. 479.)

3. There was' in kyng William's days warre and sorwe ynou,
Sothat much del of England. — Thoghte his lyf too long
   (Rob of Glocest ch., p. 376.)

4. (Chron. saxon, Gibson, pag. 193.)

1088. de l'Angleterre, comme s'exprime la chronique saxonne [1]. Le roi Roux (car c'est ainsi que les histoires du temps [2] le nomment), voyant que ses compatriotes conspiraient contre lui, appela à son aide les hommes de race anglaise, les engageant à le soutenir par l'espoir d'un peu de soulagement [3]. Il convoqua auprès de lui plusieurs de ceux que le souvenir de leur puissance passée faisait encore regarder par la nation anglo-saxonne comme ses chefs naturels; il leur promit les meilleures lois qu'ils voulussent choisir, les meilleures qui eussent jamais été observées dans le pays [4]; il leur rendit le droit de porter des armes, et la jouissance des forêts; il arrêta la levée des tailles et de tous les tributs odieux : mais tout cela ne dura guère, disent les annales contemporaines [5].

Pour ces concessions de quelques jours, et peut-être aussi par un désir secret d'en venir

1. Tha riceste frencisce men — ealle frencisce men. (Chr. saxon., Gibson, p. 193.)

2. Li rois Ros (Chronique de Normandie. — The red kyng. (Rob. of Glocest.)

3. Tunc accersivit Anglos. (Chron. saxon., p. 193.)

4. Meliorem legem quam vellent eligere, meliorem quæ unquam in hâc terrâ fuit. (Annales Waverleienses, p. 136.)

5. Sed hoc parùm duravit. (Ibid., p. 136.)

aux mains avec des Normands ¹, les chefs saxons 1088. consentirent à défendre la cause du roi, et firent publier en leur nom et au sien l'ancienne proclamation de guerre, celle qui faisait lever autrefois tout Anglais en état de porter les armes : « Que celui qui n'est pas un homme de rien, soit « dans les villes, soit hors des villes, quitte sa « maison et vienne ². » Trente mille Saxons se rendirent spontanément au lieu assigné, reçurent des armes et s'enrôlèrent sous la bannière du roi ³. Ils étaient presque tous fantassins ; Guillaume les conduisit en grande hâte avec sa cavalerie, composée de Normands, vers la ville maritime de Rochester, où s'étaient fortifiés l'évêque Eudes et les autres chefs des opposants, attendant l'arrivée du duc Robert, leur candidat, pour marcher sur Canterbury et sur Londres ⁴.

Il paraît que les Saxons de l'armée royale montrèrent une grande ardeur au siége de Rochester. Les assiégés, pressés vivement, demandèrent bientôt à capituler, sous la condition de recon-

1. Animos eorum contra Normannos mulciebat. (John. Brompton, p. 984.)

2. Voyez liv. II, tom. I, p. 113. Ut quicumque esset unnithing sive in burgo, sive extrà burgum. (Annales Waverl., p. 136.)

3. Ord. Vital., p 667.

4. (Florent Wigorn., p. 643.)

naître Guillaume pour roi et de garder sous lui leurs terres et leurs honneurs [1]. Guillaume refusa d'abord; mais les Normands de son armée, ne portant pas le même zèle que les Saxons dans cette guerre, qui était pour eux une guerre civile, et ne se souciant point de réduire aux dernières extrémités leurs concitoyens et leurs parents, trouvèrent le roi trop acharné contre les défenseurs de Rochester [2]. Ils essayèrent de l'apaiser : « Nous qui t'avons assisté dans le « danger, lui disaient-ils ; nous te prions d'épar- « gner nos compatriotes, nos parents, qui sont « aussi les tiens et qui ont aidé ton père à con- « quérir l'Angleterre [3]. » Le roi se laissa fléchir, et accorda enfin aux assiégés la libre sortie de la ville, avec leurs armes et leurs chevaux. L'évêque Eudes essaya d'obtenir, en outre, que la musique militaire du roi ne jouât pas en signe de victoire à la sortie de la garnison [4]; mais Guillaume refusa avec colère, et dit tout haut qu'il

---

1. (Orderic. Vital., pag. 667.)

2. Videntes autem ii qui obsidebant, ad necem parentum et amicorum qui obsessi erant, regis animum furere.... (Ibid.)

3. Nos qui tecum maximis in periculis assistimus, te pro compatriotis nostris obnixè supplicamus.... cum patre tuo Anglos subjugavit. (Ibid., p. 668.)

4. Ne tubicines in eorum egressu tubis canerent. (Ibid.)

ne ferait pas cette concession pour mille marcs d'or [1]. Les Normands du parti de Robert quittèrent la ville qu'ils n'avaient pu défendre, les enseignes basses, au son des trompettes du roi. Dans ce moment, de grandes clameurs partirent du milieu des Anglais de l'armée royale [2] : « Qu'on apporte des cordes, criaient-ils ; nous voulons pendre ce traître d'évêque avec tous ses complices [3]. O roi! pourquoi le laisses-tu ainsi se retirer sain et sauf? Il n'est pas digne de vivre, le fourbe, l'assassin, le meurtrier de tant de milliers d'hommes. »

C'est au bruit de ces imprécations, que sortit d'Angleterre, pour n'y jamais rentrer, le prêtre qui avait béni l'armée normande à la bataille de Hastings. La guerre entre les Normands dura quelque temps encore ; mais cette querelle de famille s'apaisa peu à peu, et finit par un traité entre les deux partis et les deux frères. Les domaines que les amis de Robert avaient perdus en Angleterre, pour avoir embrassé sa cause, leur furent restitués, et Robert lui-même fit

1. Etiam propter mille auri marcas. (Ibid.)

2. Multitudo Anglorum quæ regi adhærebat vociferabatur. (Ibid.)

3. Torques, torques afferte et traditorem episcopum..... cur sospitem pateris abire? non debet vivere perjurus homicida... (Ibid.)

l'abandon de ses prétentions à la royauté pour des propriétés territoriales[1]. Il fut convenu entre les deux partis que le roi, s'il survivait au duc, aurait le duché de Normandie, et que, dans le cas contraire, le duc aurait le royaume d'Angleterre : douze hommes du côté du roi et douze hommes du côté du duc confirmèrent ce traité par serment[2]. Ainsi se termina la guerre civile des Normands et l'alliance qu'elle avait occasionée entre les Anglais et le roi. Les concessions que ce dernier avait faites furent toutes révoquées, ses promesses démenties, et les Saxons redescendirent à leur rang de sujets et d'opprimés[3].

Près de la ville de Canterbury était un ancien monastère, fondé en l'honneur du moine Augustin, qui convertit les Saxons et les Angles. Là se conservaient à un plus haut degré, que dans les autres couvents de l'Angleterre, l'esprit national et le souvenir de l'ancienne indépendance. Les Normands s'en aperçurent, et de bonne heure tentèrent de détruire cet esprit par des humiliations réitérées. Le primat Lanfranc commença par abolir l'antique privilège des moines du cou-

---

1. Florent Wigorn., pag. 644.
2. (Ibid.)
3. Nihil postmodùm tenuit quod promisit. (Jo Brompton. p. 984.)

vent d'Augustin, qui consistait à n'être justiciables que de leur propre abbé pour la discipline ecclésiastique [1]. Quoique cet abbé fût alors un Normand et, comme tel, peu suspect d'indulgence envers les hommes de l'autre race, Lanfranc lui enleva la surveillance de ses moines et se l'attribua à lui-même [2]; il défendit, en outre, de sonner les cloches du monastère avant que l'office eût été sonné à l'église épiscopale, sans respect, dit l'historien, pour cette maxime des saintes écritures : Où est l'esprit de Dieu, là est la liberté [3]. Les moines saxons murmurèrent d'être soumis à cette gêne humiliante; et, pour montrer leur mécontentement, célébrèrent les offices tard, avec négligence, et en commettant à plaisir des irrégularités volontaires, comme de renverser les croix et de faire la procession nus pieds, contre le cours du soleil [4]. « On nous fait « violence, disaient-ils, contre les canons de l'É- « glise; eh bien! nous violerons les canons dans « le service de l'Église [5]. » Ils prièrent le Normand leur abbé de transmettre, de leur part, une ré-

1088
"
1089.

---

1. Chron. Willelmi Thorn., p. 1791.
2. Monachos ad suum capitulum venire compulit. (Ibid.)
3. Ne signa sua pulsarent, nisi priùs... (Ibid., p. 1794.)
4. Indè ergò rixæ, murmurationes, servitium Dei factum tardè et indecenter. (Ibid.)
5. Anglia sacra, tom. II, p. 298.

1088 à 1089. clamation au pape; mais l'abbé, pour toute réponse, les punit comme rebelles, et ferma le cloître pour qu'aucun d'eux ne pût sortir [1].

Cet homme, qui sacrifiait de si bonne grace, par haine des Saxons, son indépendance personnelle, mourut en l'année 1088, et alors l'archevêque Lanfranc se transporta au monastère, menant avec lui un moine de Normandie, appelé Guy, très-aimé du roi [2]. Il somma les religieux de Saint-Augustin, au nom de l'autorité royale, de recevoir et d'installer sur-le-champ ce nouvel abbé; mais tous, d'une voix unanime, répondirent qu'ils n'en feraient rien [3]. Lanfranc, irrité de cette résistance, ordonna que ceux qui refusaient d'obéir, sortissent sur-le-champ du couvent. Ils sortirent presque tous, et le Normand fut installé en leur absense, avec les cérémonies d'usage [4]. Ensuite le prieur du monastere, appelé Elfwin, et plusieurs autres moines, tous Saxons de naissance, furent saisis et emprisonnès [5]. Ceux qui étaient sortis au com-

1. Quos ille despiciens, monachos distringere ut de claustro nullo modo exirent... (Chron. Wil. Thorn., p. 1794.)

2. Willelmo regi amantissimum. (Ibid.)

3. Qui unanimiter animati responderunt.... (Chron. saxon., Gisbon, pag. 179.)

4. Ibid.

5 Elfwinum et alios quos voluit, cepit. (Ibidem.)

mandement de l'archevêque se tenaient assis à terre sous les murs de la citadelle de Canterbury. On vint leur dire qu'il leur était accordé un délai de quelques heures pour rentrer au couvent, mais que passé ce terme, ils seraient regardés et traités comme vagabonds[1]; ils restèrent quelque temps indécis; mais l'heure du repas arriva, ils souffraient de la faim : plusieurs se repentirent alors, et envoyèrent à Lanfranc pour lui promettre obéissance. On leur fit jurer, sur les reliques d'Augustin, de tenir fidèlement cette promesse; ceux qui refusèrent de prêter serment furent emprisonnés jusqu'à ce que l'ennui de la captivité les eût rendus plus dociles[2]. L'un d'eux, appelé Alfred, qui réussit à fuir, et que l'on trouva errant par les chemins, fut mis aux fers dans la maison épiscopale[3]. L'esprit de résistance s'apaisa durant quelques mois, et ensuite devint plus violent; il y eut un complot tramé contre la vie du nouvel abbé de race étrangère[4]. L'un des conjurés, appelé Colomban, fut pris, conduit devant l'archevêque

1088 d 1089.

---

1. Chron. saxon., Gibson, p. 180.
2. Ibid.
3. Aluredum unum vagantem fugiendo cepit, et Cantuariæ ferro compeditum multis diebus clausit. (Ibid)
4. Perniciem abbatis clàm machinati sunt. (Ibid.)

13.

1088 à 1089. et interrogé sur son dessein de tuer le Normand : « J'ai eu ce dessein, répondit le moine avec as-« surance, et je l'aurais exécuté [1]. » Lanfranc ordonna qu'on l'attachât nu devant les portes du monastère, et qu'on le battît publiquement à coups de fouet [2].

1089 Dans l'année 1089, Lanfranc mourut; et aussitôt les moines saxons, délivrés de la terreur qu'il leur avait inspirée, entreprirent une troisième révolte, mais d'un caractère plus grave que les deux autres : ils appelèrent à leur aide les habitants saxons de Canterbury, qui, embrassant cette cause comme nationale, vinrent armés à la maison de l'abbé de Saint-Augustin, et en firent l'attaque [3]. Les gens de l'abbé résistèrent, et il y eut de part et d'autre beaucoup d'hommes tués et blessés. Guy s'échappa à grande peine des mains de ses adversaires, et courut s'enfermer dans l'église métropolitaine [4]. Au bruit de cette aventure, les Normands Gaucelme, évêque de Winchester, et Gondolfe, évêque de Rochester, vinrent en grande hâte

1. Si potuissem, pro certo eum interfecissem. (Chron. saxon., Gibson, pag. 180.)

2. Ibidem.

3. Cives Cantuariæ contra eum concitârunt.... (Ibid.)

4. Evasit et quærendo auxilium fugit.... (Ibid.)

à Canterbury, où de nombreux détachements de troupes furent envoyés par ordre du roi [1]. Le couvent de Saint-Augustin fut occupé militairement ; on instruisit le procès des moines, et tous furent condamnés en masse à subir la discipline ; deux religieux étrangers, appelés Guy et le Normand, la leur infligèrent à la discrétion des évêques [2], ensuite on les dispersa sur plusieurs points de l'Angleterre, et à leur place furent appelés d'outre-mer vingt-quatre moines et un prieur. Tous ceux des habitants de Canterbury que saisit la police normande, furent condamnés à la perte des yeux [3].

1089.

Ces luttes, fruit de la haine et du désespoir des vaincus, se reproduisaient à la fois dans plusieurs églises d'Angleterre, et en général dans tous les lieux où des Saxons, réunis en corps, et non réduits au dernier degré d'esclavage, se trouvaient en présence de chefs ou de gouverneurs normands. Ces chefs, soit clercs, soit laïcs, ne différaient que par l'habit ; sous la cotte de maille ou sous la chappe, c'était toujours le vainqueur étranger, insolent, dur, avare. Jean de la Villette, évêque de Wells, et ci-de-

1089 à 1094.

---

1. Ibid.
2. Ad episcoporum imperium. (Ibid.)
3. Cives verò capti, oculos amiserunt. (Ibid.)

vant médecin à Tours, abattait les maisons des chanoines de son église pour se construire un palais avec leurs débris [1]; Renouf Flambard, évêque de Lincoln, autrefois valet de pied chez les ducs de Normandie, commettait, dans son diocèse, de tels brigandages, que les habitants souhaitaient de mourir, dit un ancien historien, plutôt que de vivre sous sa puissance [2]. Les évêques normands marchaient à l'autel, comme les comtes à leurs revues de gens d'armes, entre deux haies de lances; ils passaient le jour à jouer aux dés, à galoper et à boire [3]. L'un d'entre eux, dans un accès de gaîté, fit dresser à des moines saxons, dans la grande salle de leur couvent, un repas où il les força de manger des mets défendus par leur ordre, et servis par des femmes échevelées et à demi nues [4]. Ceux des Anglais qui, à cette vue, voulurent se retirer ou simplement détourner les

---

1. Johannes de Villulâ Turonensis, arte medicus, qui, destructis claustris, aliisque ædificiis canonicorum... (Anglia sacra., tom. I, p. 560.)

2 Ut mallent mori. (Ibid., p. 295.)

3. Stipatus militibus incederet ad missam.... venari, aucupari, tesseras quatere, potibus indulgere consueverunt. (Henric. Knyghton, p. 2362—2367.)

4. Monachis etiam invitis cibos vetitos publicè apposuit,

yeux, furent maltraités et appelés hypocrites par le prélat normand et ses amis [1].

1089 à 1094.

Contre de pareils adversaires, les débris du clergé anglo-saxon ne purent soutenir un long combat. Chaque jour l'âge ou la persécution enlevait quelqu'un des anciens prêtres; et la résistance, d'abord énergique, s'éteignait par dégrés [2]. C'était d'ailleurs pour tout couvent d'Angleterre un titre à la haine et aux vexations des grands, que d'être encore peuplé en majorité d'hommes de race anglaise. C'est ce qu'éprouva sous le règne de Guillaume-le-Roux le monastère de Crowland, déja si maltraité à l'époque de la conquête. Après un incendie, qui avait consumé une partie de la maison, le comte normand de la province où elle était située, présumant que les chartes de l'abbaye avaient péri dans les flammes, somma les moines de comparaître dans sa cour de justice à Spalding, pour y représenter leurs titres [3]. Au jour désigné, ils envoyèrent un des

mulieres veste et vultu procaces, sparsis post tergum crinibus, ministrare constituit. (Ibid., p. 2372.)

1. Si oculos averteret, hypocrita diceretur. (Ibid.)

2. Normanni muliplicati invaluerunt, Angli jam senescentes et imminuti.... (Math. Paris., Vitæ abbat., p. 34.)

3. Æstimans chartas nostras, ut fama fuit, omnes incendio periisse. (Ingulf. croyl. apud. script. oxon., p. 107.)

1089 à 1094. leurs, nommé Trig, qui vint apportant d'anciennes chartes en langue saxonne, confirmées par le conquérant dont le sceau y était suspendu. Le moine déploya ces parchemins devant le comte et ses officiers qui se mirent à rire et à l'injurier, disant que ces écritures barbares et inintelligibles, n'étaient d'aucune autorité[1]. Cependant la vue du sceau royal produisit quelque effet; le Normand, qui n'osa ni le briser, ni enlever publiquement des chartes qui en étaient munies, laissa partir le moine; mais il envoya derrière lui ses valets armés de bâtons pour le surprendre dans la route et lui dérober ce qu'il portait. Trig n'échappa à leurs poursuites, qu'en prenant un chemin détourné[2].

1094. La paix, qui régnait entre les conquérants de l'Angleterre, fut encore une fois troublée, en l'année 1094, par la révolte de quelques chefs contre le roi. Une des causes de cette discorde était le droit exclusif sur les forêts de l'Angleterre, établi par le bâtard et maintenu rigoureusement par son fils[3]. A la tête des mécontents se trou-

1. Dicens barbaram scripturam risu et derisu fore dignam, et nullius momenti et roboris esse tenendam. (Ingulf. croyl., pag. 107.)
2. Ibid.
3. (Will. Malmesb., p. 124.)

vait Robert, fils de Roger de Molbray, comte de Northumberland, qui possédait deux cents quatre-vingts manoirs en Angleterre[1]. Robert manqua de se rendre à la cour, ou au palais du roi Roux, dans l'un des jours fixés pour les conférences politiques des hauts personnages normands. Son absence donna des soupçons, et le roi fit publier que tout grand possesseur de terre, qui ne se rendrait point à sa cour aux fêtes prochaines de la Pentecôte, serait mis hors de la paix publique[2]. Robert de Molbray n'y vint pas, de crainte d'être saisi et emprisonné, et alors Guillaume fit marcher l'armée royale vers la province de Northumberland. Il assiégea et prit plusieurs châteaux; il bloqua celui de Bamborough, où le comte Robert s'était retiré, mais ne put s'en rendre maître. Après des efforts inutiles, il fit construire vis-à-vis de Bamborough un fort de bois qu'il appela dans son langage normand, *Mal-voisin* ou mauvais voisin, y laissa une garnison et reprit sa route vers le sud[3]. Les gardiens de la nouvelle forteresse surprirent Robert dans une sortie, le bles-

1. (Orderic Vital., p. 705.)
2. Jussit omnes qui a rege terras tenebant, modò pace dignos haberi se vellent, adessè curiæ suæ. (Chron. saxon., Gibson, p. 203.)
3. Illudque linguâ suâ *Malveisin* nominavit. (Ibid.)

sèrent et le firent prisonnier. Il fut condamné à une prison perpétuelle, et ses complices furent bannis d'Angleterre.

Les biens de ces bannis dans les villes et hors des villes restèrent quelque temps sans maître et sans culture. Il paraît que les favoris du roi les laissèrent en friche, après en avoir enlevé tout ce qui avait quelque valeur, se souciant peu d'une possession que son origine et l'incertitude des événements politiques rendaient trop précaire. De leur côté, les officiers royaux, pour que le fisc ou l'échiquier ne perdît rien de ses revenus, ne cessèrent pas de lever sur la ville ou le canton dont les biens vacants dépendaient, la totalité de l'impôt territorial, et cette surcharge tomba spécialement sur les hommes de race anglaise [1]. Le peuple de Colchester, suivant un ancien récit, rendit de grandes actions de graces à Eudes fils d'Hubert, vicomte ou gouverneur de la ville, pour avoir pris sous son nom les terres des Normands deshérités [2], et consenti à satisfaire, pour ces terres, aux demandes du

---

1. Terras damnatorum et pro culpis eliminatorum dum nemo coleret, exigebantur tamen pleniter fiscalia, et hâc de causâ populus valdè gravabatur. (Monast. anglic., tom. II, pag. 899.)

2. Has ergò terras Eudo sibi vindicavit, ut pro his fisco

fisc. Si l'on en croit le même récit, le Normand Eudes se faisait aimer des habitants de Colchester, par son administration équitable et modérée [1]. C'est le seul chef imposé aux Anglais, par la puissance étrangère, dont l'histoire porte un semblable témoignage.

Cette exception à la loi de la conquête ne s'étendait guère au-delà d'une seule ville; partout ailleurs les choses suivaient leur cours, et les officiers royaux étaient pires que des voleurs, ce sont les paroles mêmes des chroniques; ils pillaient sans miséricorde les greniers des laboureurs et les magasins des marchands [2]. A Oxford, était Robert d'Oily, qui n'épargnait ni pauvres, ni riches; dans le nord, Odineau d'Omfreville saisissait les biens des Anglais de son voisinage, afin de les contraindre à venir tailler et voiturer des pierres pour la construction de son château [3]. Près de Londres, le roi levait aussi par force des

satisfaceret, et populum eatenùs alleviaret. (Monast. anglic., tom. II, p. 899.)

1. Sublevare gravatos, et comprimere elatos, et in suis primordiis omnibus complacere. (Ibid., p. 890.)

2. Latronibus pejores, agricolarum acervos et negociatorum congeries immisericorditer diripiebant. (Ord. Vital., pag. 773.)

3. Ut eos compelleret venire ad ædificationem castelli. (Lelandi collectanea, tom. IV, pag. 116.)

1098 troupes d'hommes pour construire une nouvelle
à enceinte à la tour du Conquérant, un pont sur
1100. la Tamise, et, à l'ouest de la cité, un palais ou
une cour d'audiences pour tenir les assemblées
des chefs, ou *les plaids du royaume,* comme
parlaient les Normands [1]. « Les provinces aux-
« quelles ces travaux échurent, dit la chronique
« saxonne contemporaine, furent cruellement
« tourmentées; chaque année qui s'écoulait était
« pesante et pleine de douleurs, à cause des
« vexations sans nombre et des tributs multi-
« pliés [2]. »

Des historiens moins laconiques nous ont transmis quelques détails sur ces *douleurs* et ces *tourments* que souffrait la nation subjuguée. Partout où le roi normand passait, dans ses courses, à travers l'Angleterre, ses gens et les soldats de sa suite avaient coutume de ravager le pays [3]. Lorsqu'ils ne pouvaient consommer en totalité les denrées de diverse nature qu'ils trouvaient dans les maisons des Anglais, ils les faisaient porter au marché voisin par le propriétaire lui-même et l'obligeaient de les vendre à leur profit. D'au-

1. (Chron. saxon., Gibson, p. 206.
2. Fuerunt vehementer afflictati.... (Ibid.)
3. Ut quæque pessundarent, diriperent, et totam terram per quam rex ibat devastarent. (Eadmeri hist., p. 94.)

tres fois ils les brûlaient par passe-temps, ou si c'était quelque boisson, ils en lavaient les pieds de leurs chevaux [1]. « Les mauvais traite-
« ments qu'ils se permettaient contre les pères
« de famille, leurs outrages envers les femmes
« et les filles, ajoute le narrateur contemporain,
« feraient honte à raconter; aussi au premier
« bruit de l'approche du roi, chacun s'enfuyait
« de sa demeure, et se retirait avec tout ce qu'il
« pouvait sauver, au fond des forêts ou dans les
« lieux déserts [2]. »

Cinquante Saxons qui, par des hasards heureux, et peut-être par un peu de lâcheté politique, étaient parvenus à conserver quelques débris de leur ancienne fortune [3], furent accusés, soit faussement, soit à raison, d'avoir chassé dans les forêts royales, et d'avoir pris, tué et mangé des cerfs; telle était la formule expresse de l'ac-

---

[1]. Et aut ad forum per eosdem ipsos quorum erant, pro suo lucro ferre ac vendere, aut cremare, aut si potus esset, lotis ex indè equorum suorum pedibus. (Eadmeri hist., pag. 94.

[2]. Præcognito regis adventu, sua habitacula fugiebant, in sylvis vel aliis locis, in quibus se tutari posse sperabant. (Ibid.)

[3]. Quibus ex antiquâ Anglorum ingenuitate, divitiarum vestigia quædam arridere videbantur. (Ibid., p. 48.)

cusation criminelle intentée contre eux [1]. Ils nièrent, et les juges normands leur infligèrent l'épreuve du fer rouge, que les anciennes lois anglaises n'ordonnaient que du consentement et à la demande de l'accusé. « Au jour fixé, dit un « témoin oculaire, tous subirent cette sentence « sans miséricorde. C'était chose pitoyable à « voir; mais Dieu, en préservant leurs mains de « toute brûlure, montra clairement leur inno-« cence et la malice de leurs persécuteurs [2]. » Quand on vint rapporter au roi Guillaume qu'après trois jours les mains des accusés avaient « paru intactes : « Qu'est-ce que cela fait? ré-« pondit-il; Dieu n'est pas bon juge de ces cho-« ses; c'est moi que de telles affaires regardent, « et qui dois juger celle-ci [3]. » L'historien garde le silence sur ce nouveau jugement et sur le sort des malheureux Anglais, auxquels le fils du conquérant enviait jusqu'à la misérable chance de la fraude commise par des prêtres plus humains que lui.

---

1. Quòd cervos regis ceperint, mactaverint, manducaverint. (Eadmeri hist. pag. 48.)

2. Præfixi pœnæ judicii pariter subacti sunt, remotâ pietate et misericordiâ; erat ergò miseriam videre. (Ibid.)

3. Quid est hoc? Deus justus judex est? (Ibid.)

Les Saxons, poursuivis par le roi Roux pour les transgressions aux lois de chasse encore plus vivement que par son père, n'avaient d'autre vengeance que de l'appeler, par dérision, *gardien de bois et berger de bêtes fauves*, et de répandre des contes sinistres sur ces forêts, où nul homme de race anglaise ne pouvait entrer armé sans péril de mort. On disait que le diable, sous des formes horribles, y apparaissait aux Normands, et leur parlait du sort épouvantable qu'il réservait au roi et à ses conseillers[1]. Cette superstition populaire fut accrue par le hasard singulier qui rendit fatale à la race du conquérant la chasse dans les forêts de l'Angleterre, et surtout dans la forêt Neuve. Dans l'année 1081, Richard, fils aîné de Guillaume le bâtard, s'y était blessé mortellement; dans le mois de mai de l'année 1100, Richard, fils du duc Robert et neveu du roi Roux, y fut tué d'un coup de flèche tiré par imprudence[2], et, chose bizarre, le roi y périt aussi et de la même mort, dans le mois de juillet de la même année.

Le matin de son dernier jour, il fit un grand

1. Ipse etiam in sylvis diabolus sub horribili specie Normannis se ostendens plura eis de rege et aliis palàm locutus est... (Simeo Dunelmensis, p. 226.) — Ailredus Rievallensis.

2. Ord. Vital., pag. 780.

1100. repas¹ avec ses amis dans le château de Winchester, et se prépara ensuite à la chasse projetée. Pendant qu'il nouait sa chaussure, badinant avec ses convives, un ouvrier lui présenta six flèches neuves; il les examina, en loua le travail, en prit quatre pour lui, et donna les deux autres à Gaultier Tirel, en disant : « Il faut de bonnes armes « à qui tire de bons coups ². » Gaultier Tirel était un Français, qui avait de riches possessions dans le pays de Poix et dans le Ponthieu; c'était l'ami le plus familier du roi et son compagnon assidu³. Au moment du départ, entra un moine du couvent de Saint-Pierre, à Glocester, qui remit à Guillaume des dépêches de son abbé. Cet abbé, Normand de naissance et appelé Serlon, mandait avec inquiétude qu'un de ses religieux (probablement de race anglaise) avait eu dans son sommeil une vision de mauvais augure; qu'il avait vu Jésus-Christ assis sur un trône, et à ses pieds une femme qui le suppliait, en lui disant : « Sauveur « du genre humain, regarde en pitié ton peuple

---

1. Rex manè cum suis parasitis comedit. (Ord. Vital., pag. 782.)

2. Justum est ut illi acutissimæ dentur sagittæ qui lethiferos exindè noverit ictus infigere. (Ibid.)

3. Regi familiaris conviva. (Ibid.)

« gémissant sous le joug de Guillaume¹. » En entendant ce message, le roi rit aux éclats : « Est-ce « qu'ils me prennent pour un Anglais, dit-il, avec « leurs songes? me croient-ils un de ces fous qui « abandonnent leur chemin ou leurs affaires, « parce qu'une vieille rêve ou éternue? Allons, « Gaultier de Poix, à cheval²! »

Henry, frère du roi, Guillaume de Breteuil et plusieurs autres chefs l'accompagnèrent à la forêt : les chasseurs se dispersèrent; mais Gaultier Tirel resta auprès de lui, et leurs chiens chassèrent ensemble³. Tous deux se tenaient à leur poste, vis-à-vis l'un de l'autre, la flèche sur l'arbalète et le doigt sur la détente⁴, lorsqu'un grand cerf, traqué par les batteurs, s'avança entre le roi et son ami. Guillaume tira; mais, la corde de son arbalète se brisant, la flèche ne partit pas, et le cerf, étonné du bruit, s'arrêta regar-

---

1. Domine Jesu Christe, Salvator generis humani, respice populum tuum... (Ord. Vital. , p. 781.)

2 Num prosequi me ritum autumat Anglorum, qui pro sternutatione vel somnio vetularum dimittunt iter suum, seu negotium? (Ibidem.)

3. (Ibidem.)

4. Cum arcu et sagittâ in manu exspectantes. (Henrici Knyghton, p. 2373.)

1100. dant de tous côtés ¹. Le roi fit signe à son compagnon de tirer; mais celui-ci n'en fit rien, soit qu'il ne vît pas le cerf, soit qu'il ne comprît pas les signes. Alors Guillaume impatienté cria tout haut: « Tire, Gaultier, tire donc, de par le diable ²! » Et au même instant une flèche, soit celle de Gaultier, soit une autre, vint le frapper dans la poitrine; il tomba sans prononcer un mot, et expira. Gaultier Tirel courut à lui; mais, le trouvant sans haleine, il remonta à cheval, galopa vers la côte, passa en Normandie, et de là sur les terres de France.

Au premier bruit de la mort du roi, tous ceux qui assistaient à la chasse quittèrent en hâte la forêt pour courir à leurs affaires. Son frère Henry se dirigea vers Winchester et vers le trésor royal ³, et le cadavre de Guillaume-le-Roux resta par terre, abandonné comme autrefois celui du conquérant. Des charbonniers, qui le trouvèrent traversé de la flèche, le mirent sur leur voiture, enveloppé de vieux linges, à travers lesquels le sang dégoutta sur toute la route ⁴. C'est ainsi que les

---

1. Sed fractâ cordâ, cervus de sonitu quasi attonitus restitit, circum circà respiciens... (Henrici Knyghton, p. 2373.)

2. Trahe, trahe arcum, ex parte diaboli. (Ibid.)

3. Henricus concito cursu ad arcem Guentoniæ, ubi thesaurus regalis continebatur, festinavit. (Ord. Vital., p. 782.)

4. Super bigam cujusdam carbonatoris. Math. Paris.,

restes du second roi normand s'acheminèrent vers le château de Winchester, où Henry était déja arrivé, et demandait impérieusement les clefs du trésor royal. Pendant que les gardiens hésitaient, Guillaume de Breteuil, parti de la forêt, arriva hors d'haleine pour s'opposer à cette demande [1] : « Toi et moi, dit-il à Henry, nous devons nous « souvenir loyalement de la foi que nous avons « promise au duc Robert, ton frère; il a reçu « notre serment d'hommage, absent comme pré-« sent, il y a droit [2]. » Une querelle violente s'engagea; Henry mit l'épée à la main, et bientôt, avec l'aide de la foule qui s'assemblait, il s'empara du trésor et des ornements royaux.

Il était vrai, en effet, qu'aux termes du traité de paix conclu entre Guillaume et le duc Robert, et juré par tous les chefs de race normande, la royauté d'Angleterre était dévolue au duc; mais il était alors absent pour un voyage à la Terre-Sainte, où il fut un des premiers à se rendre en armes, à l'invitation du pape Urbain II, qui venait de transformer les anciens pélerinages

page 54. — Cruore undatim per totam viam stillante. (Will. Malmesb., pag. 126.)

1. Guillelmus de Britolio anhelus advenit. (Ibid.)

2. Legaliter, inquit, reminisci fidei debemus quam Roberto duci germano tuo promisimus. (Will. Malmesb., p 126)

1100. en expéditions militaires. Les partisans de Robert, pris au dépourvu, et manquant de chefs, ne tinrent pas contre ceux de Henry. Ce dernier, maître du trésor, vint à Londres, où les principaux d'entre les Normands se réunirent; et, trois jours après la mort de son frère, il fut élu roi par eux, et couronné solennellement [1]. Les prélats le favorisèrent, parce qu'il les aimait beaucoup, eux et la littérature du temps; ce qui lui faisait donner en langue normande le surnom de *Clerc* ou de *Beau-Clerc* [2]. On dit même que les Saxons le préféraient à son compétiteur, parce qu'il était né et avait été élevé en Angleterre [3]. Il promit à son couronnement d'observer les bonnes lois du roi Edward; mais déclara qu'il voulait conserver, comme son père, la jouissance exclusive des forêts [4].

1100 à 1101. Pendant que ces choses se passaient en Angleterre, Robert, revenant de Palestine, s'était arrêté en Apulie, où il séjourna quelque temps auprès de ses compatriotes, seigneurs et rois de

---

1. Optimates qui propè fuerunt, ejus fratrem Heanrigum regem elegerunt. (Chron. saxon., Gibson, p. 208.)

2. Dictus clericus. (Jo. Brompton., p. 297.)

3. Plurimi lætati sunt quòd regem natum et nutritum in Angliâ habere meruissent. (Guill. Neubrigensis. p. 297.)

4. Jo. Brompton, pag. 998.

la Sicile et du pays de Naples, aux mêmes titres que d'autres Normands l'étaient du pays des Anglais; il y épousa la fille d'un certain Godefroy, comte de Brindes, par le droit de la lance et de l'épée. A la nouvelle de la mort d'un de ses frères et du couronnement de l'autre, il partit en grande hâte pour la Normandie; mais le voyage fut long, et le roi Henry eut le temps de bien prendre ses mesures. Il fit ce qu'avait fait peu auparavant son frère Guillaume, il tendit la main à ces pauvres Saxons, qu'on flattait au jour du péril, et que le lendemain on écrasait, assembla les principaux d'entre eux, et, probablement par interprète, leur tint le discours suivant :

« Mes amis et féaux, natifs de ce pays, où je
« suis né, vous savez que mon frère en veut à
« mon royaume. C'est un homme orgueilleux, et
« qui ne peut vivre en paix; il vous méprise ma-
« nifestement, vous traite de lâches et de glou-
« tons, et ne désire que vous fouler aux pieds [1].
« Mais moi, comme un roi doux et pacifique,
« je me propose de vous maintenir dans vos
« anciennes libertés, et de vous gouverner,
« d'après vos propres avis, avec modération et

---

[1] Amici et fideles mei indigenæ ac naturales.... vosque scienter quasi contemptibiles, quos desides vocat et glutones, conculcare desiderat.... (Math. Paris., pag. 42.)

« sagesse¹. J'en ferai, si vous le demandez, un
« écrit signé de ma main, et je le confirmerai
« par serment. Tenez donc ferme pour moi ;
« car si la bravoure des Anglais me seconde, je
« ne crains plus les folles menaces des Nor-
« mands ². »

L'écrit promis par le roi aux Anglais, ou, pour
parler le langage du siècle, sa charte royale fut
en effet dressée. On en fit autant de copies qu'il
y avait de comtés normands en Angleterre, et,
pour qu'elle parût plus solennelle, on y appli-
qua un sceau neuf, fabriqué pour cet usage ³.
Les exemplaires furent déposés dans la principale église de chaque province ; mais ils n'y
restèrent pas long-temps, tous furent enlevés
quand le roi se rétracta, et, selon l'expression
d'un ancien historien, faussa impudemment sa
parole⁴. Il n'en resta que trois copies qui par

1. Ego verò rex humilis et pacificus... et vestris incli-
nando consiliis, consultiùs et mitiùs gubernare. (Math. Paris., p. 42.)

2. Et super hæc (si provideretis) scripta subarata robo-
rare et juramentis confirmare. Si enim fortitudine Anglorum
roborer, inanes Normannorum minas nequaquàm censeo
formidandas. (Ibid.)

3. Et expedienter fabricato sigillo consignatæ sunt. (Anglia sacra, tom. II, pag. 274.)

4. Promissa impudenter violavit. (Math. Paris., p. 42.)

hasard échappèrent; une à Canterbury, une à York et l'autre à Saint-Alban.

La même politique qui fit faire à Henri sa démarche auprès des Anglais, lui en inspira une autre plus décisive; c'était de prendre pour épouse une femme de race anglo-saxonne. Il y avait alors en Angleterre une fille orpheline de Malcolm, roi des Écossais, et de Marguerite, sœur du roi Edgar; elle avait été élevée à l'abbaye de Rumsey, dans la province de Hants, sous la tutelle d'une autre sœur d'Edgar, appelée Christine, qui, après s'être réfugiée en Écosse, avec son frère, avait pris le voile de religieuse en l'année 1086 [1]. Comme fille de roi, plusieurs des capitaines normands avaient recherché en mariage la nièce d'Edgar: elle fut demandée au roi Guillaume-le-Roux par Alain le Breton, seigneur du château de Richemont, dans la province d'York; mais Alain mourut avant que le roi lui eût octroyé la jeune fille, suivant le droit qu'il avait, comme conquérant, de disposer des femmes anglaises [2]. Guillaume de Garenne, comte de Surrey, la désira ensuite; mais le mariage

1101
à
1102

---

1. Will. Malmesb., pag. 164. — Annales Waverleienses, p. 133.

2. Alanus enim rufus Britannorum comes eam in conjugem sibi a rege Rufo requisivit. (Ord. Vital., pag. 702.)

n'eut pas lieu, on ne sait par quel empêchement [1]. Ce fut elle que les prudents conseillers du roi Henri lui proposèrent comme épouse, afin de gagner, par ce moyen, l'appui de toute la race anglo-saxonne contre Robert et ses partisans.

De leur côté, beaucoup d'Anglais concevaient l'espoir frivole de voir revenir les anciens temps saxons, lorsque la descendante des rois saxons deviendrait la femme du Normand. Ceux qui avaient quelques liens de parenté ou d'affection avec la famille d'Edgar se rendirent auprès de la jeune fille, et la prièrent avec instance de ne point se refuser à ce mariage [2]. Elle en témoigna beaucoup de dégoût; mais les solliciteurs ne se rebutèrent point, et l'obsédèrent tellement, dit un ancien auteur, qu'elle se rendit à leurs désirs par lassitude et malgré elle [3]; car ils lui répétaient à satiété : « O la plus noble et la plus « gracieuse des femmes! si tu voulais, tu retire-« rais du néant l'antique honneur de l'Angle-« terre; tu serais un signe d'alliance, un gage de « réconciliation : mais si tu t'obstines dans ton re-

---

1. Ord. Vital., pag. 702.

2. Parentum et amicorum consiliis. (Math. Paris., p. 40.)

3. Ipsa verò invita nupsit ei, et tandem tædio affecta adquievit. (Ibid.)

« fus, l'inimitié sera éternelle entre les deux races, « et le sang humain ne cessera de couler ¹. »

1101 à 1102.

C'est peut-être après que la nièce d'Edgar eut accordé son consentement et engagé sa parole, que l'on changea son ancien nom d'Édith en celui de Matilde, moins proprement saxon, et par conséquent moins offensif pour les oreilles normandes ². Cette précaution d'ailleurs n'était pas la seule nécessaire, car il s'éleva parmi les Normands un grand parti contre le mariage : ce parti se composait des hommes qui, mal affectionnés pour le roi Henri, n'aimaient pas à le voir appuyé des secours de la population anglaise, ou qui, par simple passion de haine et d'orgueil national, trouvaient indigne qu'une femme saxonne devînt la reine des Normands. Leur malveillance suscita beaucoup d'obstacles imprévus ; ils prétendirent que Matilde, élevée depuis son enfance dans un monastère, avait été vouée à Dieu par ses parents : le bruit courut qu'on l'avait vue publiquement porter le voile, et ce bruit fit suspendre la célébration du

1. Instantes enim importunè dicebant : O mulierum generosissima et gratiosissima.... quòd si non feceris, causa eris perennis inimicitiæ gentium, et sanguinis humani effusionis irrestaurabilis. (Math. Paris., p. 40.)

2. Matildis quæ priùs dicta est Edith. (Orderic. Vital., pag. 702.)

mariage, à la grande joie de ceux qui y étaient contraires [1].

Il y avait alors à la place de Lanfranc, dans l'archevêché de Canterbury, un moine du Bec, nommé Anselme, dont les écrivains du temps rendent ce singulier témoignage, que les Anglais indigènes l'aimaient comme s'il eût été l'un d'entre eux [2]. Anselme était venu par hasard en Angleterre, sous le règne du premier Guillaume, dans le temps où Lanfranc, voulant détruire la réputation des saints de race anglaise, attaquait avec acharnement la sainteté de l'archevêque Elfeg, assassiné jadis par les Danois [3]. Tout préoccupé de son projet, le primat entretint le moine normand de l'histoire du Saxon Elfeg, et de ce qu'il appelait son prétendu martyre. « Pour moi, lui répondit Anselme, je crois « cet homme martyr et vraiment martyr; car il « aima mieux mourir que de faire tort à ses com-« patriotes. Il est mort pour la justice, comme « Jean pour la vérité, et tous deux pareillement « pour le Christ, qui est la vérité et la justice [4]. »

1. (Eadmeri historia novorum, p. 57.)

2. Pro mansuetudine suâ ab indigenis terræ, quasi unus eorum diligebatur. (Ibid., p. 112.)

3. Voyez livre V, pag. 34.

4. Martyr mihi videtur egregius qui mori maluit.... Sic

Devenu à son tour primat, sous Guillaume-le-Roux, Anselme persista dans l'esprit d'équité qui lui avait dicté cette réponse, et dans la bienveillance pour les Anglais. Il fut l'un des plus zélés partisans du mariage que souhaitaient ceux-ci ; mais quand il vint à apprendre les bruits qui se répandaient sur le compte de la nièce d'Edgar, il déclara que rien ne saurait le déterminer à enlever à Dieu celle qui était son épouse pour l'unir à un époux charnel[1]. Désirant pourtant s'assurer de la vérité, il interrogea Matilde, et elle nia qu'elle eût jamais été vouée à Dieu ; elle nia même qu'elle eût jamais porté le voile de son plein gré, et offrit d'en donner la preuve devant tous les prélats d'Angleterre. « Je dois confesser, « dit-elle, que quelquefois j'ai paru voilée ; mais « en voici la raison : dans ma première jeunesse, « quand j'étais sous la tutelle de Christine, ma « tante, pour me garantir, à ce qu'elle disait, « contre le libertinage effréné des Normands, qui « menaçaient la pudeur de toutes les femmes, « elle avait coutume de placer sur ma tête un « morceau d'étoffe noire, et quand je refusais de « m'en couvrir, elle me traitait fort durement.

1101 à 1102.

ergò Johannes pro veritate, sic et Elphegus pro justitiâ....
(Anglia sacra, tom. II, p. 162.)

1. Eadmeri hist. novorum, p 57.

« En sa présence, je portais ce morceau d'étoffe;
« mais, dès qu'elle s'était éloignée, je le jetais
à terre, et le foulais sous mes pieds avec une
« colère d'enfant [1]. »

Anselme ne voulut point prononcer seul sur cette grande difficulté, et convoqua une assemblée d'évêques, d'abbés, de religieux et de chefs laïcs dans la cité de Rochester. Des témoins, cités devant ce conseil, confirmèrent la vérité des paroles de la jeune fille. Deux archidiacres normands, Guillaume et Humbault, furent envoyés vers le couvent où Mathilde avait été élevée, et déposèrent que la voix publique, ainsi que le témoignage des sœurs, était d'accord avec sa déclaration [2]. Au moment où l'assemblée allait délibérer, l'archevêque Anselme se retira pour n'être point suspect d'exercer la moindre influence; et, quand il revint, celui qui portait la parole, au nom de tous, énonça en ces termes la décision commune : « Nous pensons que la jeune fille est
« libre, et peut disposer de son corps, nous au-
« torisant du jugement rendu dans une sem-

---

1. Cùm adolescentula essem et sub amitæ meæ Christianæ virgâ paverem, illa servandi corporis mei causâ, contra furentem et cujusque pudori insidiantem Normannorum libidinem, nigrum panniculum capiti meo superponere solebat. (Eadmeri hist. novorum, p. 57.)

2. Ibid., p 57 et seq.

« blable cause, par le vénérable Lanfranc, au 1102.
« temps où les femmes saxonnes, réfugiées dans
« les monastères par crainte des soldats du grand
« Guillaume, réclamèrent leur liberté [1]. »

L'archevêque Anselme répondit qu'il adhérait pleinement à cette décision, et peu de jours après, il célébra le mariage du roi normand et de la nièce du dernier roi de race anglaise; mais avant de prononcer la bénédiction nuptiale, voulant dissiper tous les soupçons et désarmer la malveillance, il monta sur une estrade devant la porte de l'église, et exposa au peuple assemblé tout le débat et la décision des évêques. Ces faits sont racontés par un témoin oculaire, par Edmer, Anglais de naissance, et moine de Canterbury.

Toutes ces précautions ne purent vaincre ce que l'historien Edmer appelle la malice de cœur de certains hommes [2], c'est-à-dire la répugnance de beaucoup de Normands contre la mésalliance de leur roi. Ils accablèrent de railleries ce roi et son épouse, les appelant tous deux Godric et Godive, et employant ces noms saxons comme des sobriquets de dérision [3] : « Henri le savait
« et l'entendait, dit l'un des anciens chroni-

1102
à
1103.

1. Voyez livre V, pag. 75.
2. Eadmeri hist. novorum, p. 57 et seq.
3. Omnes ferè Normanni palàm contumeliis dominum

« queurs, mais il affectait d'en rire aux éclats, « cachant adroitement son dépit [1]. » Aussitôt que le duc Robert eut débarqué en Normandie, l'irritation des mécontents contre le roi Henri prit un caractère plus grave; beaucoup de chefs anglo-normands passèrent le détroit pour se joindre à la cause du frère dépossédé, ou lui envoyèrent des messages. Ils l'invitaient à presser son débarquement en Angleterre, promettant de lui faire recouvrer le titre qui lui appartenait en vertu du pacte conclu autrefois avec Guillaume-le-Roux [2]. Robert débarqua, et son armée se grossit, en effet, d'un grand nombre de seigneurs et de riches laïcs; mais les évêques, les simples soldats et les Anglais de naissance demeurèrent dans le parti du roi [3]. Les derniers surtout, suivant leur vieil instinct de haine nationale, désiraient ardemment que les deux factions en vinssent aux mains. Il n'y eut point de combat au dé-

inurere, *Godricum* eum et *Godivam* comparem appellantes. (Will. Malmesb., p. 156.) — Vocantes eum Godrich Godefadyr. Henrici Knygton, p. 2375.

1. Audiebat hæc ille et formidabiles cachinnos, iram differens, ejiciebat. (Will. Malmesb., p. 156.)

2. Regnum illi promitentes. (Florent Wigorn., p. 650.)

3. Episcopi, milites gregarii, et Angli. (Ibid.)

barquement, parce que Robert aborda sur la côte de Hants, pendant que son frère Henri l'attendait sur celle de Sussex. Il fallait quelques jours aux deux armées pour arriver à la rencontre l'une de l'autre, et les moins fougueux, parmi les Normands des deux partis, profitant de l'intervalle, s'entremirent et apaisèrent cette querelle de parents et de compatriotes [1]. Il fut décidé que Robert renoncerait encore une fois à ses prétentions sur le royaume pour une pension annuelle de deux mille livres d'argent, et que les confiscations faites par le roi sur les amis du duc, et par le duc sur les amis du roi, seraient gratuitement restituées [2].

Ce traité priva les Anglais de l'occasion de satisfaire impunément leur aversion contre la race de leurs vainqueurs, et de tuer des Normands à l'abri d'une bannière normande. Mais peu de temps après, cette occasion s'offrit de nouveau et fut avidement saisie. Robert de Belesme, l'un des comtes les plus puissants en Normandie et en Angleterre, fut cité à l'assemblée générale tenue dans le palais du roi pour répondre sur quarante-cinq chefs d'ac-

1102 à 1103.

1103.

---

1. Verùm sapientiores utriusque partis, habito salubriter inter se consilio... (Florent Wigorn., p. 650.)

2. Ibid.

cusation [1]. Robert comparut, et demanda, suivant l'usage, la faculté d'aller librement prendre conseil avec ses amis sur ses moyens de défense [2]; mais une fois hors de l'assemblée, il monta vîte à cheval et gagna l'un de ses châteaux-forts. Le roi et les seigneurs, qui attendirent vainement sa réponse, le déclarèrent ennemi public, à moins qu'il ne revînt se présenter à la prochaine cour [3]; mais Robert de Belesme, se préparant à la guerre, garnit de munitions et d'armes ses châteaux d'Arundel et de Tickehill, ainsi que la citadelle de Shrewsbury qu'il avait en garde. Il fortifia de même Bridgenorth, sur la frontière du pays de Galles [4]; et c'est vers ce dernier point que l'armée royale se mit en marche contre lui.

Il y avait trois semaines que le roi Henri assiégeait Bridgenorth, quand les comtes et les barons normands entreprirent de faire cesser la guerre, et de réconcilier Robert de Belesme avec le roi. « Car ils pensaient, dit un vieil his-
« torien, que la victoire du roi sur le comte Ro-
« bert lui donnerait le moyen de les contraindre

---

1. XLV reatus in dictis seu factis. (Ord. Vital., p. 806.)
2. Licentiam, ut moris est, eundi ad consilium cum suis. (Ord. Vital., p. 806.)
3. Nisi ad judicium rectitudinem facturus remearet. (Ibid.)
4. Ibid.

« tous à plier sous sa volonté¹. » Ils vinrent en grand nombre trouver Henri, et lui demandèrent une conférence, ou, comme on s'exprimait alors en langue française, un *parlement* pour traiter de la paix. L'assemblée se tint dans une plaine auprès du camp royal². Il y avait sur le côteau voisin un corps de trois mille Anglais qui, sachant ce dont il était question dans la conférence des chefs normands, s'agitaient beaucoup et criaient³ : « O roi Henri, ne les crois « pas, ils veulent te tendre un piége; nous som- « mes là; nous t'assisterons, et livrerons l'as- « saut pour toi; ne fais point de paix avec le « traître que tu ne le tiennes vif ou mort⁴. » Cette fois les Normands ne réussirent pas dans leur tentative de conciliation ; le siége de Bridgenorth fut poussé vivement, et la forteresse prise; celle de Shrewsbury le fut ensuite, et Robert de Belesme, réduit à capituler, fut déshérité et banni⁵.

1. Si rex magnificum comitem subegerit, omnes nos ut imbelles ancillas modò conculcabit. (Ord. Vital., p. 807.)
2. In medio campo colloquium de pace fecerunt. (Ibid., p. 807.)
3. Ad regem vociferando clamabant. (Ibid.)
4. Domine mi rex, noli proditoribus istis credere... (Ibid., p. 807.)
5. Ibid.

1103. La vanité des Anglais de race enrôlés sous la bannière royale, pouvait être flattée de leurs succès militaires contre les Normands insurgés, mais la nation entière n'en retirait aucun soulagement; et si elle se vengeait de quelques-uns de ses ennemis, c'était au profit d'un autre ennemi; quoique le roi eût épousé une femme saxonne, et malgré le sobriquet saxon que lui donnaient les chefs normands, il était Normand dans le cœur. Son ministre favori, le comte de Meulant, se faisait remarquer entre tous les autres dignitaires étrangers, par sa haine contre les indigènes [1]. Il est vrai que la voix populaire surnommait Matilde *la bonne reine* [2] : elle conseillait, disait-on, au roi d'aimer le peuple, mais les faits ne révèlent aucune trace de ses conseils ni de son influence [3]. Voici comment la chronique saxonne du monastère de Peterborough prélude au récit des évènements qui suivirent le mariage si désiré de Henri et de la nièce d'Edgar : « Ce n'est pas chose facile que « de raconter toutes les misères dont le pays

1. Præfatus comes nec Anglos diligere.... (Eadmeri hist. novorum, p. 94.)

2. Mold the god queen. (Rob. of Glocest., p. 423.)

3. Mold the god queen gaf him in conseile to luf his folc.... (Rob. of Brunne's chr., p. 98.)

« fut affligé cette année par les tributs injustes 1103.
« et sans cesse renouvelés. Partout où voyagea
« le roi, les gens de sa suite vexèrent le pauvre
« peuple, et commirent en plusieurs lieux des
« incendies et des meurtres.... ¹. » Chaque année
qui succède à l'autre dans la série chronologique est marquée par la répétition des mêmes
plaintes énoncées à peu près dans des termes
semblables, et cette monotonie donne une couleur plus sombre au récit... « L'année 1105 fut 1105.
« grandement malheureuse à cause de la perte
« des récoltes et des tributs dont la levée ne
« cessa point ². L'année 1110 fut pleine de mi-
« sère à cause de la mauvaise saison, et des im-
« pôts que le roi exigea pour la dot de sa fille ³.... »
Cette fille, nommée Mathilde, comme sa mère,
et qui avait alors cinq ans, fut mariée à Henri,
cinquième du nom, roi des Allemands, que la
diplomatie du siècle appelait César et empereur.

1. Haud facilè explicari possunt hujus terræ miseriæ. ... quàcumque rex ivit, familia ejus populum infelicem oppressit; subindè incendia et homicidia exercebant. (Chron. saxon., Gibson, p. 212.)

2. Hic annus fuit valdè calamitosus. (Ibid., p. 213.)

3. Propter tributa quæ rex erogavit, in filiæ dotem. (Ibid., p. 216.)

1105. « Tout cela, dit la chronique saxonne, coûta « cher à la nation anglaise [1]. »

1106. Ce qui lui coûta cher encore, ce fut une invasion que le roi Henri entreprit contre son frère, le duc de Normandie. Personnellement, Henri n'avait aucun motif pour rompre le premier la paix qui existait entre Robert et lui, depuis que Robert avait renoncé à toute prétention sur le royaume d'Angleterre. Il y avait peu de temps que le duc était venu visiter son frère comme un ami de cœur, et même, en retour de l'hospitalité qu'il reçut alors, il avait fait don à sa belle-sœur Mathilde, des mille livres de pension que le roi devait lui payer aux termes de leur traité de paix [2]. Cet acte de courtoisie n'était pas le seul bon office que Henri eût éprouvé de la part de son frère aîné, l'homme le plus généreux de cette famille, et le seul qui ne devint pas roi. Anciennement, lorsque Henri était encore sans terres et mécontent de sa condition, il avait essayé de s'emparer du mont Saint-Michel en Normandie [3]; Robert et Guillaume-le-Roux l'y assiégèrent, et le serrant de

---

1. Totum hoc carè constitit Anglorum genti. (Ibid., p. 220.)

2. Reginæ indulsit. (Ord. Vital., p. 805.)

3. Infrendens quòd nil sibi de terris impertiebatur. (Anglia sacra, tom. I, p. 263.)

près, le réduisirent à manquer d'eau. L'assiégé 1106. fit prier ses frères de ne pas lui dénier la libre jouissance de ce qui est commun à tous les hommes; et Robert, sensible à cette plainte, ordonna à ses soldats de laisser ceux de Henri se pourvoir d'eau. Mais alors Guillaume-le-Roux s'emporta contre Robert : « Vous faites preuve « d'habileté en fait de guerre, lui dit-il, vous qui « fournissez à boire à l'ennemi; il ne manque plus « que de lui donner aussi des vivres [1]. — Quoi! « répliqua vivement le duc, devais-je laisser « notre frère périr de soif? et quel autre frère « aurions-nous, si nous le perdions [2]? »

Le souvenir de ce service et de cette affection fraternelle s'évanouit du cœur de Henri, aussitôt qu'il fut roi. Il chercha de toute façon à nuire à Robert, et à profiter même contre lui de son caractère généreux et facile jusqu'à l'imprudence. Cette disposition d'esprit rendait le duc de Normandie peu habile à gouverner ses affaires. Beaucoup d'abus s'introduisaient dans son duché, il y avait une foule de mécontents, et la légèreté naturelle à Robert l'empêchait de les apercevoir, ou sa douceur de les punir. Le roi Henri

---

1. Benè scis actitare guerram, qui hostibus præbes aquæ copiam. (Will. Malmesb., p. 121.)

2. Et quem alium habebimus, si eum amiserimus? (Ibid.)

1106. se prévalut avec art de ces circonstances pour s'entremettre dans les querelles des Normands avec leur duc, d'abord sous le personnage de conciliateur; puis, quand les discordes recommencèrent, il leva le masque, et se déclara protecteur de la Normandie contre le mauvais gouvernement de son frère [1]. Il somma Robert de lui céder la province en échange d'une somme d'argent. « Tu as le titre de chef, lui mandait-« il dans son message, mais tu ne l'es plus réel-« lement, car ceux qui doivent t'obéir se mo-« quent de toi [2]. » Le duc, indigné de cette proposition, refusa d'y accéder, et alors Henri se mit à poursuivre à main armée la ruine de son frère [3].

Près de partir pour la Normandie, il ordonna en Angleterre une grande levée d'argent pour les frais de cette expédition; et ses collecteurs de taxes usèrent de la plus cruelle violence envers les bourgeois et les paysans saxons [4]. Ils chassaient

---

1. (Ord. Vital., p. 820.)

2. Dux quidem, nomine tenùs vocaris, sed a clientibus tuis palàm subsannaris. (Ibidem.)

3. (Orderic. Vital., p. 820.)

4. Nullus in collectoribus pietatis aut misericordiæ respectus fuit, sed crudelis exactio super omnes desæviit. (Eadmeri hist. novorum, p. 83)

de leurs pauvres masures ceux qui n'avaient 1106.
rien à donner ; ils en enlevaient les portes et
les fenêtres, et prenaient jusqu'aux derniers
meubles[1]. Contre ceux qui paraissaient posséder quelque chose, on intentait des accusations imaginaires; ils n'osaient se présenter en
justice, et l'on confisquait tous leurs biens[2].
« Beaucoup de personnes, dit un contempo-
« rain, ne trouveraient rien de nouveau dans
« ces griefs, sachant qu'ils existèrent durant tout
« le règne de Guillaume, frère du roi actuel,
« pour ne pas parler de ce qui se passa du temps
« de leur père. Mais, de nos jours, il y avait
« un motif pour que ces vexations, déja an-
« ciennes, fussent encore plus dures et plus in-
« supportables qu'autrefois; c'est qu'elles s'adres-
« saient à un peuple dépouillé de tout, entière-
« ment ruiné, et contre lequel on s'irritait de
« ce qu'il n'avait plus rien à perdre[3]. »

Un autre écrivain de l'époque raconte que
des troupes de laboureurs, venaient au palais
du roi ou sur son passage, et jetaient devant lui

1. Aut a suis domunculis pelli, aut avulsis exportatisque
ostiis domorum.... (Ibid.)

2. Nova et excogitata forisfacta objiciebantur.... aliis atque aliis miserabilibus modis affligi et cruciari. (Ibid)

3. Ibid.

1106. leurs socs de charrue, en signe de détresse et comme pour déclarer qu'ils renonçaient à cultiver leur terre natale[1]. Le roi partit pour la Normandie, vainquit le duc Robert, et le fit prisonnier avec ses amis les plus fidèles, dans une bataille livrée près du château de Tinchebray, à trois lieues de Mortain. Un incident remarquable de cette victoire, c'est que le roi saxon Edgar se trouva parmi les prisonniers[2]. Après avoir renoncé à ses anciennes espérances pour son pays et pour lui-même, il était venu s'établir en Normandie, auprès du duc Robert, avec lequel il se lia d'affection, et qu'il accompagna même à la guerre de la croisade[3]; il fut ramené en Angleterre, et le roi qui avait épousé sa nièce, lui accorda une pension modique, de laquelle il vécut jusqu'à ses derniers jours au fond d'une campagne, dans l'isolement et l'obscurité[4].

---

1. Quærula multitudo colonorum prætereunti regi frequenter occursabat, oblatis vomeribus, in signum deficientis agriculturæ. (Dialog. de Scaccario, in notis ad Eadmerum, pag. 210.)

2. (Chron. saxon., Gibson, p. 214.)

3. Ducem quasi collactaneum fratrem diligebat. (Ord. Vital., p. 778.)

4. Pedetentim pro ignaviâ contemptui haberi cœpit,

Le duc Robert éprouva de la part de son frère un traitement plus rigoureux ; il fut enfermé dans le donjon de Cardiff, bâti sur la côte méridionale du pays de Galles, vis-à-vis de celle de Glocester, dans un lieu récemment conquis sur les Gallois par les Normands. Robert, séparé de l'Angleterre par le cours de la Saverne, jouit d'abord d'une sorte de liberté; il pouvait visiter la campagne et les forêts voisines; mais, un jour, il tenta de s'évader, et saisit un cheval : on le poursuivit, on le ramena en prison, et, d'après l'ordre de son frère, on lui creva les yeux. Robert mourut après une captivité de vingt-sept ans, durant laquelle il montra une fierté digne d'un meilleur sort. Un jour qu'on lui apportait des vêtements neufs, de la part du roi Henri, en les touchant pour les examiner, il s'aperçut que l'un d'eux était percé ou décousu : on lui dit que le roi l'avait essayé et l'avait trouvé trop étroit [1]. Alors le prisonnier jeta les habits loin de lui, et s'écria en colère : « Voilà donc que mon frère, « ou plutôt mon traître, ce lâche clerc qui m'a

1106 à 1107.

nunc remotus et tacitus canos suos in agro consumit. (Will. Malmesb., pag. 103.)

[1]. Math. Paris., pag. 50.

1107. « déshérité et privé de la vue, me tient à cette
« heure pour si méprisable, moi qui eus tant
« d'honneur et de renom; qu'il me fait l'au-
« mône de ses vieux habits, comme à un va-
« let! [1] »

1107
à
1127.
Robert avait un fils encore en bas âge, nommé
Guillaume, dont le roi Henri tâcha de s'emparer, mais qui fut sauvé et conduit sur les terres
de France par le zèle d'un ami de son père [2]. Le
roi des Français, appelé Louis (nom dans lequel
la langue romane avait défiguré et adouci le
vieux nom frank Lot-wig), adopta le jeune Guillaume, et l'éleva dans son hôtel; il lui donna
chevaux et harnais, suivant la coutume du siècle,
et, feignant de s'intéresser à sa cause, se servit
de lui pour causer de l'inquiétude au duc-roi
son voisin, dont la puissance lui faisait ombrage.
Au nom du fils de Robert, le roi de France forma
une ligue, dans laquelle entrèrent les Flamands
et les Angevins. Henri fut attaqué sur tous les
points de sa frontière de Normandie; il perdit
des villes et des châteaux, et, en même temps,
les amis du duc Robert conspirèrent contre sa

1. Eu frater meus, immò proditor meus, et supplantator,
et ignavus clericus, qui me incarceravit, et incarceratum ex-
cæcavit.... (Math. Paris., p. 50.)

2 (Ord. Vital., p. 838.)

vie ¹. Durant plusieurs années, il ne dormit ja- 1107.
mais sans avoir au chevet de son lit une épée
et un bouclier ². Mais, quelque formidable que
fût la confédération de ses ennemis extérieurs
et intérieurs, elle ne prévalut point contre la
puissance qu'il tirait de la Normandie, unie à
l'Angleterre.

Le jeune fils de Robert continua de vivre aux
gages du roi de France, comme son vassal, et
à suivre ce roi dans ses guerres. Ils allèrent
ensemble en Flandres, après une sédition, où
avait péri le duc des Flamands, Karl ou Charles,
fils de Knut, roi des Danois, tué aussi dans
une sédition ³. Le roi des Français entra en Flandres avec l'aveu du pays, pour pousuivre les
meurtriers du dernier duc; mais ensuite, sans
cet aveu, en vertu de son droit de suzeraineté
féodale (droit fort sujet à litige), il mit à la
place du duc mort le jeune Guillaume, fils de
Robert, qu'il avait à cœur de rendre puissant
pour l'opposer au roi Henri ⁴. Il y eut peu de

1. Ord. Vital., pag. 838 et suiv. — Sugerii vita Ludovici Grossi apud script. rer. francic., tom. XII, p. 44.

2. Ante se dormientem scutum et gladium omni nocte constitui imperabat. (Ibid.)

3. Johan. Iperii chron. apud script. rer. francic., t. XIII, pag. 460. — Voyez livre VI, pag. 154.

4. Ibidem, pag. 446

1107. résistance contre cet acte impopulaire, tant que le roi de France et ses soldats demeurèrent en Flandres; mais, après leur départ, une révolte universelle éclata contre le nouveau gouverneur, créature des étrangers [1]. La guerre commença avec des chances diverses entre le peuple et le fils de Robert. Les insurgés Flamands appelèrent à leur tête un chef Alsacien, nommé Dietrik ou Thiedrik, issu comme eux de race teutonique, et parent de leurs anciens chefs [2]. Ce candidat populaire attaqua l'élu du roi de France, qui fut blessé dans un siége, et mourut peu de temps après. Thiedrik d'Alsace lui succéda, et le roi Louis se vit obligé, malgré ses prétentions hautaines, de reconnaître comme duc légitime des Flamands, celui qu'eux-mêmes avaient choisi [3].

Au moment d'aller sur le continent, soutenir la longue guerre que son neveu et le roi de France lui suscitèrent, Henri avait fait en Angleterre, du conseil de ses évêques et de ses ba-

[1]. Fuit terræ et regno gravis quare plures de Flandriâ, tædio.... (Joh. Iperii chron., pag. 467.)

[2]. Theodericum de Holsate. (Ibid.)

[3]. Quem verum Flandriæ hæredem rex declarans, eum ad Flandriæ hommagium recepit et approbavit. (Ibid., pag. 487.)

rons, une grande promotion d'abbés et de prélats. 1107. Selon la chronique saxonne contemporaine, il n'y eut jamais autant d'abbayes données en une seule fois que dans la quarante-unième année du règne des *gens de France* en Angleterre ¹. » Dans ce siècle, où les communications journalières avec les hommes d'église tenaient une si grande place dans la vie, un pareil événement, quoiqu'à nos yeux peu mémorable, n'était point indifférent à la destinée de la population anglaise, hors des cloîtres, comme dans les cloîtres. « Parmi tous ces nouveaux pasteurs,
« dit le contemporain Edmer, la plupart furent
« plutôt loups que pasteurs ². Que telle n'ait pas
« été l'intention du roi, il faut le croire ; et
« pourtant cela serait plus croyable, s'il en eût
« pris au moins quelques-uns parmi les indigènes
« du pays ³. Mais si vous étiez Anglais, aucun
« degré de vertu ou de mérite ne pouvait vous
« mener au moindre emploi ; tandis que l'étran-

1. Primo et XL° anno ex quo Franci (the Francan) hanc terram gubernarunt. (Chron. saxon., Gibson, p. 216.)

2. Lupi magis quam pastores effecti sunt. (Eadm. hist., pag. 110.)

3. Quod tamen credibiliùs videretur, si aliquos saltem ex indigenis, terræ non usquequàque Anglos perosus.... (Ibid.)

« ger de naissance était jugé digne de tout : nous « vivons dans de mauvais jours [1]. »

Parmi les nouveaux abbés qu'institua le roi Henri, en l'année 1107, la chronique contemporaine nomme un certain Henri de Poitou qui passa en Angleterre, parce que c'était un pays où les prêtres faisaient fortune plus promptement qu'ailleurs, et vivaient avec moins de gêne. Ce clerc poitevin obtint du roi l'abbaye de Peterborough, « et il s'y comporta, dit la chro« nique, comme le frelon dans la ruche, enle« vant tout ce qu'il trouvait à prendre dans le « couvent et hors du couvent, soit aux clercs, « soit aux laïcs, et faisant tout passer dans son « pays [2] ». Il était moine de Cluny, et avait promis au supérieur de cet ordre, par serment sur la vraie croix, de lui procurer la propriété entière de l'abbaye de Peterborough, avec tous ses biens, en terres et en meubles [3]. Au moment où le chroniqueur saxon écrivait ce récit,

---

1. Unum eos, natio scilicet, dirimebat. Si Anglus erat, nulla virtus eum poterat adjuvare; si alienigena.... honore præcipuo illicò dignus videbatur. Dies enim mali sunt. (Eadmeri hist., p. 110.)

2. Tanquàm fucus in alveario. (Chron. saxon., Gibson, pag. 231.)

3 (Ibid.)

l'abbé avait fait au roi sa demande, et l'on n'attendait plus que la décision royale. « Que Dieu « ait pitié, s'écrie le Saxon, des malheureux « moines de Peterborough et de cette malheu-« reuse maison! C'est bien aujourd'hui qu'ils ont « besoin de l'assistance du Christ et de tout le « peuple chrétien [1]... »

1107.

Ces souffrances auxquelles il faut compatir, puisqu'elles furent éprouvées par des hommes, et que le gouvernement de l'étranger les rendait communes aux laïcs et aux clercs, en fatiguant chaque jour l'esprit des Anglais, paraissent avoir augmenté en eux les dispositions superstitieuses de leur nation et de leur siècle. Il semble qu'ils trouvaient quelque consolation à s'imaginer que Dieu révélait, par des signes effrayants, sa colère contre leurs oppresseurs. La chronique saxonne affirme que, dans le temps où l'abbé Henri le Poitevin fit son entrée à Peterborough, il apparut, la nuit, dans les forêts situées entre le couvent et la ville de Stamford, des chasseurs noirs, grands et difformes, menant des chiens noirs aux yeux hagards, montés sur des coursiers noirs, et poursuivant des biches noires : « Des gens dignes de foi les ont vus, dit le nar-« rateur, et durant quarante nuits consécutives,

1107 à 1112.

---

1 Chron. saxon., Gibson, p. 236.)

« on entendit le son de leurs cors[1]. » A Lincoln, sur le tombeau de l'évêque normand Robert Bluet, homme fameux par ses débauches, des fantômes se montrèrent aussi durant plusieurs nuits [2]. On racontait des visions horribles qui, selon le bruit public, apparaissaient au roi Henri dans son sommeil, et le troublaient tellement que, trois fois de suite dans la même nuit, il s'était élancé hors du lit et avait saisi son épée [3]. C'est vers le même temps que se renouvelèrent les prétendus miracles du tombeau de Waltheof[4]; ceux du roi Edwar, dont la sainteté n'était point contestée par les Normands, à cause de sa parenté avec Guillaume le conquérant, occupaient aussi l'imagination des Anglais [5]. Mais ces vains récits du foyer, ces regrets superstitieux des hommes et des jours d'autrefois, ne donnaient

---

1. Chron. saxon., Gibson, p. 232.)

2. Robertus Bluet vir libidinosus.... loci custodes nocturnis umbris exagitatos. (Henric. Knyghton, p. 2364.)

3. Exsiliit rex de stratu suo, gladium arripiens. (Ibid., p. 2384.)

4. Eisdem diebus miranda valdè magnalia ad tumulum sancti Waldevi martyris. (Ingulfs. croyl., p. 116.)

5. Cujus cognatione et consanguinitate, rex noster Willelmus fundat conscientiam regnum Angliæ invadendi. (Ibid., p. 911.)

au peuple ni soulagement pour le présent, ni espérance pour l'avenir.

Le fils du roi Henri et de Mathilde ne tenait rien de sa mère dans ses dispositions envers les Anglais. On l'entendait dire publiquement que si jamais il venait à régner sur ces misérables Saxons, il leur ferait tirer la charrue comme à des bœufs [1]. A l'âge où ce fils, nommé Guillaume, reçut en cérémonie ses premières armes, tous les chefs normands l'agréèrent pour successeur du roi, et lui jurèrent d'avance fidélité. Quelque temps après, il fut marié à la fille de Foulques, comte d'Anjou. Cette union détacha les Angevins de la confédération, formée par le roi de France, qui lui-même renonça bientôt à la guerre, à condition que Guillaume, fils de Henri, se reconnaîtrait son vassal pour la Normandie, et lui en ferait hommage, comme l'avait promis à perpétuité, dit un historien de l'époque, Rolf ou Rou, premier duc des Normands [2]. La paix se trouvant

---

1. Palàm comminatus fuerat Anglis quòd si quandò acciperet dominatum super eos, eos quasi boves ad aratrum trahere faceret. (Henric. Knyghton, p. 2382.) — Jo. Brompton, p. 1013. — Ypodigma Neustriæ, p. 444.)

2. Sicut Rollo primus, Normanniæ dux, jure perpetuo promiserat. (Script. rer. franc., tom. XIV, p. 16.)

ainsi complètement rétablie, dans l'année 1120, au commencement de l'hiver, le roi Henri, son fils légitime Guillaume, plusieurs de ses enfants naturels et les seigneurs normands d'Angleterre se disposèrent à repasser le détroit [1].

La flotte fut rassemblée au mois de décembre dans le port de Barfleur. Au moment du départ, un certain Thomas, fils d'Étienne, vint trouver le roi, et lui offrant un marc d'or, lui parla ainsi : « Etienne, fils d'Érard, mon père, a servi toute « sa vie le tien sur mer, et c'est lui qui conduisait « le vaisseau sur lequel ton père monta pour « aller à la conquête; seigneur roi, je te supplie « de me baillier en fief le même office : j'ai un « navire appelé la *Blanche-nef*, et appareillé « comme il faut [2]. » Le roi répondit qu'il avait choisi le navire sur lequel il voulait passer, mais que pour faire droit à la requête du fils d'Étienne, il confierait à sa conduite ses deux fils, sa fille et tout leur cortége. Le vaisseau qui devait porter le roi mit le premier à la voile par un vent du sud, au moment où le jour baissait, et le lendemain matin il aborda

1. (Ord. Vital., p. 867.)

2. Eique marcam auri offerens ait.... hoc feudum, domine rex, a te requiro, et vas quod *candida navis* appellatur. (Ibid., 868.)

heureusement en Angleterre [1]; un peu plus tard sur le soir, partit l'autre navire; les matelots qui le conduisaient avaient demandé du vin au départ, et les jeunes passagers leur en avaient fait distribuer avec profusion [2]. Le vaisseau était manœuvré par cinquante rameurs habiles; Thomas, fils d'Étienne, tenait le gouvernail, et ils naviguaient rapidement par un beau clair de lune, longeant la côte voisine de Barfleur [3]. Les matelots, animés par le vin, faisaient force de rames pour atteindre le vaisseau du roi. Trop occupés de ce désir, ils s'engagèrent imprudemment parmi des rochers à fleur d'eau dans un lieu alors appelé le *Ras de Catte*, aujourd'hui Ras de Catteville [4]. La *Blanche-nef* donna contre un écueil de toute la vitesse de sa course et s'entr'ouvrit par le flanc gauche: l'équipage poussa un cri de détresse qui fut entendu sur les vaisseaux du roi déja en pleine mer;

1. Ibid.

2. Ad bibendum postulaverunt. (Ord. Vital., p 868.)

3. Periti enim remiges quinquaginta ibi erant. (Ibid.)

4. In quodam loco maris periculosissimo qui ab incolis *Cata Ras* dicitur (al. *catte raz*). (Guill. Gemet. hist. norman., pag. 257.)

1120. mais personne n'en soupçonna la cause [1]. L'eau entrait en abondance, le navire fut bientôt englouti avec tous les passagers, au nombre de trois cents personnes, parmi lesquelles il y avait dix-huit femmes [2]. Deux hommes seulement se retinrent à la grande vergue qui resta flottante sur l'eau ; c'était un boucher de Rouen, nommé Berauld, et un jeune homme de naissance plus relevée, appelé Godefroi, fils de Gilbert de l'Aigle [3].

Thomas, le patron de la *Blanche-nef*, après avoir plongé une fois, revint à la surface de l'eau ; apercevant les têtes des deux hommes qui tenaient la vergue : « Et le fils du roi, leur dit-il, « qu'est-il arrivé de lui [4] ? — Il n'a point reparu, « ni lui, ni son frère, ni sa sœur, ni personne « de leur compagnie. — Malheur à moi, s'é- « cria le fils d'Étienne ; » et il replongea volontairement [5]. Cette nuit de décembre fut extrêmement froide, et le plus délicat des deux

---

1. Omnes in tanto discrimine simul exclamaverunt. (Ord. Vital., p. 868.)

2. Ibid., p. 868. — Will. Malmesb., p. 165.

3. Duo soli virgæ quà velum pendebat manus injecerunt... (Ord. Vital., p. 898.)

4. Filius regis quid devenit? (Ibid., p. 868.)

5. Miserum, inquit, est amodò meum vivere... (Ibid.)

hommes qui survivaient, perdant ses forces, 1120
lâcha le bois qui le soutenait et descendit au
fond de la mer, en recommandant à Dieu son
compagnon[1]. Bérauld, le plus pauvre de tous
les naufragés, dans son juste-au-corps de peau
de mouton, se soutint à la surface de l'eau; il
fut le seul qui vit revenir le jour; des pêcheurs
le recueillirent dans leurs barques; il survécut,
et c'est de lui qu'on apprit les détails de l'événement [2].

Les historiens, Anglais de race, qui rapportent
cette catastrophe douloureuse pour leurs maîtres,
paraissent compatir extrêmement peu aux malheurs des familles normandes. Ils nomment ce
malheur une vengeance divine, un jugement de
Dieu; et se plaisent à trouver quelque chose de
surnaturel dans ce naufrage arrivé par un temps
serein sur une mer tranquille [3]. Ils rappellent
le mot du jeune Guillaume et ses desseins sur
la nation anglaise. « L'orgueilleux, s'écrie un

[1]. Vires amisit, sociumque suum Deo commendans, in pontum lapsus obiit. (Ord. Vital., p. 868.)

[2]. Beraldus autem, qui pauperior erat omnibus, renone amictus ex arietinis pellibus, de tanto solus consortio diem vidit. (Ibid.)

[3]. Manifestum Dei judicium.... mare tranquillo perierunt. (Gervas Cantuariens., p. 1339.) — Enormiter in mari tranquillissimo. (Jo. Brompton, p. 240.)

« contemporain, il pensait à son règne futur; mais
« Dieu a dit, il n'en sera pas ainsi, impie, il n'en
« sera pas ainsi; et il est arrivé que son front,
« au lieu d'être ceint de la couronne d'or,
« s'est brisé contre les rochers [1]. C'est Dieu lui-
« même qui n'a pas voulu que le fils du Nor-
« mand revît l'Angleterre [2]. » Enfin ils accusent
ce jeune homme, et ceux qui partagèrent sa
destinée, de vices honteux et infâmes, inconnus, à ce qu'ils prétendent, en Angleterre, avant
l'arrivée des Normands [3]. Leurs invectives et
leurs accusations passent souvent toute mesures, et souvent aussi ils se montrent flatteurs
et obséquieux à l'excès, comme des gens qui
abhorrent et qui tremblent. « Tu as vu, écrit
« l'un d'eux, dans une lettre qui devait rester
« secrète, tu as vu Robert de Belesme, cet
« homme qui faisait du meurtre sa plus douce

---

1. Ille de regno futuro cogitabat; Deus autem dicebat : Non sic, impie, non sic. Contigit autem ei quòd pro coronâ auri, rupibus marinis capite scinderetur. (Henric. Huntingdon, Epist. de contemptu mundi, Anglia sacra, t. II, p. 696.)

2. .... Obstitit ipse Deus. (Versus ap. Brompton, p. 1013.)

3. Superbiâ tumidi, luxuriæ et libidinis omnis tabe maculati. (Gervas. Cantuar., p. 1339.) — Scelus Sodomæ noviter in hâc terrâ divulgatum (Eadmeri hist., p. 24.) — Nefandum illud et enorme Normannorum crimen. (Anglia sacra, t. II, p. 40.)

« récréation; tu as vu Henri, comte de Warwic 1120.
« et son fils Roger, l'âme ignoble; tu as vu le
« roi Henri, meurtrier de tant d'hommes, vio-
« lateur de ses serments, geôlier de son frère... [1].
« Peut-être vas-tu me demander pourquoi, dans
« mon histoire, j'ai tant loué ce même Henri.
« J'ai dit qu'il était remarquable entre les rois
« par sa prudence, sa bravoure et ses riches-
« ses; mais ces rois, auxquels nous prêtons
« tous serment, devant qui les étoiles du ciel
« semblent s'abaisser, et que les femmes, les
« enfants et les hommes frivoles vont contem-
« pler au passage, rarement, dans leur royaume,
« il se trouve un seul homme aussi coupable
« qu'eux, et c'est ce qui fait dire que la royauté
« est un crime [2]. »

Selon les vieux historiens, on ne vit plus sourire le roi Henri depuis le naufrage de ses enfants. Sa femme Mathilde était morte, et reposait à Winchester, sous une tombe dont l'épitaphe contenait quelques mots anglais; ce qui de long-temps ne devait reparaître sur la sé-

[1]. Henric. Huntingdon, Epistola de contemptu mundi, apud Angliam sacram, tom II, p.. 696.)

[2]. Nemo in regno eorum par eis sceleribus; undè dicitur, Regia res scelus est. (Henric. Huntingd. Epistola ap. Angliam sacram, tom. II, p. 696 — 699.)

pulture des riches et des grands d'Angleterre [1]. Henri prit une seconde épouse, hors de la race anglo-saxonne, maintenant retombée dans le mépris, parce que le fils du conquérant n'avait plus besoin d'elle. Ce nouveau mariage du roi fut stérile, et toute sa tendresse se réunit dèslors sur un fils naturel nommé Robert, le seul qui lui restât [1]. Vers le temps où ce fils parvint à l'âge nubile, il arriva qu'un certain Robert, fils d'Aymes ou d'Aymon, Normand de naissance, et possesseur de grands domaines dans la province de Glocester, mourut, laissant, pour héritière de ses biens, une fille unique, appelée Aimable, et familièrement *Mable* ou *Mabile*. Le roi Henri négocia, avec les parents de cette jeune fille, un mariage entre elle et Robert, son bâtard; les parents consentirent, mais Aimable refusa. Elle refusa long-temps sans expliquer les motifs de sa répugnance, jusqu'à ce qu'enfin, poussée à bout, elle déclara qu'elle ne serait jamais la femme d'un homme qui ne portait pas deux noms.

Les deux noms, ou le double nom composé du nom propre et d'un surnom, soit purement

1. Hic jacet Matildis regina.... ab Anglis vocata *Mold the gode quene*. (Anglia sacra, tom. I, p. 277.)

2. (Willelmi Gemeticensis, p. 307.)

généalogique, soit indiquant la possession d'une
terre ou l'exercice d'un emploi, étaient un des
signes par lesquels la race normande d'Angleterre se distinguait de la race anglaise [1]. En ne
portant que son nom propre, dans les siècles
qui suivirent la conquête, on risquait de passer
pour Saxon; et la vanité prévoyante de l'héritière de Robert, fils d'Aimon, s'alarma d'avance
de l'idée que son époux futur pourrait être confondu avec la masse ignoble des indigènes. Elle
avoua nettement ce scrupule dans une conversation qu'elle eut avec le roi, et que rapporte de
la manière suivante une chronique en vers [2] :

« Sire, dit la jeune Normande, je sais que vos
« yeux se sont arrêtés sur moi, beaucoup moins
« pour moi-même que pour mon héritage; mais
« ayant un si bel héritage, ne serait-ce pas grande
« honte que de prendre un mari qui n'eût pas
« ses deux noms [3]? De son vivant, mon père
« s'appelait sire Robert, fils d'Aymon; je ne veux
« être qu'à un homme dont le nom montre aussi
« d'où il vient. — Bien parlé, demoiselle, répondit

---

1. Hickesii Thesaurus linguarum septentrionalium, t. II, pag. 27.)

2. Robert of Glocester's. Chron., p. 432.

3. . . . . . It were to me a great shame
To have a lord without his two name
(Ibid)

« le roi Henri ; sire Robert, fils d'Aymon, était le
« nom de ton père, sire Robert, *fils de roi*, sera
« le nom de ton mari [1]. — Voilà, j'en conviens ; un
« beau nom pour lui faire honneur toute sa vie,
« mais comment appelera-t-on ses fils, et les fils
« de ses fils ? » Le roi comprit cette demande, et
reprenant aussitôt la parole : « Demoiselle, dit-
« il, ton mari aura un nom sans reproche, pour
« lui-même et pour ses héritiers ; il se nommera
« Robert de Glocester, car je veux qu'il soit
« comte de Glocester, lui, et tous ceux qui vien-
« dront de lui [2]. »

Après cette historiette sur la vie et les mœurs des conquérants de l'Angleterre, vient se placer naturellement un récit moins gai de la destinée des indigènes. En l'année 1124, Raoul Basset, grand-justicier, et plusieurs autres barons normands, tinrent une grande assemblée dans la province de Leicester : ils y firent comparaître un grand nombre d'Anglais accusés d'avoir fait le brigandage, c'est-à-dire, la guerre de parti qui avait succédé à la défense régulière contre le pouvoir étranger. Quarante-quatre, qu'on accu-

---

1. Damoyselle quoth the king...
Sire Robert le fiz haime..
Sire Robert le fiz rey... (Ibid)

2. Robert of Glocester's chron., p. 432.

ANECDOTE ANGLAISE. 251

sait de vol à main armée et d'hostilité flagrante 1124. contre l'ordre établi par la conquête, furent condamnés à la peine de mort, et six autres à la perte des yeux par le juge Basset et ses assesseurs [1]. « Des personnes dignes de foi, dit la chro« nique contemporaine, attestent que la plupart « moururent injustement ; mais Dieu qui voit « tout, sait que son malheureux peuple est « opprimé contre toute justice ; d'abord on le « dépouille de ses biens, et ensuite on lui ôte la « vie [2]. Cette année fut dure à passer, quicon« que possédait quelque peu de chose, en fut « privé par les taillages, et par les arrêts des « hommes puissants; quiconque n'avait rien périt « de faim [3]. »

Un fait, arrivé quelque temps auparavant, peut éclaircir en partie ce que la chronique entend par ces arrêts qui dépouillaient les Saxons. Dans la seizième année du règne de Henri Ier, un homme appelé Brihtstan, habitant de la province

[1]. (Chron. saxon., Gibson, p. 228)

[2]. Multi fide digni homines,...... sed noster dominus Deus...... videt oppressum esse miserum populum ejus, contra jus omne. Primò spoliantur possessionibus, deindè trucidantur. (Ibid.)

[3]. *Mid strange geoldes, and mid strange motes...* qui nil habuit, periit fame. (Ibid.)

1124. de Huntingdon, voulut se donner avec ce qu'il possédait au monastère de Sainte-Éthelride. Robert Malarteis, prévôt normand du canton, imagina que l'Anglais ne songeait à se faire moine que pour échapper au châtiment de quelque délit secret contre l'autorité étrangère, et il l'accusa, apparemment à tout hasard, d'avoir trouvé un trésor et de se l'être approprié [1]. C'était un attentat aux droits du roi, car les rois normands se prétendaient possesseurs nés de toute somme d'argent trouvée sous terre [2]. Malarteis défendit, de par le roi, aux moines de Sainte-Éthelride de recevoir Brihtstan dans leur maison; puis il fit saisir le Saxon et sa femme, et les traîna devant le justicier Raoul Basset, à Huntingdon [3]. L'accusé nia le délit qu'on lui imputait; mais les Normands l'appelèrent menteur, le raillèrent sur sa petite taille, et sa corpulence excessive, et, après beaucoup d'insultes, rendirent une sentence qui l'adjugeait au roi, lui et tout ce qu'il possédait [4]. Aus-

---

1. Thesaurum occultum invenit. (Ord. Vital., p. 629.)

2. Thesauri de terrâ regis sunt. (Leges Guil. Nothi apud Wilkins, p. 312.)

3. Interdico ne illum in vestro collegio audeatis suscipere. (Ord. Vital, p. 629.)

4. Præjudicaverunt ipsum cum omni possessione ditioni regis tradendum (Ibid.)

sitôt après le jugement, ils exigèrent de l'Anglais une déclaration de ses biens meubles et immeubles, ainsi que du nom de ses débiteurs. Brihtstan la fit; mais les juges, peu satisfaits du compte, lui répétèrent plusieurs fois qu'il mentait impudemment. Le Saxon répondit dans sa langue : « Mes « seigneurs, Dieu sait que je dis vrai; » il répetait patiemment ces mots, dit l'historien, sans ajouter autre chose [1]. On força sa femme à livrer quinze sols et deux anneaux qu'elle portait sur elle, et à jurer qu'elle ne retenait rien. Le condamné fut ensuite conduit pieds et poings liés à Londres, jeté dans une prison obscure, et chargé de chaînes de fer dont le poids surpassait ses forces [2].

Le jugement du Saxon Brihtstan fut rendu, selon le témoignage de l'ancien historien, dans l'assemblée de justice, ou, comme parlaient les Normands, dans la *cour du comté* de Huntingdon [3]. A ces cours, où se jugeaient toutes les causes, à l'exception de celles des chefs supérieurs, réservées pour le palais du roi, présidait

---

1. *Wit, mine louerd, God almihtig that ic sœge soth.* Hoc verbo sæpiùs repetito nil aliud dicebat. (Ibidem.)

2. Londoniæ ductus, in carcerem obscurum retruditur ibique ferreis vinculis..... (Ibid., p. 630.)

3. Congregatis provincialibus apud Huntedomam. (Ibid. p. 630)

le vicomte de la province, que les Anglais appelaient sherif, ou un juge de tournée, un *justicier errant*, comme on s'exprimait en langue normande [1]. A la cour du comté siégeaient, comme juges, les possesseurs de terres libres, ceux que les Normands appelaient *francs tenants*, et que les indigènes appelaient *franklings*, joignant à l'adjectif français une terminaison saxonne [2]. La cour du comté, comme celle du roi, avait des sessions périodiques, et ceux qui manquaient de s'y rendre payaient une certaine amende pour avoir, comme disent les actes du temps, laissé la justice sans jugement [3]. Nul n'avait le droit d'y venir siéger, s'il ne portait l'épée et le baudrier, signes de la liberté normande, et si, de plus, il ne parlait la langue française [4]. On s'y rendait ceint de l'épée, et cet appareil obligé servait à

1. Justitiarii itinerantes.

2. Franci tenentes... La terminaison *ling* dans les langues germaniques indique ressemblance ou filiation. Lorsque les Anglais se sont déshabitués d'aspirer fortement leur langue, le mot *frankling* est devenu *franklyn*. — Voyez Chaucer's Canterbury tales.

3. Quod justitiam sinè judicio dimiserint. (Leges Henrici primi.)

4. Duodecim milites accincti gladiis. (Gloss. ad Math. Paris., p. 176.)

en écarter les Saxons, ou, suivant le langage des anciens actes, les vilains, les habitants des hameaux et toutes gens d'ignoble et basse espèce [1]. L'idiome français était, pour ainsi dire, le *criterium* auquel on distinguait les personnes ayant capacité pour être juges; et même il y avait des cas de procédure où le témoignage d'un homme ignorant la langue des vainqueurs, et trahissant ainsi sa descendance anglaise, n'était point regardé comme valable. C'est ce que prouve un fait postérieur de plus de soixante années au temps où nous sommes parvenus. En 1191, dans une contestation où l'abbé de Crowland était intéressé, quatre personnes témoignèrent contre lui; c'étaient Godefroy de Thurleby, Gaultier Leroux de Hamneby, Guillaume, fils d'Alfred, et Gilbert de Bennigton. « On inscrivit, dit l'ancien « historien, le faux témoignage qu'ils portèrent, « et l'on ne voulut point inscrire la vérité que « l'abbé disait; mais tous les assistants croyaient « encore que le jugement lui serait favorable, « parce que les quatre témoins n'avaient point « de fief militaire, n'étaient point ceints de l'épée,

1116 à 1126.

---

1. Villani vel Cotseti, vel qui sunt istius modi viles inopesque personæ non sunt inter legum judices numerandi. (Leges Henrici primi.)

1116
à
1126.
« et que même l'un d'entre eux ne parlait pas « français [1]. »

Des deux seuls enfants légitimes du roi Henri, il lui restait encore Mathilde, épouse de Henri V, empereur ou *César* des Allemands. Elle devint veuve en l'année 1126, et retourna auprès de son père ; malgré son veuvage, les Normands continuaient de la surnommer par honneur l'*emperesse*, c'est-à-dire l'impératrice [2]. Aux fêtes de Noël, Henri tint sa cour, en grande pompe, dans les salles du château de Windsor, et tous les seigneurs normands des deux pays, rassemblés par

1126. son invitation, promirent fidélité à Mathilde, tant pour le duché de Normandie que pour le royaume d'Angleterre, jurant de lui obéir comme à son père, après la mort de son père [3]. Le premier qui prêta ce serment fut Étienne, fils du comte de Blois et d'Adèle, fille de Guillaume-le-Conquérant, l'un des amis les plus intimes et presque le favori du roi [4]. Dans la même année, Foulques,

---

1. Eò quòd non erant de militari ordine, nec accincti gladio, et tertius eorum gallicè loqui non noverat. (Histor. croyland. continuatio, p. 458.)

2. Quoàd vixit sibi nomen retinens imperatricis. (Script. fr. rer., tom. XII, p. 537.)

3. Math. Paris., p. 48.

4. Et primus omnium comes Blesensis. (Ibid.)

comte des Angevins, suivant la nouvelle passion 1126. du siècle, se fit ce qu'on appelait soldat du Christ; marqua d'une croix son écu, sa cotte d'armes, son heaume, la selle et le mors de son cheval, et partit pour Jérusalem [1]. Dans l'incertitude de son retour, il remit le commandement de la province d'Anjou à son fils Geoffroy, surnommé *Plante-Genest,* à cause de l'habitude qu'il avait de mettre en guise de plume une branche de genêt fleuri à son chaperon [2].

Le roi Henri se prit de grande amitié pour son 1126 à 1127. jeune voisin, le comte Geoffroy d'Anjou, à cause de sa bonne mine, de l'élégance de ses manières et de sa réputation de courage. Il voulut même devenir son parrain en chevalerie, et faire à ses frais, à Rouen, la cérémonie de la réception de Geoffroy dans cette haute classe militaire [3]. Après le bain, où, suivant l'usage, on plongea le nouveau chevalier, Henri lui donna, comme à son fils d'armes, un cheval d'Espagne, une cotte et des chausses de fer à mailles doubles, à l'épreuve

1. In clypeo, galeáque et in omnibus armis, et in fræno selláque sacræ crucis signum. (Ord. Vital., p. 769.)

2. Dictus Plantagenest ex eo quod genistæ ramum pileolo insertum gestaret. (Script. rer. franc., tom. XII, p. 581.) — Chron. de Normandie, p. 247.)

3. Ibid., p. 521.

de la lance et du trait; des éperons d'or, un écu orné de figures de lions en or, un heaume enrichi de pierreries, une lance de frêne avec un fer de Poitiers, et une épée travaillée par Galand, le plus renommé des ouvriers du temps[1]. L'amitié du roi d'Angleterre ne se borna pas à ces témoignages, et il résolut de marier en secondes noces au comte d'Anjou sa fille Mathilde, l'*Emperesse*. Ce mariage fut conclu, mais sans l'aveu préalable des seigneurs de Normandie et d'Angleterre, circonstance qui eut des suites fâcheuses pour la fortune des deux époux[2]. Leurs noces se firent aux octaves de la Pentecôte, dans l'année 1127, et les fêtes se prolongèrent durant trois semaines[3]. Le premier jour, des hérauts, en grand costume, parcoururent les places et les rues de Rouen, criant à chaque carrefour cette proclamation bizarre: «De par le roi Henri, que
« nul homme ici présent, habitant ou étranger,
« riche ou pauvre, noble ou vilain, ne soit si hardi
« que de se dérober aux réjouissances royales;
« car quiconque ne prendra point sa part des

---

1. Lorica maculis duplicibus intexta.... hasta fraxinea ferrum Pictavense prætendens, et ensis de thesauro regio, in quo fabricando fabrorum superlativus Galanus multâ operâ desudavit. (Script. fr. rer. tom. XII, p. 521.)
2. Will. Malmesb. apud eosd., tom. XIII, p. 16.
3. Jo. Brompton, p. 1016.

« divertissements et des jeux, sera coupable d'of-
« fense envers son seigneur le roi [1]. »

De l'union de Mathilde, fille de Henri, avec
Geoffroy Plante-Genest, naquit, en l'année 1133, 1133.
un fils qui fut appelé Henri comme son aïeul,
et que les Normands surnommèrent *Filz-Empe-
resse*, c'est-à-dire fils de l'impératrice, pour le
distinguer de l'aïeul qu'ils surnommaient *Filz-
Guillaume-Conquéreur*. A la naissance de son
petit-fils, le roi normand convoqua encore une
fois ses barons d'Angleterre et de Normandie, et
les requit de reconnaître pour ses successeurs
les enfants de sa fille, après lui et après elle [2];
ils y consentirent en apparence et le jurèrent. Le
vieux roi mourut deux ans après, en Normandie, 1135.
d'une indigestion de lamproie. Aussitôt Étienne
de Blois, son neveu et son favori, fit voile en
grande hâte pour l'Angleterre, et s'y fit nommer
roi par les prélats, les comtes et les barons qui
avaient juré de donner le royaume à Mathilde et
à ses enfants [3]. L'évêque de Salisbury déclara
que ce serment était nul, parce que le roi avait
marié sa fille sans le consentement des seigneurs;
d'autres dirent qu'il serait honteux pour tant

1. Conclamatum voce præconis, ne quis.... ab hâc regali
lætitiâ se subtraheret. (Script. rer. fr., tom. XII, p. 521.)
2. Math. Paris., p. 50.
3. Ibid., p. 51.

de nobles chevaliers d'être sous les ordres d'une femme [1]. L'élection d'Étienne fut solennisée par la bénédiction du primat de Canterbury, et, ce qui était important dans ce siècle, approuvée par une lettre du pape Innocent II. « Nous avons « appris, disait le pontife au nouveau roi, que tu « as été élu par le vœu commun et le consente- « ment unanime, tant des seigneurs que du peu- « ple, et que tu as été sacré par les prélats du « royaume [2]. Considérant que les suffrages d'un « si grand nombre d'hommes n'ont pu se réunir « sur ta personne sans une coopération spéciale « de la grâce divine, et que, d'ailleurs, tu es « parent du dernier roi au plus proche degré, « nous tenons pour agréable tout ce qui a été « fait à ton égard, et t'adoptons d'affection pa- « ternelle pour fils du bienheureux apôtre Pierre « et de la Sainte Église romaine [3]. »

Étienne de Blois était très-populaire auprès des Anglo-Normands, à cause de sa bravoure

---

1. Fore nimis turpe si tot nobiles fœminæ subderentur. (Math. Paris., p. 51.)

2. Communi voto et unanimi assensu tam procerum quàm etiam populi te in regem eligere. (Script. rer. fr., t. XVI, pag. 392.)

3. Te in specialem B. Petri et sanctæ romanæ Ecclesiæ filium.... (Ibid.)

éprouvée et de son humeur affable et libérale. Il promit, en recevant la couronne, de rendre à chacun des chefs la jouissance et l'usage libre des forêts que s'était appropriées le roi Henri, à l'exemple des deux Guillaume [1]. Les premiers temps du nouveau règne furent paisibles et heureux, du moins pour la race normande. Le roi était prodigue et magnifique; il donna beaucoup à ceux qui l'entouraient [2]; il puisa largement dans le trésor que le conquérant avait amassé, et que ses deux successeurs avaient encore accru. Il aliéna ou distribua en fief les terres que Guillaume Ier avait réservées pour sa part de conquête, et qu'on appelait le domaine royal; il créa des comtes et des gouverneurs indépendants dans des lieux administrés jusque là pour le profit du roi seul, par les préposés royaux. Geoffroy d'Anjou, mari de Mathilde, lui vendit la paix pour une pension annuelle de cinq mille marcs; et Robert de Glocester, fils naturel du dernier roi, qui d'abord avait manifesté l'intention de faire valoir le droit de sa sœur, fondé sur le serment des chefs, prêta

1. Vovit quòd nullius vel clerici vel laici sylvas in manu suâ retineret. (Math. Paris, p. 51.)

2. Cùm esset in dando diffusus. (Script. fr. rer., t. XII, pag. 23.)

entre les mains d'Étienne le serment de foi et d'hommage [1].

Mais ce calme ne dura guère; et, vers l'année 1137, plusieurs jeunes barons, qui avaient inutilement demandé au nouveau roi une part de ses domaines et de ses châteaux, commencèrent à s'en emparer à main armée. Hugues Bigot saisit le fort de Norwich; un certain Robert prit celui de Badington : le roi se les fit rendre; mais l'esprit d'opposition s'accrut sans relâche, du moment qu'il eut éclaté [2]. Le fils bâtard du roi Henri rompit subitement la paix qu'il avait jurée à Étienne; il lui envoya de Normandie un message pour le défier et lui dire qu'il renonçait à son hommage. « Ce qui excita Robert à prendre « ce parti, dit un auteur comtemporain, ce furent « les réponses de plusieurs hommes de religion « qu'il consulta, et surtout un décret du pape, qui « lui enjoignait d'obéir au serment qu'il avait prêté « à Mathilde sa sœur, en présence de leur père [3]. »

---

1. Will. Malmesb., hist. novellæ, p. 179.

2. Cepit ergò deinceps Normannorum proditio pullulare. (Math. Paris., p. 51.)

3. Hommagio abdicato..... adde etiam quòd apostolici decreti præ se tenorem ferebat, præcipientis ut sacramento, quod præsente patre fecerat, obediens esset. (Will. Malmesb., p. 180.)

Ainsi se trouvait annulé le bref du même pape, en faveur du roi Étienne, et la guerre seule pouvait décider entre les deux compétiteurs. Les mécontents, encouragés par la défection du fils du dernier roi, furent en éveil par toute l'Angleterre, et se préparèrent au combat. « Ils « m'ont fait roi, disait Étienne, et à présent ils « m'abandonnent; mais, par la naissance de « Dieu, jamais on ne m'appellera roi déposé [1]. » Pour avoir une armée dont il fût sûr, il assembla des auxiliaires de toutes les parties de la Gaule : « comme il promettait de fortes payes, les sol- « dats venaient à l'envi se faire inscrire sur ses « rôles, hommes de cheval et hommes d'armure « légère, surtout Flamands et Bretons [2] ».

1137.

La population conquérante de l'Angleterre était encore une fois divisée en deux factions enne- mies. L'état des choses devenait le même que sous les deux règnes précédents, quand les fils des vaincus s'étaient mêlés aux querelles de leurs maîtres, et avaient fait pencher la balance de l'un des deux côtés, dans le vain espoir d'obtenir une

---

1. Sed per nascentiam Dei, nunquam rex dejectus ap- pellabor. (Ibid.)

2. Currebatur ad eum ab omnium generum militibus et a levis armaturæ hominibus, maximèque ex Flandriâ et Britanniâ. (Ap. scr rer. fr., tom. XII, p. 23.)

1137. condition un peu meilleure. Quand de semblables conjonctures se présentèrent sous le règne d'Étienne, les Anglais de race se tinrent à l'écart, désabusés par l'expérience du passé. Dans la querelle d'Étienne et des partisans de Mathilde, ils ne furent ni pour le roi établi qui prétendait que sa cause était celle de l'ordre et de la paix[1], ni pour la fille du Normand et de la Saxonne : ils tentèrent d'être pour eux-mêmes; et l'on vit se former en Angleterre ce que l'on n'y avait point vu depuis la dispersion du camp d'Ély, une conspiration nationale en vue de l'affranchissement du pays. « A un jour fixé, dit un « contemporain, on devait partout massacrer les « Normands[2]. »

L'historien ne détaille pas comment ce complot avait été préparé, quels en furent les chefs, quelles classes d'hommes y entrèrent, ni dans quels lieux et à quels signes il devait éclater. Seulement il rapporte que les conjurés de 1137 avaient renouvelé l'ancienne alliance des patriotes anglais avec les habitants du pays de Galles et de l'Écosse[3];

1. Contra perturbatores pacis. (Ord. Vital., p. 667.)

2. Conspirationem fecerant et clandestinis machinationibus sese invicem animaverant ut, constituto die, Normannos omnes occiderent. (Ibid., p. 912.)

3. Fœdus cum Scotis et Gualis. (Ibid.)

et que même ils avaient dessein de mettre à 1137. la tête de leur royaume affranchi un Écossais, peut-être David, le roi actuel, fils de Marguerite et de Malcolm, dans lequel ils trouvaient du sang saxon sans mélange de sang normand [1]. Ce qui fit manquer l'entreprise, c'est que plusieurs conjurés, en se confessant à Richard-Lenoir, évêque d'Ély, lui laissèrent soupçonner, ou lui avouèrent leur projet [2]. Les esprits les plus fermes, dans ce siècle, ne s'exposaient guère à un danger de mort évident, sans avoir mis ordre à leur conscience; et, quand l'affluence des pénitents était plus grande que de coutume, c'était un indice presque certain de quelque mouvement politique: en épiant sur ce point la conduite des Saxons, le haut clergé de race normande remplissait l'objet principal de son intrusion en Angleterre: car, au moyen de questions insidieuses faites dans les épanchements de la confession, il était aisé de découvrir la moindre pensée de révolte; et rarement celui que le prêtre interrogeait ainsi, savait se garder d'un homme à qui il croyait le pouvoir de lier et

---

1. Et regni principatum Scotis traderent. (Ord. Vital., pag. 912.)

2. Tanta perversitas Ricardo Nigello, Eliensi episcopo, primitùs nota, per conjuratos nequitiæ socios, facta est. (Ibid.)

1137. de délier sur la terre comme dans le ciel. L'évêque d'Ély fit part de sa découverte aux autres évêques et aux agents supérieurs de l'autorité [1], mais, malgré la promptitude de leurs mesures, beaucoup de conjurés et les plus considérables, dit le narrateur contemporain, eurent le temps de prendre la fuite [2]. Ils se retirèrent chez les Gallois, afin d'exciter ce peuple à la guerre contre les Normands [3]. Ceux qui furent saisis périrent en grand nombre par le gibet ou d'autres genres de supplices [4].

Cet événement eut lieu soixante-six ans après la dernière défaite des insurgés d'Ély, et soixante et douze après la bataille de Hastings. Soit que les chroniqueurs ne nous aient pas tout dit, soit qu'après ce temps le fil qui rattachait encore les Saxons aux Saxons, et en faisait un peuple, n'ait pu se renouer, on ne trouve plus dans les époques suivantes aucun projet de délivrance conçu, de commun accord, entre

---

1. Et per eum reliquis præsulibus regni et optimatibus atque tribunis regiisque satellitibus pervulgata est. (Ord. Vital., p. 912.)

2. Porrò nonnulli malitiæ conscii fugerunt, et relictis domibus, divitiis et honoribus suis, exsulaverunt. (Ibid.)

3. Potentiores si quidem ad resistendum temerè animati sunt. (Ibid.)

4. Patibulis aliisque generibus mortis interierunt. (Ibid.)

toutes les classes de la population anglo-saxonne. 1137.
Le vieux cri anglais : *Point de Normands!* ne retentit plus dans l'histoire, et les insurrections postérieures ont pour mot de ralliement des formules de guerre civile : ainsi, au quatorzième siècle, les paysans d'Agleterre, soulevés, criaient: *Point de gentilshommes* [1] *!* et au dix-septième, les habitants des villes et des campagnes disaient: *Plus de Lords orgueilleux, ni d'évêques au cœur corrompu* [2] *!* Il sera cependant possible encore de saisir dans les faits qui vont suivre des traces vivantes de l'ancienne haine nationale.

C'est une chose aujourd'hui fort incertaine que la durée du temps, pendant lequel les mots de noble et de riche furent dans la conscience populaire des Anglais synonymes de ceux d'usurpateur et d'étranger ; car la valeur exacte du langage des anciens historiens est trop souvent un problème pour l'historien moderne. Comme ils écrivaient pour des gens qui savaient sur leur propre état social bien des secrets que la postérité n'a pas reçus, ils pouvaient impunément être vagues et faire des réticences: on les comprenait à demi-mot. Mais nous, comment nous

1.   When Adam delved and Eva span
      Where was then the gentleman?

2. Proud lords and rotten hearted bishops.

1137. est-il possible de comprendre la manière de s'énoncer des chroniqueurs, si nous ne connaissons pas déja la physionomie de leur temps? et où pouvons-nous étudier le temps, sinon dans les chroniqueurs eux-mêmes? Voilà un cercle vicieux, dans lequel roulent nécessairement tous les modernes qui entreprennent de décrire avec fidélité les vieilles scènes du monde et le sort heureux ou malheureux des générations qui ne sont plus. Leur travail, plein de difficultés, ne saurait être complètement fructueux; mais qu'on leur sache gré du peu de vrai qu'ils font revivre à si grande peine.

LIVRE VIII.

DEPUIS LA BATAILLE DE L'ÉTENDARD, JUSQU'A L'INSURRECTION DES POITEVINS ET DES BRETONS CONTRE LE ROI HENRI II.

1137 — 1160.

L'AMITIÉ qui, au moment de la conquête de Guillaume, s'était formée tout à coup entre le peuple anglo-saxon et celui d'Écosse, attiédie depuis par plusieurs circonstances, n'avait cependant jamais été entièrement rompue. Le jour où Malcolm Kenmore, le beau-frère du roi Edgar, fut contraint de s'avouer vassal du conquérant, une sorte de barrière morale s'éleva, il est vrai, entre les rois écossais et les Anglais de race; mais Malcolm lui-même et ses successeurs supportèrent impatiemment cette condition de vasselage que la force leur avait imposée. Plus d'une fois, voulant s'y soustraire, ils devinrent

1066 à 1137.

1066
à
1187.

agresseurs des Normands, et descendirent au sud de la Tweed; plus d'une fois aussi les Normands passèrent ce fleuve par représailles, et le serment de sujétion féodale fut rompu et renouvelé tour-à-tour au gré des chances de la guerre. D'ailleurs jamais les rois d'Écosse ne mirent au nombre des devoirs qu'ils avaient contractés en acceptant le titre d'*hommes-liges*, l'obligation de fermer leur pays aux émigrés anglo-saxons.

La multitude d'hommes de tout rang et de tout état qui, après une lutte inutile contre les envahisseurs, s'expatrièrent sur le territoire écossais, vint y augmenter considérablement l'ancienne masse de population germanique établie entre la Tweed et le Forth[1]. Les rois qui succédèrent à Malcolm ne se montrèrent pas moins généreux que lui envers ces réfugiés. Ils leur donnèrent des terres et des emplois, et les admirent dans leur conseil d'état, où peu à peu la vraie langue écossaise, la langue gallique ou erse fut supplantée par le dialecte anglo-danois parlé sur les basses terres d'Écosse. Par suite de la même révolution, les rois écossais se défirent des surnoms patronymiques qui rappelaient leur origine celtique, et ne gardèrent que de simples noms

1. Voyez livre IV, tome Ier, page 371.

propres soit saxons, soit étrangers; comme Edgar, Alexandre, David, etc.

Cette hospitalité que les chefs de l'Écosse accordaient aux hommes de race saxonne, fuyant devant les Normands, ils l'offrirent aussi aux hommes de race normande, mécontents du lot qui leur était échu dans le partage de biens et d'honneurs fait après la conquête, ou bannis malgré eux de l'Angleterre par sentence de leurs propres chefs.... Ces fils des conquérants vinrent en grand nombre chercher fortune où les vaincus avaient trouvé recours. La plupart étaient de bons soldats à toute épreuve. Les rois écossais les prirent à leur service, joyeux d'avoir des chevaliers normands à opposer en guerre aux Normands de par-delà la Tweed. Ils les admirent dans leur intimité, leur confièrent de grands commandements, et même, pour rendre leur cour plus agréable à ces nouveaux hôtes, ils s'étudièrent à introduire dans le langage teutonique qu'on y parlait un grand nombre de mots et d'idiotismes français [1]. La mode et l'usage naturalisèrent

1. Les Chartes des rois d'Écosse, à la fin du Xe siecle, portaient pour souscription : N. omnibus per regnum suum Scotis et Anglis salutem. Dans le XIIe siècle elles portèrent : Omnibus fidelibus Francis et Anglis et Scotis. (Monast. anglic., tom. II, p. 325.)

peu à peu ces locutions exotiques sur tout le pays situé au sud du Forth, et la langue nationale y devint, en assez peu de temps, un composé bizarre de tudesque et de français presque également mélangés.

Cette langue, qui est encore aujourd'hui le dialecte populaire des habitants du midi de l'Écosse, ne conserva qu'une faible quantité de mots celtiques, soit erses, soit bretons, la plupart destinés à représenter des objets propres au pays, comme les différents accidents et, pour ainsi dire, les nuances diverses d'un sol extrêmement varié. Mais, malgré le peu de figure que faisaient dans le nouveau langage les débris de l'ancien idiome des plaines écossaises, on pouvait facilement reconnaître, à l'esprit et aux mœurs de la population de ces contrées, que c'était une race celtique, où d'autres races d'hommes étaient venues se fondre et s'encadrer, pour ainsi dire, sans la renouveler entièrement. La vivacité d'imagination, le goût pour la musique et la poésie, l'habitude de redoubler, en quelque sorte, le lien social par des liens de parenté qui se notent et se réclament jusqu'au degré le plus éloigné, sont des traits originels qui distinguaient et distinguent même encore les habitants de la rive gauche de la Tweed de leurs voisins méridionaux, quoique parlant le même dialecte.

A mesure qu'on avançait vers l'ouest, dans les plaines d'Écosse, ces traits de physionomie celtique se prononçaient plus fortement, parce que le peuple y était plus éloigné de l'influence des villes royales de Scone et d'Édinburgh, où affluait la multitude des émigrants étrangers. Dans la province de Galloway, par exemple, l'autorité administrative n'était encore regardée, au douzième siècle, que comme une fiction de l'autorité paternelle; et nul homme, envoyé par le roi pour gouverner cette contrée, ne pouvait y exercer en paix le commandement, s'il n'était agréé comme *tête de famille* ou chef de clan par le peuple qu'il devait régir [1]. Si les habitants ne jugeaient pas à propos de décerner ce titre à l'officier du roi, ou si l'ancien chef héréditaire de la tribu ne lui cédait pas volontairement son privilége, la tribu ne le reconnaissait point, malgré sa commission royale, et lui-même était bientôt forcé de résigner ou de vendre sa commission au chef préféré par le peuple [2].

Dans les lieux où les émigrés d'Angleterre, soit saxons, soit normands, obtenaient des domaines

---

1. Caput progeniei (Ken-kinneol, charta Alexandri II Apud Grant's descent of the Gaels, p. 378.)

2. Charta Thomæ Flemyng. (Ibid., p. 377.)

territoriaux sous condition de foi et de service, ils avaient coutume de bâtir une tour, une église, un moulin, une brasserie et quelques maisons pour leur suite, que les Saxons appelaient *the hirede*, et les Normands la *ménie*. La réunion de tous ces édifices, entourés d'une palissade ou d'un mur, se nommait l'*enclos, the tun* dans la langue des basses terres d'Écosse. Les habitants de cet enclos, maîtres et valets, propriétaires et fermiers, composaient une sorte de petite cité, unie comme un clan celtique, mais par d'autres liens que la parenté, par le service et le salaire, l'obéissance et le commandement. Le chef, dans sa tour carrée, bâtie au milieu des demeures plus humbles de ses vassaux ou de ses laboureurs, ressemblait en apparence au Normand d'Angleterre, dont le château-fort dominait les huttes de ses serfs. Mais, entre la condition réelle de l'un et de l'autre, la différence était grande. En Écosse, la subordination du pauvre au riche n'était point servitude : on donnait, il est vrai, à ce dernier le nom de *lord* en langue teutonique [1], et de *seigneur* en langue française; mais, comme il n'était ni conquérant, ni fils de conquérant, on ne le haïssait point, et

---

1. Laird, suivant l'orthographe et la prononciation écossaises.

l'on ne tremblait point devant lui. Une sorte de familiarité rapprochait l'homme de la tour de celui de la cabane; ils savaient que leurs ancêtres d'origine commune, ou de race différente, ne leur avaient point légué d'outrages mortels à venger l'un sur l'autre.

Quand la guerre les rassemblait en armes, ils ne formaient pas deux peuples séparés, l'un de cavaliers, l'autre de fantassins; l'un couvert d'armes complètes, l'autre à qui les éperons étaient interdits, sous peine de châtiments ignominieux. Chacun armé, selon sa richesse, d'une cotte de mailles ou d'un pourpoint doublé, montait son propre cheval bien ou mal enharnaché. En temps de paix, la condition de fermier d'autrui n'était point humiliante comme en Angleterre, où le mot normand de *vilain* est devenu dans le langage vulgaire la plus odieuse des épithètes. Un fermier écossais était appelé communément le *bonhomme, the gude-man*. Son lord n'avait à prétendre de lui que des rentes et des services établis de gré à gré; il n'était point taillé haut et bas comme en pays de conquête [1] : aussi ne vit-on jamais, en Écosse, aucune insurrection de paysan; le pauvre et le riche sympathisaient

---

1. Walter Scott's minstrelsy of the scottish border, t. I, pages 81, 169.

ensemble, parce que la pauvreté et la richesse n'avaient point pour cause primitive la victoire et l'expropriation. Les races d'hommes, comme les différents idiomes, s'étaient mélangés dans tous les rangs, et la même langue se parlait au château, à la ville et dans la chaumière.

Cette langue, que sa ressemblance avec celle des Anglo-saxons faisait nommer *englisc* ou anglaise, avait un sort bien différent en Écosse et en Angleterre. Dans ce dernier pays, elle était l'idiome des serfs, des gens de métier, des gardeurs de troupeaux; et les poètes, qui chantaient pour les hautes classes, ne composaient qu'en pur normand : mais, au nord de la Tweed, l'anglais était la langue favorite des ménestrels, attachés à la cour; il était poli, travaillé, gracieux, recherché; tandis que, de l'autre côté du même fleuve, il devenait rude et sans grâces, comme les malheureux qui le parlaient. Le petit nombre de poètes populaires qui, au lieu de rimer en français pour les fils des Normands, s'obstinèrent à rimer en anglais pour les Saxons, sentaient cette différence, et se plaignaient de ne pouvoir employer, sous peine de n'être point compris, le beau langage, les tours hardis et la versification compliquée des Écossais méridionaux. « J'ai mis, dit l'un d'eux, dans mon an-
« glais simple, pour l'amour des gens simples, ce

« que d'autres ont écrit et dit plus élégamment ;
« car ce n'est point pour orgueil et noblesse
« que j'écris, mais pour ceux qui ne sauraient
« entendre un anglais plus recherché[1]. » Dans
cet anglais poli des basses terres d'Écosse, furent
habillées les vieilles traditions bretonnes, qui restèrent dans la mémoire des habitants des bords
de la Clyde long-temps après que la langue bretonne eut péri dans ces contrées. Sur les basses
terres du sud-ouest, Arthur et les héros de la
nation cambrienne étaient plus populaires que
les héros des anciens Scots, que Gaul-Mac-Morn,
et Fin-Mac-Gaul, père d'Oshinn[2], chantés en
langage gallique dans les montagnes et dans
les îles[3].

La population qui parlait ce langage, presque entièrement semblable à celui des indigènes
de l'Irlande, était encore au XIIe siècle la plus
nombreuse en Écosse, mais la moins puissante

---

1.   Als thai haf wryten and sayd
     Haf I alle in myn inglis layd,
     In symple speche, as I couthe.
     .... Not for pride and noblye,
     But for the luf of symplemen
     That strange Inglis cannot ken.

2. Al. Ossian. La prononciation est la même.

3. Walter Scott's minstrelsy of the scotish border, t III,
pag. 245. — Sir Tristram

politiquement, depuis que ses propres rois avaient déserté son alliance pour celle des habitants du sud-est. Elle le savait, et se souvenait que les plaines occupées par ces nouveaux venus avaient été jadis la propriété de ses aïeux ; elle les haïssait comme usurpateurs, et ne leur donnait point le nom de Scots, sous lequel les étrangers les confondaient avec elle ; mais celui de *Sassenachs,* c'est-à-dire Saxons, parce que, de quelque origine qu'ils fussent, tous parlaient la langue anglaise. Long-temps les enfants des Gals regardèrent comme de simples représailles les incursions de guerre et de pillage faites sur les basses terres d'Écosse : « Nous sommes les héri-
« tiers des plaines, disaient-ils, il est juste que
« nous reprenions nos biens [1]. »

Cette hostilité nationale, dont les habitants de la plaine redoutaient vivement les effets, les rendait toujours disposés à provoquer, de la part des rois d'Écosse, toutes sortes de mesures arbitraires et tyranniques pour ruiner l'indépendance des montagnards. Mais il semble qu'il y ait dans les mœurs, comme dans la langue des populations celtiques, un principe d'éternité qui se joue du temps et des efforts des hommes. Les

---

[1]. Walter Sott's, Ladi of the lake, notes, pag. 321.—Fordum chron, p 592.

clans des Gals se perpétuèrent libres sous leurs chefs patriarchaux; auxquels les membres du clan, portant tous le même nom, obéissaient comme des fils à leur père. Toute tribu n'ayant point de patriarche, et ne vivant point en famille, était considérée comme vile; peu d'entre elles encouraient ce déshonneur; et, pour l'éviter, les poètes et les historiens, grands auteurs de généalogie, avaient toujours soin de faire descendre chaque nouveau chef du chef primitif, de l'aïeul commun de toute la tribu[1]. Pour signe de cette filiation, qui jamais ne devait s'interrompre, le chef actuel joignait à son nom propre un surnom patronimique que tous ses prédécesseurs avaient porté avant lui, et que ses successeurs devaient prendre de même. Suivant l'étiquette celtique, ce surnom leur tenait lieu de titre. Jamais le style féodal des actes publics d'Écosse n'eut cours dans les montagnes, ni dans les îles, et le même homme qui, à la cour des rois, s'intitulait duc ou comte d'Argyle, de retour dans le pays d'Argyle, au sein de sa tribu, redevenait Mac-callan-more, c'est-à-dire, le fils de Callan-le-grand[2].

1. Walter's Scott's Lady of the Lake, notes, p. 272.
2. Ibid., p. 237

Toutes les peuplades répandues sur la côte occidentale de l'Écosse, depuis la pointe de Cantire jusqu'au cap du Nord, et dans les îles Hébrides, qu'on appelait aussi îles des Galls[1], vivaient en sociétés séparées sous cette autorité patriarchale; mais au-dessus de tous leurs chefs particuliers il existait, dans le XIIe siècle, une espèce de chef suprême, que, dans la langue des basses terres, on appelait le lord, le seigneur, ou le roi des îles. Ce roi de toute la population gallique d'Écosse avait sa résidence à Dunstaffnage, sur un rocher de la mer occidentale, ancien séjour des rois des Scots avant leur émigration vers l'est; quelquefois aussi il habitait le fort d'Artornish, sur le détroit de Mull, ou bien l'île d'Ilay, la plus fertile, sinon la plus grande des Hébrides. Là se tenait une haute cour de justice, dont les membres s'asseyaient en cercle sur des siéges taillés dans le roc. On y voyait aussi une pierre de sept pieds carrés, sur laquelle montait le roi des îles au jour de son couronnement. Debout sur ce piedestal, il jurait de conserver à chacun ses droits, et de faire en tous temps bonne justice; ensuite on lui remettait entre les mains l'épée de son prédécesseur; l'évêque d'Argyle et sept prêtres le sa-

---

1. Innisgail.

craient en présence de tous les chefs de tribus des îles et du continent¹.

1066 à 1137.

Le pouvoir du roi des îles Hébrides s'étendit quelquefois sur celle de Man, située plus au sud, entre l'Angleterre et l'Irlande, et quelquefois cette île eut un roi à part, issu de race irlandaise, ou fils d'anciens chefs scandinaves, qui s'y étaient reposés après leurs courses de mer. Les rois des îles de l'ouest reconnurent pour supérieurs tantôt les rois d'Écosse et tantôt ceux de Norwège, selon qu'ils y furent contraints par l'intérêt ou par la force². L'aversion naturelle des Galls contre les Écossais des basses terres tendait à maintenir l'indépendance de cette royauté purement gallique qui existait encore dans toute sa plénitude vers le temps où cette histoire est parvenue; alors le roi des îles traitait de puissance à puissance avec celui d'Écosse, son rival en temps ordinaire, mais son allié naturel contre un ennemi commun, par exemple, contre les rois d'Angleterre; car l'instinct de haine nationale, qui avait tant de fois poussé les anciens Scots vers la Bretagne méri-

1. Walter Scott's, Lord of the Isles, notes, p. 170, 176.
2. Rex Manniæ et insularum tenet de rege Norwegiæ, (Script. rer. fr., tom. XVI, p. 256.) — Monast. anglic., tom. II, pag. 427.

dionale, n'avait point encore péri chez les montagnards écossais [1].

Sur les basses terres d'Écosse, une guerre contre les Anglo-Normands ne pouvait manquer d'être extrêmement populaire; car les Saxons d'origine, qui habitaient ce pays, brûlaient de venger leurs propres malheurs et les malheurs de leurs aïeux, et, par un concours bizarre de circonstances, les Normands réfugiés en Écosse, désiraient eux-mêmes visiter en armes ceux de leurs compatriotes qui les avaient bannis d'Angleterre [2]. Le désir de reprendre les domaines qu'ils avaient usurpés autrefois, non moins vif en eux que n'était dans le cœur des Anglo-saxons celui de recouvrer leur patrie et leurs biens héréditaires, faisait que dans le conseil des rois d'Écosse, où les nouveaux citoyens siégeaient en grand nombre, l'opinion presque universelle était pour la guerre avec les conquérants de l'Angleterre. Galls, Saxons,

1. Gens montana populo Anglorum et linguæ infesta jugiter et crudelis. (Forduni scoti chron., p. 592.)

2. Habebat rex (Scotorum) secum, qui eum crebro admonitionis calcare stimulabant, hinc filium Roberti de Bathentonâ, ejusque collaterales, qui ex Angliâ exsulati, sub spe recuperandæ patriæ ad eum confugerant, aliosque quàm plures qui vel questûs gratiâ. (Gesta Stephani regis ap. scr. rer. norm., p. 939)

Normands, hommes des montagnes et de la plaine, mus par des passions différentes, s'accordaient tous sur ce point, et c'est probablement cet accord unanime, bien connu des Anglais de race, qui encouragea ces derniers à compter sur l'appui de l'Écosse, dans le grand complot tramé et découvert en l'année 1137.

1066 à 1137.

Depuis long-temps il arrivait en foule auprès des rois écossais, neveux du dernier roi anglo-saxon, des émissaires du peuple anglais, les priant, par la mémoire d'Edgar leur oncle, de venir au secours de la nation opprimée, dont ils étaient parents. Mais les fils de Malcolm Kenmore étaient rois, et, comme tels, peu disposés à soutenir, sans motif d'intérêt personnel, une nation contre d'autres rois. Ils restèrent sourds aux plaintes des Anglais, et aux suggestions de leurs propres courtisans, tant que vécut le roi Henri Ier, avec lequel ils avaient aussi quelque lien de parenté par sa femme Mathilde, fille de Malcolm. Lorsque Henri fit jurer aux chefs normands de donner après sa mort le royaume à la fille qu'il avait eue de Mathilde, David, alors roi d'Écosse, fut présent à cette assemblée, et il y prêta serment avec les Normands comme vassal de Henri Ier; mais après que les seigneurs d'Angleterre, manquant à leur parole, au lieu de Mathilde, eurent choisi

1133.

1135

1137. Étienne de Blois, le roi d'Écosse, commença à trouver que la cause des Saxons était la meilleure[1]; il promit de les assister dans leur projet d'exterminer tous les Normands, et peut-être, en récompense de cette promesse vague, stipula-t-il, comme ce fut le bruit du temps, qu'on le ferait roi d'Angleterre si l'entreprise réussissait.

L'affranchissement des Anglais n'eut point lieu, comme on l'a vu plus haut, grâce à la vigilance d'un évêque; cependant le roi d'Écosse qui ne s'était lié à ce peuple que parce qu'il avait, de son côté, des projets de guerre contre les Anglo-normands, rassembla une armée et marcha vers le sud. Ce ne fut pas au nom de la race saxonne opprimée qu'il fit son entrée en

1138. Angleterre, mais au nom de Mathilde, sa cousine, dépossédée, disait-il, par Étienne de Blois, usurpateur du royaume[2].

Le peuple anglais n'avait guère plus d'amour pour la femme de Geoffroy d'Anjou que pour le Blaisois Étienne, et cependant les populations

---

1. Zeloque justitiæ succensus tum pro communis sanguinis cognatione, tum pro fide mulieri repromissa et debita, regnum Angliæ turbare disposuit. (Gesta Stephani regis, p. 939.)

2. Nomine Matildis dictæ imperatricis. (Guil. Neubrig, pag. 120.)

les plus voisines des frontières de l'Écosse, les hommes du Cumberland, du Westmorland, et de toutes les vallées où coulent les rivières qui vont grossir les eaux de la Tweed, poussés par le simple instinct qui nous porte à saisir avidement tous les moyens de salut, reçurent les Écossais comme des amis, et se joignirent à eux[1]. Ces vallées, d'un accès difficile, et à peine soumises par les Normands, étaient en grande partie peuplées de Saxons dont les pères avaient été bannis au temps de la conquête[2]. Ils vinrent au camp des Écossais en grand nombre et sans ordre, sur de petits chevaux de montagnes, qui étaient leur seule propriété.

En général, à l'exception des cavaliers d'origine normande ou française que menait avec lui le roi d'Écosse, et qui portaient des armures de mailles complètes et uniformes, le gros de ses troupes offrait une variété désordonnée d'armes et d'habillements. Les habitants de l'est des basses terres, hommes de descendance danoise

1. Coadunatus erat iste exercitus de Normannis, Germanis, Anglis, de Northymbrams, de Cumbris, de Teviotadalâ, et Lodoneâ, de Pictis qui vulgò Galweienses dicuntur, et Scotis. (Ricardus Hagulstadensis, script. Selden, pag. 31.)

2. Walter Scott's, Minstrelsy of the scottish border, préface

1138. ou saxonne, formaient l'infanterie pesante, armée de cuirasses, et de fortes piques; les habitants de l'ouest et surtout du Galloway, qui conservaient encore une vive empreinte de leur descendance bretonne, étaient comme les anciens Bretons sans armes défensives, et portaient de longs javelots dont le fer était aigu, et le bois mince et fragile; enfin les vrais Écossais de race, montagnards et insulaires, étaient coiffés de bonnets ornés de plumes d'oiseaux sauvages, et avaient de larges manteaux de laine rayée serrés autour du corps par un baudrier de cuir auquel ils suspendaient une large épée, nommée *Glaymore*; ils portaient au bras gauche un bouclier rond de bois léger, recouvert d'un cuir épais, et quelques tribus des îles se servaient de haches à deux mains, à la manière des Scandinaves : l'armure des chefs était la même que celle des hommes du clan, on ne les distinguait qu'à leurs longs plumets plus légers, et flottant avec plus de grâce.

Les troupes du roi d'Écosse, nombreuses et peu régulières, occupèrent sans résistance tout le pays situé entre la Tweed et la limite septentrionale de la province d'York. Les rois normands n'avaient point encore bâti dans cette contrée les forteresses imposantes qu'ils y élevèrent dans un temps postérieur, et ainsi aucun obstacle n'ar-

rêta le passage des *fourmis écossaises*, comme 1138.
les appelle un vieil auteur ¹. Il paraît que cette
armée commit beaucoup de cruautés dans les
lieux qu'elle traversa; les historiens parlent de
femmes et de prêtres massacrés, d'enfants jetés
en l'air, et reçus à la pointe des lances; mais
comme ils s'expliquent avec peu de précision,
on ne sait si ces excès tombèrent seulement sur
les hommes de descendance normande, et furent
les représailles des Anglais de race, ou si l'aversion native de la population gallique contre les
habitants de l'Angleterre, sans distinction d'origine, s'exerça indifféremment sur le serf et le
maître, le pauvre et le riche, le Saxon et le
Normand ². Les chefs normands du nord, et
surtout l'archevêque d'York, nommé Toustain,
profitèrent du bruit de ces barbaries répandu
vaguement et d'une manière exagérée, pour
prévenir, dans l'esprit des habitants saxons des
rives de l'Humber, l'intérêt naturel que devait
leur inspirer la cause des ennemis de leurs ennemis ³.

1. Formicæ scoticæ. (Math. Paris., p. 90.)

2. (Chronica Normanni apud script. rer. Normanic., pag.
977.) — Johannes Hagulstadensis, apud script. rer. francic., tom. XIII, p. 81.

3. (Ethelredus Rievallensis, p. 340.)

1138 Afin de déterminer leurs sujets à s'unir à eux contre le roi d'Écosse, les Normands réveillèrent aussi avec adresse les anciennes superstitions locales; ils invoquèrent les noms des saints de race anglaise, qu'eux-mêmes avaient traité naguère avec tant de mépris; ils les prirent, en quelque façon, pour généralissimes de leur armée, et l'archevêque Toustain leva les bannières de saint Cuthbert de Durham, de saint Jean de Beverley, et de saint Wilfrid de Rippon.

Ces drapeaux populaires qui, depuis la conquête, devaient avoir peu vu le jour, furent tirés de la poussière des églises pour être transportés à Elfer-tun, aujourd'hui Allerton, à trente-deux milles au nord d'York, lieu où les chefs normands résolurent d'attendre l'ennemi. C'étaient Guillaume Piperel et Gaultier Espec, du comté de Nottingham, avec Guilbert de Lacy et son frère Gaultier, du comté d'York, qui devaient commander la bataille. L'archevêque ne put s'y rendre pour cause de maladie, et il envoya à sa place Raoul, évêque de Durham, probablement expulsé de son église par l'invasion des Écossais [1]. Autour des bannières saxonnes élevées dans le camp d'Allerton par les seigneurs de race étrangère, un instinct demi religieux, demi pa-

1. Math. Paris., p. 52.

triotique fit accourir en grand nombre les habitants anglais des villes voisines et du plat pays. Ils ne portaient plus la grande hache de combat, l'arme favorite de leurs aieux ; mais étaient armés de grands arcs et de flèches longues de deux coudées. La conquête avait opéré ce changement de deux manières différentes : d'abord ceux des indigènes qui s'étaient pliés à servir en guerre leurs maîtres étrangers, pour le pain et la solde, avaient dû s'exercer à la tactique normande ; et quant à ceux qui, plus indépendants, s'étaient voués à la vie de partisans sur les routes, et de francs-chasseurs dans les forêts, ils avaient dû pareillement quitter les armes propres au combat de près, pour d'autres plus capables d'atteindre à la course les chevaliers de Normandie et les daims du roi. Les fils des uns et des autres ayant été, dès leur enfance, exercés au tir de l'arc, l'Angleterre était, en moins d'un siècle, devenue le pays des bons archers, comme l'Écosse était le pays des bonnes lances.

Pendant que l'armée écossaise passait la rivière de Tees, les Normands se préparaient avec activité à recevoir son attaque. Ils dressèrent sur quatre roues un mât de navire, au sommet duquel fut placée une petite boîte qui contenait une hostie consacrée, et, autour de la boîte,

1138. furent suspendues les bannières qui devaient exciter les Anglais à bien cómbattre [1]. Cet étendart d'une espèce assez commune au moyen âge, occupait le centre de l'armée en bataille. La fleur de la chevalerie normande, dit un ancien historien, prit son poste à l'entour, après s'être confédérée par la foi et par le serment, et avoir juré de rester unie dans la défense du territoire, à la vie et à la mort [2]. Les archers saxons flanquaient les deux ailes du corps de bataille et formaient les premiers rangs. Au bruit de l'approche des Écossais qui s'avançaient en mauvais ordre, mais avec rapidité, le Normand Raoul, évêque de Durham, monta sur une éminence, et parla ainsi en langue française [3] :

« Nobles seigneurs de naissance normande,
« vous qui faites trembler la France, et avez
« conquis l'Angleterre, voici que les Écossais,
« après vous avoir fait hommage, entreprennent

---

1. Fixo apud Alvertonam standardo. (Math. Paris., p. 52.) — Florent Wigorn., p. 670. — Ethelred. Reval., p. 340 et seq.)

2. Decus Normannorum.... (Math. Paris., p. 52.) Communi consensu et consilio juramentum facere ut resisterent. (Florent Wigorn., p. 670.)

3. Stans in acie media in loco eminenti. (Math. Paris., pag. 52.)

« de vous chasser de vos terres ¹. Mais si nos
« pères, en si petit nombre, ont soumis une
« grande partie de la Gaule, ne vaincrons-nous
« pas ces gens à demi nuds, qui n'opposent à
« nos lances et à nos épées que la peau de leurs
« propres corps, ou un bouclier de cuir de
« veau ². Leur piques sont longues, il est vrai,
« mais le bois en est fragile, et le fer de mau-
« vaise trempe ³. On les a entendus, dans leur
« jactance, ces habitants du Galloway, dire que
« le breuvage le plus doux était le sang d'un
« Normand. Faites en sorte que pas un d'eux
« ne retourne vers les siens se vanter d'avoir tué
« des Normands ⁴. »

L'armée écossaise, ayant pour étendart une simple lance, marchait divisée en plusieurs corps. Le jeune Henri, fils du roi d'Écosse, commandait les hommes des basses terres, et les volontaires anglais du Cumberland et du Northumber-

---

1. Proceres Angliæ clarissimi, Normannigenæ..... ferox Anglia a vobis capta succumbit; nunc Scotia.... (Ibid.)

2. Nudum objiciunt corium pelle vitulinâ pro scuto utentes. (Ethel. Rieval., p. 343.)

3. Lignum fragile est, ferrum obtusum. (Ibid.)

4. Se felicissimos, quòd Gallorum sanguinem bibere possent.... Ecce quot Gallos hodie occidi. (Ethelred Rieval, pag 343.)

land; le roi lui-même était à la tête de tous les clans des montagnes et des îles; et les chevaliers d'origine normande, armés de toutes pièces, formaient sa garde[1]. L'un d'entre eux appellé Robert de Brus, homme d'un grand âge, qui, tenait pour le roi d'Écosse, en *raison* de son fief d'Annandale[2], et n'avait d'ailleurs aucun motif personnel d'inimitié contre ses compatriotes d'Angleterre, s'approcha du roi au moment où il allait donner le signal de l'attaque, et lui parlant d'un air triste « O Roi, dit-il, « songes-tu bien contre qui tu vas combattre? « C'est contre les Normands et les Anglais, qui « toujours t'ont si bien servi de conseils et d'ar- « mes, et sont parvenus à te faire obéir de tes « peuples de race gallique [3]. Tu te crois donc « bien sûr maintenant de la soumission de ces « tribus; tu espères donc les maintenir dans le « devoir avec le seul appui de tes hommes d'ar-

---

1. Rex in sua acie Scotos et Murranenses retinuit. (Ibid.) Circa regem steterunt equestres ordines militaribus armis instructi. (Johan. Hagulstad., p. 85.)

2. Ratione terrarum suarum. (Monast. anglic., tom. II, pag. 148.)

3. Adversùm quos hodie levas arma? adversùm Anglos et Normannos... quorum semper consilium utile et auxilium promptum.. (Ethelred. Rieval., p. 344.)

« mes écossais [1]; mais souviens-toi que c'est
« nous qui d'abord les avons mis sous ta main,
« et que de là vient la haine dont ils sont ani-
« més contre nos compatriotes [2]. » Ce discours
parut faire une grande impression sur le roi
d'Écosse [3]. Mais Guillaume, son neveu, s'écria
avec impatience : Voilà des paroles de traître [4].
Le vieux Normand ne répondit à cet affront
qu'en abjurant, suivant la formule du siècle,
son serment de foi et d'hommage, et piqua des
deux vers le camp des ennemis [5].

1138

Alors les montagnards qui entouraient le roi,
élevèrent la voix et crièrent l'ancien nom de
leur pays, *Alben, Alben!* Albanie, Albanie [6]!
Ce fut le signal du combat. Les gens du Cumberland et des vallées de Liddel et de Tiviot chargèrent d'une manière ferme et rapide le centre
de l'armée normande, et, selon l'expression d'un

1. Nova est ista tibi in Wallensibus securitas.... quasi soli tibi sufficiant Scoti etiam contra Scotos. (Ibid.)

2. Quidquid odii, quidquid inimicitiarum adversùm nos habent Scoti, tuî tuorumque est causa, pro quibus contra eos toties dimicavimus. (Ibid.)

3. Rex in lacrymas solvebatur. (Ethelred. Rieval., p. 34.)

4. Robertum ipsum arguit proditionis. (Ibid.)

5. Vinculum fidei patrio more dissolvens. (Ibid.)

6. Exclamant Albani, Albani! (Jo. Brompton, p. 1027.)

ancien narrateur, le rompirent comme une toile d'araignée [1]. Mais étant mal soutenus par les autres corps écossais, ils n'arrivèrent point jusqu'à l'étendart des Anglo-normands ; ceux-ci rétablirent leurs rangs, et repoussèrent les assaillants avec pertes, et, à une seconde charge, les longs javelots des Écossais du sud-ouest se brisèrent contre les hauberts de mailles et les écus des Normands [2]. Alors les montagnards tirèrent leurs grandes épées pour combattre de près ; mais les archers saxons, se déployant sur les côtés, les assaillirent d'une grêle de flèches, pendant que les cavaliers normands les chargeaient de front, en rangs serrés et la lance basse [3]. « Il faisait beau voir, dit un contem-
« porain, les mouches piquantes sortir en bour-
« donnant des carquois des hommes du Sud, et
« obscurcir l'air comme une épaisse poussière [4]. »

Les Galls, hardis et braves, mais peu faits pour les évolutions régulières, se dispersèrent du mo-

---

1. Ipsa globi australis parte instar cassis araneæ dissipata. (Joh. Brompton, p. 127.)

2. Ferri soliditate, lancearum Scoticarum est delusa fragilitas. (Ethelred. Rieval., p. 346.)

3. Eductis gladiis comminùs decertare tentabant. (Ibid.)

4. Australes muscæ de cavernis pharetrarum ebullientes, et instar densissimi pulveris. (Ibid.)

ment qu'ils se sentirent incapables d'entamer les rangs de l'ennemi[1]. Toute l'armée d'Écosse, contrainte de faire sa retraite, rétrograda jusqu'à la Tyne. Les vainqueurs ne la poursuivirent point au-delà de ce fleuve, et le pays qui s'était insurgé à l'approche des Écossais, demeura, malgré leur défaite, affranchi de la domination normande. Durant un assez long espace de temps, après cette journée, le Westmoreland et le Northumberland firent partie du royaume d'Écosse; le nouvel état de ces trois provinces empêcha l'esprit et le caractère anglo-saxon de s'y dégrader autant que dans la partie méridionale de l'Angleterre. Les traditions nationales et les chants populaires survécurent et se perpétuèrent au nord de la Tyne[2]; c'est de là que la poésie anglaise, anéantie dans les lieux qu'habitaient les Normands, et remplacée durant plusieurs siècles par une poésie étrangère, redescendit plus tard sur les provinces méridionales.

Pendant que ces choses se passaient au nord de l'Angleterre, la nation des Gallois, qui avait promis secours aux Saxons dans leur grand complot de délivrance, exécutant sa promesse malgré le mauvais succès de l'entreprise, com-

1 Omnes a campo dilapsi sunt. (Jo. Hagulstad. p. 86.)
2. Jamieson's popular songs. tom. II, p. 97.

1137 à 1138. mença sur toute la ligne de ses frontières l'attaque des châteaux-forts bâtis par les Normands. Les Cambriens, race d'hommes impétueuse et passionnée, se portèrent avec une sorte de fanatisme national à cette agression soudaine; il n'y eut de quartier pour aucun homme parlant la langue française : barons, chevaliers et soldats impatronisés sur les terres galloises, prêtres et moines intrus dans les églises, et dotés des terres des Gallois, tous furent tués ou chassés des domaines qu'ils occupaient [1]. Les Cambriens se montrèrent cruels dans ces représailles; mais eux-mêmes avaient subi des cruautés inouies de la part des Anglo-normands. Hugues le Loup et Robert de Maupas avaient presque dépeuplé la contrée de Flint, voisine du comté de Chester; Robert de Rhuddlan les avait enlevés de leurs maisons pour en faire des serfs, et les historiens du temps disent de Robert de Belesme, comte de Shrewsbury, qu'il les avait déchirés avec des ongles de fer [2].

Les conquérants de l'Angleterre, non contents de posséder les terres fertiles de ce pays, avaient

---

[1]. Gesta Stephani regis, p 930. — Monasticon anglican., tom. II, pag. 63.

[2]. Cominùs ut pecudes occidit, aut indebitæ servituti atrociter mancipavit. (Ord. Vital., p. 670.) — Ferreis ejus ungulis excoriati. (Ibid., p. 768)

de bonne heure envahi avec une égale avidité les marais et les rochers de la Cambrie [1]. Ceux des chefs de bandes qui s'établirent dans les provinces de l'ouest sollicitèrent presque tous du roi Guillaume ou de ses fils, comme une sorte de supplément de solde, la *licence* de conquérir sur les Gallois; c'est l'expression même des anciens actes [2]; beaucoup d'hommes obtinrent cette permission; d'autres la prirent d'eux-mêmes, et, sans lettres de marque, coururent sus aux Gallois, qui leur résistèrent bravement et défendirent pied à pied leur territoire. Les Normands s'étant rendus maîtres des extrémités orientales du pays de Galles, y bâtirent, suivant leur coutume, une ligne de châteaux-forts [3].

1137 à 1138.

Cette chaîne de forteresses s'était graduellement resserrée; et, lorsqu'en l'année 1138, les Gallois entreprirent de la rompre, presque tout le sud du pays, les vallées de Glamorgan et de Breknock, et le grand promontoire de Pembroke, étaient déjà détachés de l'ancienne Cambrie. Divers accidents avaient contribué à

1. Postquam Normanni bello commisso Anglos sibi subjugârunt, Wallonicam terram adjacentem.... (Gesta Stephani regis, p. 940.)

2. Cui rex dedit licentiam conquirendi super Wallenses. (Monast. anglic., tom. I, p. 724. et passim.)

3. Innumeris castellis cinxere.. (Gesta Steph. regis p. 630)

1088. faciliter ces conquêtes. D'abord, sous le règne de Guillaume-le-Roux, une guerre civile entre les Gallois méridionaux (événement trop commun chez ce peuple), introduisit dans le pays de Glamorgan, comme auxiliaires soldés de l'une des parties belligérantes, une compagnie d'aventuriers normands conduits par Robert, fils d'Aymon. Ce Robert (le même dont la fille ne voulait point accepter un gendre qui n'eût pas deux noms[1]), après avoir combattu pour un chef gallois, et reçu sa solde, retournant sur ses domaines de Glocester, se mit à songer à l'effet terrible qu'avaient produit sur les Cambriens ses hommes et ses chevaux vêtus de fer[2]. Cette réflexion lui suggéra le projet de visiter en conquérant le même chef dont il

1088 à 1138. avait été le soldat. Il rassembla une bande plus nombreuse, entra dans la vallée de Glamorgan, et s'empara des lieux les plus voisins de la frontière normande[3]. Les envahisseurs se partagèrent le pays suivant leurs grades. Robert, fils d'Aymon, eut pour son lot trois villes, et devint comte de toute la terre conquise. Parmi ses principaux compagnons, l'histoire cite Robert de

1. Voyez livre VII, pag. 249.
2. Cambrien biography, p 107 — 197.
3. Ibidem, p. 97.

Saint-Quentin, Pierre-le-Sourd, Jean-le-Flamand, et Richard de Granville ou *Grainville*, comme prononçaient les Normands[1]. Ils eurent chacun des villages entiers ou de vastes domaines, et de pauvres *soudoyers* qu'ils étaient, devinrent pour la postérité la tige d'une nouvelle race de nobles et puissants barons.

Vers le même temps, Dreux ou Dru de Balaon bâtit un château à Abergavenny; et un certain Guillaume, qui en éleva un à Monmouth, prit le nom de Guillaume de Monemue, selon l'euphonie normande[2]: ce Guillaume, pour le salut de son âme, fit don d'une église galloise aux moines de Saint-Florent de Saumur; et, dans le même voisinage, Robert de Candos ou Chandos établit et dota des moines venus de Normandie[3]. Durant les guerres qu'une nombreuse faction de Normands fit à Guillaume-le-Roux et à Henri Ier, en faveur de leur frère aîné Robert, les deux rois appelèrent à leur secours tout ce qu'il y avait de soldats de fortune. Ceux qui de l'autre côté du détroit se rendirent à cet appel, exigèrent, pour la plupart, comme les

---

1. Ibid., pag. 198.
2. Monast. anglic., tom. I, p. 556. — Ibid., 602, 719.
3. Et super dictum conquæstum fundavit prioratum de Goldestou, in proprio solo per eum conquæsto. (Monast. anglic., tom. II, p. 904.)

soldats du conquérant, la promesse d'un domaine territorial, dont ils firent d'avance hommage aux rois. D'abord on assigna, pour le paiement de ces dettes, les terres à confisquer sur les Normands du parti contraire, et quand elles n'y suffirent plus, on donna aux aventuriers des lettres de marque sur les Gallois [1].

Plusieurs capitaines de compagnies franches qui reçurent leurs gages en cette monnaie, se distribuèrent, avant même de les avoir conquis, les cantons les plus voisins du territoire de Glamorgan, et en joignirent, selon la mode du siècle, le nom à leur nom propre; puis, quand le temps de leur service en Angleterre fut expiré, ils firent route vers l'ouest, afin de se mettre, comme ils disaient, en possession de leurs héritages [2]. Sous le règne de Guillaume-le-Roux, Bernard de Neuf-Marché s'empara ainsi du territoire de Breknock, et après sa mort, il le laissa, disent les actes, à sa fille Sibylle, en légitime propriété [3]. Au temps du roi Henri, un

1. Invadendæ Cambriæ facultatem petiverunt. quâ concessâ... (Girald., Cambrens. Itinerar., Walliæ, ed. Camdn.)

2. Assignant sibi provincias quas invadere constituunt, pro quibus se regi fidelitatis sacramento adstringunt. (Giraldi Cambr. Itin. Walliæ.)

3. Monast. anglic tom. I, p. 320. — Ibid., 556.

certain Richard, Normand de naissance, et comte d'Eu en Normandie, conquit la province galloise de Divet ou de Pembrocke, avec une petite armée de Brabançons, de Normands, et même d'Anglais, que les maux de la conquête dans leur patrie réduisaient au métier d'aventuriers et de conquérants du pays d'autrui. Richard d'Eu reçut, dans cette campagne, de ses Flamands et de ses Anglais le surnom teutonique de *Strong-boghe*, c'est-à-dire, fort tireur d'arc, et, par un hasard singulier, ce sobriquet, inintelligible pour les Normands, demeura héréditaire dans la famille du chef normand [1].

1110.

Le Fort-tireur et ses compagnons d'armes se rendirent par mer à la pointe la plus occidentale du pays de Divet; et refoulèrent vers l'est la population cambrienne des côtes, massacrant tout ce qui leur résistait. Les Brabançons étaient alors la meilleure infanterie de toute l'Europe, et le pays, peu montagneux, leur permit de se prévaloir avec avantage de leur forte et pesante armure [2]. Ils le conquirent rapidement, en partagèrent les villes, les maisons et les domaines, et bâtirent des châteaux pour se garantir des incursions des vaincus. Les Flamands et les Nor-

1110 à 1138.

---

1 Monast. anglici., tom. I, pag. 724.

2. Girald. Cambr. apud Angl. sacr., tom. II, p. 452.

mands, qui tenaient le premier rang dans l'armée conquérante, furent les mieux favorisés dans le partage, et leur postérité forma la race des nouveaux riches et des nouveaux nobles du pays. Plusieurs siècles après, ces nobles et ces riches se faisaient encore remarquer par leurs noms à tournure française, précédés de la particule *de* ou du mot *fils* ou *fitz*, selon la vieille orthographe[1]. Les descendants des Anglais, enrôlés dans cette expédition, composèrent la classe moyenne des petits propriétaires et des fermiers libres; leur langue devint la langue vulgaire du territoire conquis, et en bannit l'idiome gallois, circonstance qui fit donner au pays de Pembrocke le nom de *petite Angleterre*[2]. Un monument curieux de cette conquête subsista long-temps dans le pays, c'était une grande route tracée sur les montagnes, d'un sommet à l'autre; cette route, construite par les envahisseurs pour faciliter leur marche et assurer leurs communications, garda durant plusieurs siècles le nom de *chemin des Flamands*[3].

1. Cambrian register for 1796, p. 68 — 70

2. Anglia transvalliana. Little England biyond Weles. (Ibid.)

3. Sicut via Flandrensium ducit per summitatem montis. (Vetus charta, ibid., p. 103.)

Encouragés par l'exemple de Richard *Strongboghe*, comte de Pembrocke, d'autres aventuriers abordèrent par mer dans la baie de Cardigan, et un certain Martin, de *Tours* ou *Des tours*, envahit le territoire de Keymes, avec Guérin du Mont-Cenis, qu'on appelait en normand *Mont Chensey*, et Guy de Brionne[1]. Martin de Tours prit le titre de seigneur de Keymes, comme administrateur souverain de la contrée où ses hommes d'armes s'établirent[2]. Il y ouvrit un asyle pour tous les hommes français, flamands et même anglais de naissance, qui voudraient venir augmenter sa colonie, lui jurer foi et hommage contre les Gallois, et recevoir des terres sous condition de service, avec le titre d'hôtes libres de Keymes[3]. La ville que ces aventuriers fondèrent fut appelée le *Bourgneuf*; et le lieu où le chef de guerre, devenu seigneur du pays, bâtit sa principale demeure, s'appela long-temps *Château-Martin*, suivant le génie de la vieille langue française qui suppri-

1. Cambrian register, pag. 126.

2. Martinus Turonensis, al. de Turribus, dominus de Keymes. (Ibid.)

3. Omnes liberos hospites suos de Keymes. (Ibid., pag. 159.)

1110
à
1138.

mait les articles [1]. Pour bénir son invasion, Martin bâtit une église et un prieuré qu'il peupla de clercs, appelés à grands frais de l'abbaye de Saint-Martin de Tours. Il les préféra, soit parce que la ville de Tours était son lieu natal, soit parce que le nom de ce lieu faisait allusion à son propre nom [2]. A sa mort on l'ensevelit dans un tombeau de marbre, au milieu du chœur de la nouvelle église, et les clercs tourangeaux de la seigneurie de Keymes recommandèrent aux bénédictions de tout chrétien la mémoire de leur patron qui, disaient-ils, avait ravivé, par son pieux zèle, la foi chancelante dans ce pays par la méchanceté des Gallois [3].

Cette accusation, dont les prêtres normands venus à la conquête d'Angleterre n'avaient pas manqué de se prévaloir pour autoriser leur intrusion et la dépossession de tout le clergé de race anglaise, fut renouvelée contre les Cambriens, par tous ceux à qui les aventuriers flamands, normands ou français donnèrent des

---

1. Novumburgum... Castrum Martini, en anglais moderne *Castle-Martin*. (Cambrian register, pag. 126.)

2. Monast. anglic., tom. I, pag. 445.

3. Consectam ejus gentis rabiem, audaciam, christianæ fidei magna ex parte ignorantiam. (Monast. anglic., tom. II, pag. 63.)

églises, des abbayes et des prieurés dans le pays de Galles. Afin de colorer par une sorte de prétexte l'expulsion violente des anciens évêques et prêtres de ce pays, ils les déclaraient en masse hérétiques, pervers et faux chrétiens [1]. Cependant, il y avait déja long-temps que les évêques de la Cambrie s'étaient réconciliés avec l'Église romaine, qu'ils étaient rentrés, comme on disait alors, dans l'unité catholique, et que l'un d'eux, celui de S. David, avait accepté le pallium [2]. Ils se plaignirent vivement au pape de l'usurpation de leurs églises par des hommes de race étrangère et nullement religieux [3]. Mais le pape ne les écouta point, regardant ceux qui lui avaient conquis sur les Anglais le denier de saint Pierre comme d'assez bons juges de ce qui convenait au bien des âmes de leurs sujets. Après de vaines lamentations et un appel inutile à l'homme qui se disait vicaire de Jésus-Christ et père de tous les chrétiens, les Gallois, poussés à bout, se firent justice eux-

1110
à
1138.

---

[1]. Tantam in moribus eorum perversitatem. (Notæ ad Eadmeri hist., pag. 209.)

[2]. Eadmeri hist. novor., p. 116.

[3]. Hæc ecclesia ferè annihilata est invasione super venientes gentis Normanniæ.. maxima parte cleri deleta...
(Anglia sacra, p. 693.)

mêmes, et chassèrent, en plusieurs lieux, à main armée, les prêtres étrangers qui avaient chassé leurs propres prêtres et disposé des biens des églises comme d'un patrimoine privé [1].

Ces actes de vengeance nationale furent plus fréquents dans les contrées maritimes, lieux plus éloignés de l'Angleterre et du centre de la puissance normande. Sur la côte voisine de l'île d'Anglesey, envahie par mer, en même temps que cette île, par les gens d'armes du comte de Chester, se trouvait une ville épiscopale nommée Bangor, où le roi Henri Ier avait établi un prélat normand appelé Hervé. Pour remplir au gré du roi ses fonctions pastorales, au milieu d'une contrée à peine soumise, Hervé, dit un ancien auteur, tira le glaive à deux tranchants [2], et lança des anathèmes journaliers contre les Cambriens en même temps qu'il leur faisait la guerre à la tête d'une troupe de soldats [3]. Les Gallois ne se laissèrent pas excommunier et massacrer sans résistance; ils défirent l'armée

1. Iste Gaufridus episcopatum deseruit, Wallesium infestatione compulsus... (Rog. de Hoved., p. 544.)

2. Gladium bis acutum ad eos domandos exeruit. (Ex hist. Eliensi manuscript. (In notis ad Eadmeri hist., p. 209.)

3. Hunc anathemate, nunc propinquorum et aliorum hominum eos coercens multitudine. (Ibid.)

de l'évêque, tuèrent un de ses frères et plusieurs de ses gens, et le contraignirent à prendre la fuite[1]. Hervé retourna en Angleterre auprès du roi Henri, qui le félicita d'avoir souffert pour la foi, et lui promit récompense[2] ; et le pape régnant, nommé Pascal, écrivit de sa propre main au roi, pour lui recommander spécialement cette victime de ce qu'il appelait la persécution et la férocité des barbares[3].

1107 à 1138.

Pourtant la nation galloise était peut-être alors de toute l'Europe celle qui méritait le moins le nom de barbare. Malgré le mal que les Anglo-normands lui faisaient, chaque jour, ceux qui venaient la visiter sans armes, comme simples curieux, étaient accueillis et fêtés partout avec empressement; on les admettait, dès le premier abord, dans l'intimité des familles; on leur faisait partager le plus grand plaisir du pays, qui était la musique et le chant. « Ceux qui arri« vent aux heures du matin, dit un voyageur du « douzième siècle, sont amusés jusqu'au soir par « la conversation des jeunes femmes, et par le son « de la harpe[4]. » Il y avait une harpe dans chaque

1. Nec minor fuit eorum contra eum rebellio. (Ibid.)
2. Religiosi episcopi. (Ibid.)
3. Nimiâ barbarorum ferociâ et persecutione. (Ibid., pag. 210.)
4. Qui matutinis horis adveniunt, puellarum affatibus

20.

1110
à
1138.

maison, si pauvre qu'elle fût; et la compagnie, assise en rond autour du musicien, chantait alternativement des stances quelquefois improvisées : on se donnait des défis pour l'improvisation et le chant, d'homme à homme, et quelquefois de village à village[1].

La vivacité d'esprit naturelle aux races celtiques se manifestait en outre chez les Cambriens, par leur goût excessif pour la conversation et par la promptitude de leurs répliques. « Tous les Gallois sans exception, même dans les rangs les plus bas, dit l'ancien voyageur cité plus haut, ont reçu de la nature une grande volubilité de langue et une extrême assurance à répondre devant les princes et les grands; les Italiens et les Français paraissent avoir la même faculté; mais on ne la trouve ni dans les Anglais de race, ni dans les Saxons de la Germanie, ni dans les Allemands[2]. On alléguera sans doute, pour cause du manque de hardiesse des Anglais, leur servitude actuelle; mais telle n'est point la vraie raison de ces diffé-

---

cytharæque modulis usque ad vesperam delectantur. (Giraldi Cambriæ de se, etc. Ed. Comden, pag. 889.)

1. Pennant's tour in Wales.

2. Loquendi audaciam et respondendi fiduciam coràm principibus et magnatibus... (Giraldi Cambr., p. 889.)

« rences, car les Saxons du continent sont libres, « et l'on remarque en eux le même défaut [1]. »

Les Gallois qui n'entreprirent jamais d'invasions hors de leur pays à la manière des peuples germaniques, et qui, suivant un de leurs proverbes nationaux, souhaitaient que chaque rayon du soleil fût un poignard pour percer l'ami de la guerre [2], ne faisaient jamais de paix avec l'étranger tant qu'il occupait leur territoire, y fût-il cantonné depuis longues années, y eût-il des châteaux, des bourgs et des villes. Le jour où l'un de ces châteaux était détruit de fond en comble, était un jour de joie universelle, où, selon les paroles d'un écrivain gallois, le pere privé d'un fils unique oubliait son malheur [3]. Dans la grande prise d'armes qui eut lieu en l'année 1138, les Normands, attaqués sur toute la ligne de leurs marches, depuis le golfe de la Dee jusqu'à la Saverne, perdirent plusieurs postes, et pour quelque temps furent obligés de prendre à leur tour une attitude défensive [4].

1. Si servitutem causaris in Anglis et hunc ei defectum assignes, in Saxonibus et Germanis qui libertate gaudent, et eodem tamen vitio vexantur, ratio non provenit. (Ibid.)

2. Cambro-britton., tom. II, pag. 13.

3. Ibid., tom. I, pag 137.

4. Gesta Stephani regis, p. 931. Florent. Wigorn., pag. 666.

1138. Mais l'avantage remporté par les Cambriens ne pouvait être d'une grande importance, parce qu'ils ne poursuivaient point la guerre au-delà des limites de leurs montagnes et de leurs vallées. Leur attaque, quelque vive qu'elle fût, donna ainsi moins d'alarmes aux conquérants de l'Angleterre, que l'invasion du roi d'Écosse, et fut encore moins utile au peuple saxon qui avait mis en elle son espérance [1].

Le roi Étienne n'eut pas besoin de quitter sa résidence du Sud, pour marcher à la rencontre, soit des Écossais, soit des Gallois. Mais, peu de temps après, les partisans normands de Mathilde, fille de Henri I, lui donnèrent plus d'inquiétude. Appelée en Angleterre par ses amis, Mathilde débarqua le 22 septembre de l'année

1139. 1139, se jeta dans le château d'Arondel sur la côte de Sussex, et de là gagna celui de Bristol, où commandait son frère bâtard Robert, comte de Glocester [2]. Au bruit de l'arrivée de la prétendante, beaucoup de mécontentements et d'intrigues secrètes se dévoilèrent. La plupart des chefs du Nord et de l'Ouest firent leur renonciation solennelle à l'hommage et à l'obéissance d'Étienne de Blois, et renouvelèrent le serment

---

1. Ord. Vital., p. 912.
2. Gervasii Cantuariensis chronica, p. 1549.

qu'ils avaient prêté à la fille du roi Henri[1]. Toute la race normande d'Angleterre parut en un moment divisée en deux factions qui s'observaient avec défiance avant d'en venir aux mains. « Le « voisin, disent les historiens du temps, soup-« çonnait son voisin, l'ami son ami, le frère son « frère[2]. »

De nouvelles bandes de soldats brabançons, engagés soit par l'un, soit par l'autre des deux partis rivaux, vinrent avec armes et bagages, par différents ports et diverses routes, aux rendez-vous assignés par le roi et par Mathilde[3] : de part et d'autre, on leur avait promis, pour solde, les terres de la faction ennemie. Afin de soutenir les frais de cette guerre civile, les fils des Normands se mirent à vendre et à revendre leurs domaines, leurs villages et leurs bourgs d'Angleterre avec les habitants corps et biens[4]. Plu-

1. Ab obsequio regis recesserunt, et pristinis fidei sacramentis innovatis... (Ibid.)
2. Nec vicinus in proximo, nec amicus in amico, nec frater in fratre potuit fidem habere. (Ibid., p. 1350.)
3. Flandrenses igitur, relicto natali solo, catervatim in Angliam confluunt. (Gervas. Cant., p. 1350.)
4. Quibus in stipendium dantur ac venuntur vicorum ac villarum cultores atque habitatores, cum omnibus rebus suis universis ac substantiis. (Florent. Wigorn. Cant., pag. 672.)

sieurs firent des incursions sur les domaines de leurs adversaires, et y enlevèrent les chevaux, les bœufs, les moutons et les Anglais qu'on saisissait jusque dans les villes, et qu'on emmenait garrottés [1]. La terreur était telle parmi eux, que si les habitants de quelque cité ou de quelque bourg voyaient approcher de loin seulement trois ou quatre hommes à cheval, ils prenaient aussitôt la fuite [2].

Cet effroi exagéré provenait des bruits sinistres qui couraient sur le sort des hommes que les Normands avaient saisis et enfermés dans leurs châteaux [3]. « Car ils enlevaient, dit la chro-
« nique saxonne, tous ceux qui leur paraissaient
« avoir quelque bien, hommes et femmes, de
« jour comme de nuit; et quand ils les tenaient
« emprisonnés pour en tirer de l'or et de l'ar-
« gent, ils leur infligeaient des tortures, comme
« jamais martyr n'en éprouva [4]. Les uns étaient
« suspendus par les pieds, la tête au-dessus de la

---

1. Per vicos et plateas capiuntur et velut in copula canum constringuntur. (Ibid., p. 673.)

2. Si duo vel tres equites appropinquarent alicui oppido omnes oppidani fugerunt. (Chron. saxon., Gibson, p. 239.)

3. Dconles and yvelo men. (Ibid.)

4. Adeò ut nulli unquàm martyres talia senserunt. (Ibid.)

« fumée; d'autres étaient pendus par les pouces, « avec du feu sous les pieds; à quelques-uns ils « serraient la tête avec une courroie, jusqu'au « point d'enfoncer le crâne; d'autres étaient jetés « dans des fosses remplies de serpents, de cra-« pauds et de toutes sortes de reptiles; d'autres « étaient placés dans la *chambre à crucir*, c'est « ainsi que (en langue normande) on appelait « une espèce de coffre court, étroit, peu pro-« fond, garni de pierres tranchantes, et où le « patient était tenu serré jusqu'à la dislocation « des membres [1].

1139
à
1140.

« Dans la plupart des châteaux il y avait un « un trousseau de chaînes d'un poids si lourd « que deux ou trois hommes pouvaient à peine « le soulever [2]; le malheureux qu'on en char-« geait était tenu debout par un collier de fer « scellé dans un poteau, et ne pouvait ni s'as-« seoir, ni se coucher, ni dormir. Ils tuèrent,

---

1. Alios injecerunt in crucetum (crucet-hus), id est, cistam quæ erat brevis et angusta et depressa.... (Chron. saxon., Gibson, pag. 140.) *Crucir*, en vieux français, signifie *torturer*.

2. In compluribus castellorum erat horridum quiddam ac detestandum scilicet *sachen-teges*... (ibid.). *Sac*, al. *sache*, signifie *procès* ou *question judiciaire*, lis, quæstio judiciaria; *tege trag* signifie *lien*. (Voyez le Glossaire saxon.)

1139 à 1140.

« par la faim, plusieurs milliers de personnes[1].
« Ils imposèrent tribus sur tribus aux bourgs
« et aux villes, et (dans leur langue) ils appe-
« laient cela *tenserie* [2]. Lorsque les bourgeois
« n'avaient plus rien à leur donner, ils pillaient
« et incendiaient la ville [3]. On eût pu voyager
« tout un jour sans trouver une ame dans les
« bourgs, ni à la campagne un champ cultivé.
« Les pauvres mouraient de faim, et ceux qui
« autrefois avaient eu quelque chose, mendiaient
« leur pain de porte en porte [4]. Quiconque
« put s'expatrier abandonna le pays. Jamais plus
« de douleurs et de maux ne fondirent sur cette
« terre, et les payens, dans leurs invasions,
« en firent moins qu'eux [5]. Ils n'épargnaient ni
« les cimetières ni les églises, prenaient tout ce
« qu'il y avait à prendre, et puis mettaient le
« feu à l'église : c'était en vain qu'on labourait
« la terre ; autant eût valu labourer le sable, et

1. Multa millia fame occiderunt. (Chron. saxon., Gibson, pag. 140.)

2. Imposuerunt tributa oppidis valdè frequenter, et illud vocârunt *Tenserie*... (Ibid.) *Tenser* ou *tanser*, en vieux français, veut dire *châtier*.

3. Vastaverunt et incenderunt omnia oppida. (Ibid.)

4. Ostiatim victum petebant. (Ibid.)

5. Neque unquam pagani plus mali quàm hi fecerunt. (Ibid.)

« l'on disait ouvertement que le Christ et les « saints sommeillaient [1]. »

C'était aux environs de Bristol, où l'*emperesse* Mathilde et ses Angevins avaient établi leur quartier général, que régnait la plus grande terreur. Tout le jour on voyait amener à la ville des hommes liés et bâillonnés, soit avec un bâton, soit avec un mors de fer dentelé [2]. Il en sortait incessamment des troupes de soldats déguisés, qui, sous l'habit anglais, cachant leurs armes et leur langage, se répandaient dans les lieux populeux, se mêlaient à la foule, dans les marchés et dans les rues; puis tout à coup s'emparaient de ceux dont l'aspect semblait annoncer quelque peu d'aisance, et les conduisaient à leur quartier, pour les y mettre à rançon [3]. Ce fut contre Bristol que le roi Étienne dirigea d'abord son armée; cette ville forte et bien défendue résista, et les soldats royaux s'en

---

1. Dixerunt enim apertè quòd Christus dormivit et ejus sancti. (Chron. saxon., Gibson, p. 240.)

2. Ore obturato vel cum massâ aliquâ illic urgenter impressâ, vel cum machinulâ ad formam asperi fræni capistratâ et dentatâ.. (Gesta Stephani regis, p. 941.)

3. In die pertritam et populosam viam, nunc huc, nunc illuc, itinerare.... nomen suum personas et officium mentiri, non arma, non notabilem habitum. (Ibid.)

1139 vengèrent en dévastant et brûlant les environs [1].

a
1140. Le roi attaqua ensuite un à un, avec plus de succès, les châteaux normands situés sur la frontière du pays de Galles, dont presque tous les seigneurs s'étaient déclarés contre lui.

1140. Pendant qu'il était occupé de cette guerre longue et pénible, l'insurrection éclata du côté de l'est; les terres marécageuses d'Ély, qui avaient servi de refuge aux derniers des Saxons libres, devinrent un camp pour les Normands de la faction angevine. Baudoin de Reviers et Lenoir, évêque d'Ély, bâtirent, contre Étienne, des retranchements de pierre et de ciment aux lieux même où Héreward avait élevé un fort de bois contre le roi Guillaume [2]. Ces lieux, toujours considérés comme redoutables par l'autorité normande, à cause des facilités qu'ils offraient pour s'y réunir et s'y défendre, avaient été mis, par Henri Ier, sous le pouvoir d'un évêque dont la surveillance devait se joindre à celle du comte et du vicomte de la province [3]. Le premier évêque

1. Quæcumque in circuitu illius erant vastatis et consumptis. (Gesta Stephani, p. 942.)

2. Ex lapide et cæmento. (Hist. Eliensis apud Angliam sacram, tom. I, p. 620.

3. Cernens insulam Eliensem locum periculosissimum si qua seditio in regno oriretur,... studuit.... locum subsede episcopali immutari. (Ingulf. croyl. Cont., p. 117.)

du nouveau diocèse d'Ély fut ce même Hervé, 1140
que les Gallois avaient expulsé de Bangor; le
second fut Lenoir, qui découvrit la grande
conspiration des Anglais, en l'année 1137. Ce
ne fut point par zèle personnel pour le roi
Étienne, mais par patriotisme, comme Normand, qu'il servit alors ce roi contre les Saxons,
et dès que les Normands se furent déclarés contre Étienne, Lenoir se joignit à eux, et entreprit
de faire, des îles de son diocèse, un rendez-vous pour les amis de Mathilde [1].

Étienne attaqua ses adversaires dans ce camp,
de la même manière que le conquérant y avait
autrefois attaqué les réfugiés saxons. Il construisit des ponts de bateaux, sur lesquels passa
la cavalerie, et mit en pleine déroute les soldats
de Baudoin de Reviers et de l'évêque Lenoir [2].
L'évêque s'enfuit vers Glocester, où se trouvait
alors la fille de Henri I, avec les principaux de ses
partisans. Tous ceux qu'elle avait dans l'Ouest,
encouragés par l'absence du roi, réparaient les
brèches de leurs châteaux, ou, transformant en
forteresses les clochers des grandes églises, les
garnissaient de machines de guerre; ils creu-

[1]. Consideratâ mirâ et insuperabili loci munitione. (Gesta Stephani, pag 949.)

[2]. Gesta Steph. regis, p. 950. — Anglia sacra, p. 620.

1140. saient, à l'entour, des fossés, dans le terrain même des cimetières, de façon que les cadavres étaient mis à découvert, et le os des morts dispersés [1]. Les prélats normands ne se faisaient aucun scrupule de prendre part à ces opérations militaires, et n'étaient pas les moins actifs ni les moins occupés à torturer les Anglais, pour leur faire donner rançon. On les voyait, comme dans les premiers temps de la conquête, montés sur des chevaux de bataille, couverts d'armes, la lance ou le bâton au poing, diriger les travaux et les attaques, ou tirer le butin au sort [2].

L'évêque de Chester et celui de Lincoln se faisaient remarquer parmi les plus belliqueux. Ce dernier rallia les troupes battues au camp 1141. d'Ély, et recomposa sur la côte de l'Est une armée que le roi Étienne vint attaquer, mais avec moins de succès que la première; ses troupes, victorieuses à Ély, se débandèrent près de Lincoln; abandonné de ceux qui l'entouraient, le roi se défendit seul quelque temps, mais à la fin, obligé de se rendre, il fut con-

1. Cœmeterium in castelli sustollebatur vallum, et corpora mortuorum retracta... (Angl. sacr., p. 620.)

2. Ipsi episcopi ferro accincti... prædas participare... pecuniosos cruciatibus exponere... invehi equis... (Gesta Stephani, p 962.)

duit à Glocester, aux quartiers de la comtesse 1141. d'Anjou qui, de l'avis de son conseil de guerre, l'enferma au donjou de Bristol [1]. Cette défaite ruina la cause royale. Les Normands du parti d'Étienne le voyant vaincu et captif, passèrent en foule du côté de Mathilde [2]. Son propre frère, Henri, évêque de Winchester, se déclara pour la faction victorieuse ; et les paysans saxons, qui haïssaient également les deux partis, profitèrent du désastre des vaincus pour les dépouiller et les maltraiter dans leur déroute [3].

La petite-fille du conquérant fit son entrée triomphale dans la cité de Winchester : l'évêque Henri la reçut aux portes, à la tête du clergé de toutes les églises. Elle s'empara des ornements royaux, ainsi que du trésor d'Étienne [4], et convoqua un grand conseil de prélats, de comtes, de barons et de chevaliers normands. L'assemblée fit Mathilde reine, et l'évêque qui la présidait prononça la formule suivante : « Ayant invoqué pre-

1. In turri Bricstowensi. (Ibid., p. 952.)

2. Spontè ad comitissæ imperium conversis. (Ibid, pag. 953.)

3. A simplici rusticorum plebe in malum illius conjurante... (Ibid.)

4. Regisque castello et regni corona, thesaurisque. (Ibid. pag. 954.)

1141. « mièrement et comme il convient l'aide de Dieu
« tout-puissant, nous élisons pour dame de l'An-
« gleterre et de la Normandie la fille du glorieux,
« riche, bon et pacifique roi Henri, et lui pro-
« mettons foi et soutien [1]. » Mais l'heureuse fortune de la reine Mathilde la rendit bientôt dé-
daigneuse et arrogante ; elle cessa de prendre
conseil de ses anciens amis, et traita durement
ceux d'entre ses adversaires qui voulaient se
rapprocher d'elle [2]. Les auteurs de son élévation, quand ils lui faisaient quelque demande,
essuyaient souvent des refus, et s'ils s'inclinaient
devant elle, dit un vieux historien, elle ne se
levait point pour eux [3]. Cette conduite refroidit
le zèle de ses plus dévoués partisans, et la plupart s'éloignant d'elle, sans pourtant se déclarer
pour le roi détrôné, attendirent en repos l'évènement [4].

1. Invocatâ primò, ut par est, in auxilium divinitate, filiam... in Angliæ Normanniæque Dominam eligimus, eique fidem et manutenementum promittimus. (Acta concilii Wint. ap. script. fr., tom XIII, p. 28.)

2. Gesta Steph. regis, p. 954.

3. Non ipsis antè se inclinantibus reverenter ut decuit assurgere. (Ibid.)

4. Ad quem finem cœpta devenirent taciti observabant. (Ibid.)

De Winchester, la nouvelle reine se rendit à 1141. Londres. Elle était fille d'une Saxonne; les bourgeois saxons, par une sorte de sympathie nationale, la virent plus volontiers dans leur ville que le roi de pure race étrangère [1]; mais l'empressement de ces serfs de la conquête toucha peu le cœur orgueilleux de la femme du comte d'Anjou, et la première parole qu'elle fit adresser aux gens de Londres fut la demande d'un énorme taillage [2]. Les bourgeois, que les dévastations de la guerre et les exactions d'Étienne avaient réduits à un tel point de détresse, qu'ils craignaient une famine prochaine, supplièrent la reine d'avoir pitié d'eux et d'attendre, pour imposer de nouveaux tributs, qu'ils fussent relevés de leur misère présente [3]. « Le roi ne nous
« a rien laissé, lui dirent d'un ton soumis les
« députés des citoyens. — J'entends, reprit avec
« dédain la fille de Henri Ier; vous avez tout
« donné à mon adversaire, vous avez conspiré
« avec lui contre moi, et vous voulez que je
« vous épargne [4]... » Les bourgeois de Londres,

1. Se illi supplices obtulerunt. (Ibid.)
2. Infinitæ copiæ pecuniam ore imperioso exegit. (Gesta Steph. regis, p. 954.)
3. Quatenùs calamitatis et oppressionis suæ miserta... vel pauco tempore parceret. (Ibid., p. 954.)
4. Torva oculos, crispata in rugam frontem, inquiens,

1141. obligés de payer le taillage, saisirent cette occasion pour présenter à la reine une humble requête : « Rends-nous, lui demandaient-ils, les « bonnes lois du roi Edouard ton grand oncle, « au lieu de celles de ton père le roi Henri, qui « sont mauvaises et trop dures pour nous[1]. » Mais comme si elle eût rougi de ses aïeux maternels et renié sa descendance saxonne, Mathilde s'irrita de cette requête, traita d'insolents ceux qui osaient la lui adresser, et proféra contre eux de grandes menaces. Blessés au fond du cœur, mais dissimulant leur peine, les bourgeois retournèrent à leur salle de conseil, où les Normands, devenus moins ombrageux, leur permettaient alors de s'assembler pour faire entre eux de gré à gré la répartition des tailles [2]; car le gouvernement avait pris la coutume d'imposer les villes en masse, sans s'occuper de la manière dont l'impôt serait rempli par des contributions individuelles.

Londonienses... ad regem restaurandum, divitias suas largissimè prorogasse, cum adversariis suis conspirasse. (Gesta Steph. regis, p. 954.)

1. Ut leges eis regis Edwardi observare liceret, quia optimæ erant; non patris sui Henrici, quia graves erant. (Florent Wigorn. Chron. apud script. rer. fr. tom. XIII, p. 77.)

2. Tristes et inexauditi ad sua discessêre. (Gesta Steph. regis, p. 954.)

La reine Mathilde attendait en pleine sécurité, 1141. soit dans la tour du conquérant, soit dans le nouveau palais de Guillaume-le-Roux, à Westminster, que les députés des habitants vinssent lui offrir à genoux les sacs d'or qu'elle avait demandés, quand tout à coup les cloches de la ville sonnèrent l'alarme, une foule de peuple se répandit dans les rues et sur les places[1]. De chaque maison sortait un homme armé du premier instrument de combat qu'il avait trouvé sous sa main. Un vieux auteur compare la multitude qui s'amassait en tumulte aux abeilles sortant de la ruche[2]. La reine et ses gens de guerre normands et angevins, se voyant surpris et n'osant risquer, dans des rues étroites et tortueuses, un combat où la supériorité de l'armure et de la science militaire ne pouvaient être d'aucun usage, montèrent promptement à cheval et s'enfuirent[3]. Ils avaient à peine passé les dernières maisons du faubourg, qu'une troupe d'Anglais accourus vers leurs logements, en brisa les portes, et ne les y trouvant point, pilla tout ce qu'ils avaient

1. Cum ergò comitissa... præstolaretur, omnis civitas sonantibus ubique campanis.... (Gesta Steph. regis, p. 955.)

2. Quasi frequentissima ex apium alvariis examina. (Ibid.)

3. Cursatiles ascensi equos... (Ibid.)

laissé ¹. La reine galopait sur la route d'Oxford avec ses barons et ses chevaliers : de distance en distance quelqu'un d'entre eux se détachait du cortége pour s'enfuir plus sûrement tout seul par des chemins de traverse et des sentiers détournés ²; elle entra dans Oxford avec son frère, le comte de Glocester, et le petit nombre de ceux qui avaient trouvé cette route la plus commode pour eux-mêmes, ou qui avaient oublié leur propre péril pour le sien ³.

En réalité, ce péril était peu de chose; car les habitants de Londres, satisfaits d'avoir chassé de leurs murs la nouvelle reine d'Angleterre, ne se mirent point à la poursuivre. Leur soulèvement, né d'un accès d'indignation, sans projet conçu d'avance, sans liaison avec d'autres mouvements, n'était point le premier acte d'une insurrection nationale. L'expulsion de Mathilde et de ses adhérents ne tourna point au profit du peuple anglais, mais des partisans d'Étienne. Ceux-ci rentrèrent bientôt à Londres, occupèrent la cité et la garnirent de leurs troupes, sous

1. Vix antemurales civitatis domos fugiendo liquissent. (Gesta Steph. regis, p. 955.)

2. Variarum viarum diverticula subeuntes. (Ibid.)

3. Aliisque baronibus perpaucis quibus fugiendi oportunitas illò aptiùs dirigebatur. (Ibid.)

couleur d'alliance avec les citoyens ¹. La femme du roi prisonnier se rendit à Londres, et y établit ses quartiers ; et tout ce qu'obtinrent alors les bourgeois, ce fut d'être enrégimentés au nombre de mille hommes portant le casque et le haubert parmi les troupes qui se rassemblèrent au nom d'Étienne de Blois, et de servir comme auxiliaires des Normands sous Guillaume et Roger de la Chesnaye ².

1141 à 1142.

L'évêque de Winchester, voyant le parti de son frère reprendre ainsi quelque force, déserta le parti contraire, et se déclara de nouveau pour le prisonnier de Bristol; il arbora le drapeau d'Étienne sur le château de Winchester et sur sa maison épiscopale, qu'il avait fortifiée et crénelée comme un château ³. Robert de Glocester et les partisans de Mathilde vinrent en faire le siége. La garnison du château, bâti au milieu de la ville, mit le feu aux maisons pour gêner les assiégeants ; et, pendant ce temps, l'armée de Londres, attaquant ces derniers à l'improviste, les obligea de se retrancher dans les églises, qu'on

1. Gesta Stephani regis, p. 955.
2. Mille cum Galeis et Loricis ornatissimè instructi. (Ibid., pag. 956.)
3. Domum quam instar castelli fortiter et inexpugnabiliter firmárat. (Ibid., p. 955.)

incendia pour les en faire sortir [1]. Robert de Glocester fut fait prisonnier, et ceux qui le suivaient se dispersèrent. Barons et chevaliers jetèrent leurs armes et leur baudrier équestre, et, marchant à pied pour n'être point reconnus, traversèrent sous de faux noms les villes et les villages [2]. Mais outre les partisans du roi qui les serraient de près, ils trouvèrent sur leur chemin d'autres ennemis, les paysans et les serfs saxons acharnés contre eux dans leur déroute, comme naguère ils l'avaient été contre la faction opposée [3]; ils arrêtaient ces fiers Normands que, malgré leurs efforts pour se déguiser, on reconnaissait au langage; et les faisaient marcher devant eux à grand coups de fouet [4]. L'archevêque de Canterbury, d'autres évêques et nombre de seigneurs furent maltraités de la sorte et dépouillés de tous leurs habits [5]. Ainsi cette guerre fut à la fois pour les Anglais de race un sujet de

---

1. Gesta Stephani regis, p. 956.

2. Omnibus militandi abjectis insigniis, pedites et inhonori nomen suum et fugam mentiebantur. (Ibid., pag. 957.)

3. In manus rusticorum incidentes. (Ibid.)

4. Durissimis flagris atterebantur. (Ibid.)

5. Equis et vestibus ab istis captus, ab illis horrendè abstractis. (Ibid.)

misère et de joie, de cette joie frénétique qu'on éprouve au milieu de la souffrance, en rendant le mal pour le mal. Le petit-fils d'un homme mort à Hastings éprouvait un moment de plaisir en se voyant maître de la vie d'un Normand, et les Anglaises qui tournaient le fuseau au service des hautes dames normandes se racontaient comme un récit joyeux les souffrances de la reine Mathilde à son départ d'Oxford; comment elle s'était enfuie seule avec trois hommes d'armes, la nuit, à pied, sur la neige, et comment elle avait passé en grande alarme tout près des postes de l'ennemi, entendant la voix des sentinelles et le bruit des signaux militaires [1].

Peu de temps après que le frère de Mathilde, Robert de Glocester, eut été fait prisonnier, les deux partis conclurent un accord, par lequel le roi et le comte furent rendus l'un pour l'autre, de manière que la dispute revint à ses premiers termes [2]. Étienne sortit de la tour de Bristol, et reprit le titre de roi; il fit des actes d'autorité royale sur la portion du pays où dominaient ses

---

1. Tribus tantùm se comitantibus militibus e castello noctu egreditur, perque nivem et gelu pedestris.... hinc cornicinum stridore, hinc ululantium in altum clamore.. (Gesta Steph. regis, p. 959.)

2. Ad primum dissentionis punctum. (Ibid, p. 957.)

1142. partisans, c'est-à-dire, sur toute la contrée du centre et de l'est de l'Angleterre. Quant à la Normandie, aucun de ses ordres n'y parvint; car, durant sa captivité, tout le pays s'était rendu à Geoffroy, comte d'Anjou et mari de Mathilde, qui, peu de temps après, du consentement des Normands, céda à son fils aîné Henri le titre de duc
1148. de Normandie [1]. Le parti d'Étienne perdit ainsi l'espérance de se recruter outre-mer; mais, comme il était maître des côtes, il eut le moyen d'empêcher que de semblables renforts ne parvinssent à ses adversaires, resserrés dans la contrée de l'ouest. Leur seule ressource fut de solder des corps de Gallois mercenaires qui, bien que mal armés, suspendirent quelque temps, par leur bravoure et leur tactique bizarre, le triomphe des partisans du roi [2].

Pendant que la lutte se prolongeait assez mollement, de part et d'autre, Henri, fils de Ma-
1153. thilde, parti de Normandie avec une troupe de cavaliers et de fantassins, parvint à débarquer en Angleterre. Au premier bruit de son arrivée, et avant qu'il y eût eu le moindre combat, beaucoup de gens commencèrent à déserter la cause

---

1. Guil. Neubrig. apud script. rer. fr., t. VIII, p. 99.

2. Crudelis et indomitæ pedestris multitudinis, Wallensium scilicet... (Gesta Steph. regis, p. 964 — 970.)

d'Étienne; mais, dès qu'ils apprirent que Henri n'avait que peu de monde et peu d'argent, beaucoup revinrent au roi, et la désertion s'arrêta [1]. La guerre se poursuivit sous le même aspect qu'auparavant; il y eut des châteaux pris et repris, des villes pillées et brûlées. Les Anglais, fuyant de leurs maisons par force ou par crainte, allaient bâtir de petites cabanes sous les murs des églises, mais ils ne tardaient pas à en être expulsés par l'un ou l'autre parti, qui transformait l'église en forteresse, crénelait le haut des tours et braquait ses machines de guerre à l'endroit où avaient sonné les cloches [2].

Le fils unique du roi Étienne, nommé Eustache, qui s'était plus d'une fois signalé dans cette guerre, mourut après avoir pillé un domaine consacré à saint Edmund, roi et martyr; et sa mort fut, selon les Anglais de naissance, la suite de l'outrage qu'Eustache avait osé faire à ce saint de race anglaise [3]. Étienne, n'ayant plus de fils auquel il pût désirer de transmettre la royauté,

1153.

---

1. Gesta Steph. regis, p. 973. Gervas. Cantueriensis, pag. 1366.

2. Alii circà templa spe videlicet se tutandi, humilia contexentes tuguria... (Gesta Steph. regis, p. 960.) De turri undè dulces tintinnabulorum monitus, nunc balistas erigi. (Ibid., p. 951.)

3. Ibid.

1153. fit alors proposer à Henri, son rival, de terminer la guerre par un accord; il demandait que les Normands d'Angleterre et du continent le laissassent régner en paix sa vie durant, à condition qu'après lui le fils de Mathilde serait roi. Les Normands y consentirent, et la paix fut rétablie. La teneur du traité, juré par les évêques, les comtes, les barons et les chevaliers des deux partis, s'offre sous deux faces très-différentes dans les historiens du temps, selon la faction qu'ils favorisent. Les uns disent que le roi Étienne adopta Henri pour son fils, et qu'en vertu de cet acte préalable, les seigneurs jurèrent de donner en héritage au fils adoptif le royaume de son père [1]; d'autres, au contraire, prétendent que le roi reconnut positivement le droit héréditaire et personnel du fils de Mathide sur le royaume, et qu'en retour ce dernier lui octroya bénévolement de régner le reste de sa vie [2]. Ainsi des contemporains, également dignes de foi, font provenir de deux principes entièrement oppo-

1. Et rex quidem ducem adoptans in filium, eum solemniter successorem proprium declaravit. (Guil. Neubrig. ap. script. rer. fr., tom. XIII, p. 100.)

2. Rex recognovit hæreditarium jus quod dux Henricus habebat in regno, et dux benignè concessit ut rex totâ vitâ suâ, si vellet, regnum teneret. (Chron. Norman., p. 989,)

sés, la légitimité, qu'ils accordent au petit-fils 1153.
de Henri Ier; lesquels doit-on croire en cela ?
Ni les uns, ni les autres. Et la vérité est que
les mêmes barons qui avaient élu Étienne malgré le serment prêté à Mathilde, qui ensuite élurent Mathilde malgré le serment prêté à Étienne,
par un nouvel acte de volonté, désignèrent, pour
succéder à Étienne, le fils de Mathilde, et non
sa mère; de cette volonté seule résultait la légitimité royale, bien que les rois et leur flatteurs
se donnassent déja beaucoup de peine pour la
faire dériver d'une autre source [1].

Peu de temps avant son expédition en Angle- 1152.
terre, Henri avait pris pour femme l'épouse divorcée du roi de France, Éléonore ou Aliénor,
ou plus familièrement Aanor, fille de Guillaume,
comte de Poitou et duc d'Aquitaine; c'est-à-dire
chef souverain de toute la côte occidentale de
la Gaule, depuis l'embouchure de la Loire jusqu'au pied des Pyrénées [2]. Suivant les usages de
ce pays, Éléonore y jouissait de tout le pouvoir

1. Sciatis, quòd ego rex Stephanus Henricum ducem Normanniæ post me successorem regni Angliæ, et hæredem meum jure hæreditario constitui, et ei ac hæredibus suis regnum Angliæ donavi et confirmavi. (Instrumentum pacis apud Jo. Brompton, chron., p. 1037)

2. Script. rer. franc., t. XIII, p. 102, et t. XIV, p. 11.

1152. qu'avait exercé son père, et, de plus, son mari, quoique étranger, pouvait entrer avec elle en partage de cette autorité. Le roi de France eut ce privilége tant qu'il resta uni à la fille du comte Guillaume, et il entretint des officiers et des garnisons dans les villes de l'Aquitaine; mais lorsque, par jalousie, il eut résolu de la répudier, force lui fut de retirer aussitôt ses agents et ses soldats [1]. Ce roi, appelé Louis, ayant mené sa femme en Palestine, voir la guerre sainte, par passe-temps, s'imagina soit à tort, soit à raison, qu'elle le trompait pour un jeune Sarrasin. Louis sollicita et obtint le divorce, que l'Église refusait obstinément aux gens du peuple, mais qu'elle accordait sans peine aux princes [2].

Il se tint, à Beaugency-sur-Loire, un concile de prélats, devant lequel Éléonore fut obligée de comparaître. L'évêque, qui portait la parole au nom du roi de France, annonça gravement que le roi demandait le divorce, « parce qu'il ne se « fiait point en sa femme, et jamais ne serait as- « suré de la lignée qui viendrait d'elle [3] ». Le con-

---

1. Munitiones removet, gentes suas exindè reducit. (Script. rer. franc., tom. XII, p. 474.)

2. Hanc ampliùs noluit habere.... uxorem suam repudiat... (Ibid., pag. 127 — 474.)

3. De Polter, Histoire des conciles, tom. VIII, p. 23.

cile, sans discuter ce point délicat, déclara le mariage nul, sous prétexte de parenté, s'avisant un peu tard de ce qu'Éléonore était cousine de son mari à l'un des degrés prohibés[1]. L'épouse répudiée se mit en route vers son pays, et s'arrêta quelque temps à Blois. Le comte de Blois, Thibaut, frère du roi d'Angleterre, moins scrupuleux que le roi de France, se proposa pour mari à la duchesse d'Aquitaine, plutôt par ambition que par amour[2]. Il essuya un refus; et, ne pouvant s'y résigner de bonne grâce, il résolut de retenir Éléonore prisonnière dans son château, et même de l'y épouser de force, comme s'exprime un vieil historien[3]. Elle soupçonna ce dessein; et, partant de nuit, descendit la Loire jusqu'à Tours, ville qui faisait alors partie du comté d'Anjou. Au bruit de son arrivée, le second fils du comte d'Anjou et de l'emperesse Mathilde, nommé Geoffroy, épris du même désir que Thibaut de Blois, vint se placer en embuscade à un port de la Loire, qu'on appelait le *Port des Piles*, pour arrêter le cortége de la du-

1152.

---

1. Quòd inter ipsum et reginam Alienoridem linea consanguinitatis erat. (Script. rer. fr., tom. XII, p. 127.)

2. Ibid., pag. 474.

3. Eam per vim nubere sibi voluit. (Ibid.)

chesse, l'enlever elle-même et l'épouser [1]; mais Éléonore, dit l'historien, en fut avertie par son bon ange, et prit subitement un autre chemin pour aller à Poitiers [2].

C'est là que Henri, fils aîné de Mathilde et du comte d'Anjou, plus courtois et plus heureux que son frère, se rendit pour solliciter l'amour et la main de la duchesse d'Aquitaine. Il fut agréé, emmena sa nouvelle épouse dans son duché de Normandie, et envoya dans les cités de la Gaule méridionale, des baillis, des justiciers et des hommes d'armes normands.

Au titre de duc de Normandie, il joignit dès lors ceux de duc d'Aquitaine et de comte de Poitou [3]; et son père ayant déjà l'Anjou et la Touraine, leur souveraineté s'étendait sur toute la partie occidentale de la Gaule, entre la Somme et les Pyrénées, à l'exception de la pointe de Bretagne. Les terres du roi de France bornées par la Loire, la Saône et la Meuse, étaient loin d'avoir une pareille étendue. Ce roi s'alarma de voir croître à ce point la puissance

---

1. Cùm ipsam uxorem ducere et apud portum de *Piles* rapere voluisset. (Script. rer. fr., tom. XII, p. 474.)

2. Ipsa commonita ab angelis suis, per aliam viam reversa est... (Ibid.)

3. Ibid. et tom. XIII, pag. 102

normande, rivale de la sienne depuis sa naissance, et encore plus depuis la conquête de l'Angleterre. Il avait fait de grands efforts pour prévenir l'union du jeune Henri avec Éléonore, et l'avait sommé, comme son vassal pour le duché de Normandie, de ne point contracter mariage sans l'aveu de son seigneur suzerain [1]. Mais les obligations de l'homme-lige envers le suzerain, même quand les deux parties les avaient expressément avouées et consenties, n'avaient guère de valeur entre gens d'égale puissance. Henri ne tint nul compte de la défense de se marier, et Louis fut obligé de se contenter des nouveaux serments d'hommage que lui prêta le roi d'Angleterre pour le comté de Poitou et le duché d'Aquitaine [2].

Des serments de ce genre, vagues dans leur teneur, prêtés de mauvaise grace et en quelque sorte pour la forme, étaient depuis long-temps le seul lien qui existât entre les rois d'outre-Loire successeurs des anciens rois franks et les chefs de tout le pays compris entre la Loire et les deux mers. Car la domination franke n'avait pu prendre racine dans ces contrées aussi fortement que dans celle qui était voisine de l'ancienne

---

[1] Script. rer. fr., tom. XII, p. 474
[2] Ibid., tom XIII, p. 565.

1152. Germanie. Au septième siècle, les peuples de l'Europe qui avaient quelques relations avec la Gaule, avaient déjà pris l'habitude de la désigner tout entière par le nom de *France;* mais au sein même de la Gaule, ce nom était loin d'avoir une pareille universalité. Le cours de la Loire formait la limite méridionale de la Gaule franke, ou du pays français; et au-delà se trouvait le pays romain, différent de l'autre par la langue, les mœurs, et surtout la civilisation [1].

Dans la partie du sud, les habitants grands ou petits, riches ou pauvres, étaient presque entièrement de pure race gauloise, ou du moins la descendance germanique n'y était point accompagnée de la même supériorité de condition sociale qui s'y attachait dans le nord. Les hommes de race franke qui étaient venus dans la Gaule méridionale, soit en conquérants, soit comme agents et commissaires des conquérants établis au nord de la Loire, ne réussirent point à se propager comme nation distincte au sein d'une population nombreuse et réunie dans de grandes villes; aussi les habitants de la France et de la Bourgogne n'employaient-ils que le nom de Romains pour désigner ceux du midi [2].

1. Script. rer. francic., tom. III — XVIII, passim.
2. Fredegarii scolastici chronicon., p. 742 et passim.

Les successeurs de Lot-wig ajoutaient à leur titre de rois des Franks celui de princes du peuple romain [1]; c'était en général le roi des franks orientaux qui se parait de cette qualification, et possédait le territoire d'Aquitaine et celui que les anciens Romains avaient nommé *Provincia.* De là vint que la région du nord-ouest fut seule nommée en langue franke, West-rik, ou royaume de l'ouest, mot qu'une erreur de langue ou d'orthographe a travesti en celui de Neustrie [2]. A la longue, la population d'Aquitaine, se détachant de l'Ost-rik, Austrie, Austrasie, ou France orientale, choisit dans son propre sein des ducs, des comtes, des rois d'origine gauloise, ou, ce qui est plus remarquable, contraignit les descendants de ses gouverneurs teutoniques à se révolter à la tête du peuple gallo-romain contre leurs propres compatriotes. C'est ainsi que différents chefs portant des noms tudesques régirent, d'une manière complètement indépendante des rois franks, tout le pays de la Loire aux Pyrénées, avant la seconde invasion germanique sous Pippinn, père de Karl-Martel [3].

600 à 700.

1. Dagbertus, rex Francorum et romani populi princeps. (Vita sancti Martini; Dubos, tom. II, p. 388.)

2. Voyez tome Ier, livre I, page 57.

3. Script. rer. franc., II, et Preuves de l'histoire de Languedoc, p. 16.

700
à
715.
Mais depuis cette invasion et la chute des rois fainéants de la Gaule occidentale, le midi fut menacé de perdre la liberté qu'il avait recouvrée, grâce à l'indolence de ses anciens conquérants.

C'était le temps où le peuple arabe, maître de toute l'Espagne et même de quelques villes au nord des Pyrénées, avait ses frontières en Gaule. Malgré la différence de religion, les Aquitains et les Provençaux éprouvaient pour cette nation spirituelle et polie plus de penchant que pour les Franks, et ils conclurent avec elle plusieurs alliances qui furent cimentées par des mariages[1]. Quelques villes dans le voisinage des Pyrénées et du Rhône furent occupées amicalement par des garnisons arabes[2], et c'est cette union des Gaulois méridionaux avec des hommes que l'Église nommait Païens qui donna un caractère religieux à la guerre entreprise par le Frank Karl-Martel, contre les provinces du

---

1. Sarraceni ab Eudone duce in auxilium suum vocati. (Annales Francorum Fuldenses apud script. rer. fr., tom. II, pag. 674.) — Filiam suam fœderis causâ ei in conjugium copulavit. (Ibid., p. 721.) — Maurontium ducem qui dudùm Sarracenos invitaverat. (Ibid., p. 675.)

2. Jusseph Ibn Abderahman Arelate civitate pace ingreditur... (Annal. Bertiniani.)

Midi [1]. Karl marqua ses drapeaux du signe de la croix ; et ses soldats, venus des rives du Wéser et du Nèkre, où le paganisme existait encore, furent appelés les vengeurs de Dieu et les appuis de la chrétienté.

Ce titre, quelque glorieux qu'il fût, les touchait moins sans doute que le pillage des grandes villes romaines et les fruits délicieux de cette *bonne terre*, que Lot-wig avait promise aux siens pour les animer contre les Goths. Les ravages de ce second ban de Barbares surpassèrent de beaucoup ceux de la première conquête. C'est avec l'expression de la joie que les chroniques des Franks racontent, « comment le grand chef Karl,
« conduit par le Christ, dépeupla la région gau-
« loise ; comment il incendia les fameuses cités
« de Nîmes, d'Agde et de Béziers, et les détrui-
« sit de fond en comble, murs et murailles [2] ;
« comment, cinq années après, Karl-mann et
« Pippinn, ayant passé la Loire à Orléans, marchè-
« rent sur Bourges, première ville d'Aquitaine,
« la brûlèrent, écrasèrent les Romains, démoli-
« rent le château de Loches ; puis, se partageant

1. Voyez au livre I.
2. Christo in omnibus præsule, regionem gallicam depopulantur ; urbes famosissimas Nemosum, Agaten ac Biterris funditùs muros ac mœnia Carolus destruens, igne supposito concremavit (Fredeg. chron. Cout., part III.)

« les dépouilles de toute la contrée, et emmenant « les habitants en esclavage, retournèrent sur la « terre des Franks [1]. »

Pour la seconde fois maîtres du midi, les Germains y placèrent des gouverneurs et des juges de leur nation [2] qui enlevaient sous forme de tribut tout l'argent du pays ; mais, à la première occasion favorable, les habitants refusaient de payer, se soulevaient et chassaient les étrangers. Alors les Franks descendaient du nord pour revendiquer leur droit de conquête ; ils venaient sur les bords de la Loire, soit à Orléans, soit à Tours, soit à Nevers, tenir leur champ de mai en chevaux et en armes [3]. La guerre commençait entre eux et les habitants du Limousin ou de l'Auvergne, qui étaient l'avant-garde de la population Gallo-romaine. Si les Romains (pour parler la langue de l'époque) se sentaient trop faibles, ils proposaient au chef

---

[1]. Carlomannus atque Pippinus principes Germani... Ligeris alveum transeunt,... Romanos proterunt... prædam sibi dividentes, habitatores secum captivos duxerunt... in terram Francorum remeant... (Fredeg. chron. Cout. part. III)... In Francorum regnum... ad propria. (Ibid.)

[2]. Suos judices constitut. (Ibid.)

[3]. Cum exercitu, cum Francis et proceribus suis placitum suum campo maio tenens; post Ligere transacto.... (Ibid., p. 11.)

des gens de France de lui payer l'impôt chaque
année, sous la condition que leur pays resterait
libre de se gouverner lui-même[1]. Le roi frank
soumettait cette proposition à ses *leudes*[2], commé
on disait en langue tudesque; dans leur assemblée, tenue en plein air, il les interrogeait tous,
depuis le premier jusqu'au dernier; et si l'assemblée votait contre la paix, l'armée continuait
sa marche, arrachant les vignes et les arbres à
fruit, enlevant les hommes, le bétail et les chevaux[3]. Quand la cause du Midi avait été complètement vaincue, les juges, *grafs*, et *scheppen*
franks[4] se réinstallaient dans les villes, et, pour
un temps plus ou moins long, en tête des actes
publics figuraient les formules suivantes : « Sous
« le règne du glorieux roi *Pepin*; sous le règne
« de l'illustre empereur *Carles*. »

760 à 800

Carles, ou Charlemagne, établit roi en Aqui- 800.

---

1. Tributa vel munera quæ reges Francorum de Aquitaniâ provinciâ exigere consueverunt. (Chron. Fredeg provinc.)

2. *Leod*, *lied*, *liet*, *leute*, peuple, gens. Lingua Theotisca....

3. Sed hoc rex per consilium Francorum facere contempsit... totam regionem vastavit... cum prædâ, equitibus, captivis, thesauris, Christo duce reversus est in Franciam (Ibid.)

4. Voyez livre II, tome 1er.

814
à
839.

taine, du consentement de tous les Franks, son fils Lot-wig, que les Gaulois nommaient Louis[1]. Ce Louis devint, à son tour, empereur ou *kaisar* des Franks; et sous ce titre, régna à la fois en Germanie, en Italie et en Gaule. De son vivant, il voulut faire jouir ses fils de cette autorité immense; et le partage inégal qu'il établit excita entre eux la discorde. Les Gaulois méridionaux s'empressèrent de prendre parti dans ces querelles, pour les envenimer et contribuer à l'affaiblissement de leurs maîtres. En attendant le moment de s'insurger sous des chefs de leur race et de leur langue, ils donnèrent la royauté de leur pays à des membres de la famille impériale, mais à ceux que ni l'empereur ni l'assemblée souveraine des Franks ne voulaient y voir régner[2]; il en résulta de longues guerres, ou, comme dans les précédentes, les villes d'Aquitaine furent brûlées, les églises pillées, et les hommes traînés en esclavage. La grande dispute pour la royauté de la Gaule, qui s'éleva, sur la fin du neuvième siècle, entre la France teutonique et la France gauloise, donna quelque relâche aux Aquitains. Indifférents aux

1. Unà cum consensu Francorum. (Script. rer. fr., tom. V.)
2. Nithardi lib. I, cap. 8. — Annales Bertiniani, apud script. rer. fr., tom. V. p 304.

deux partis rivaux, n'ayant nul intérêt commun ni avec la famille de Charlemagne, ni avec les rois français de nouvelle race, ils se tinrent à l'écart, et profitèrent de la dispute comme d'un prétexte pour résister également au pouvoir des uns et des autres. Lorsque les Gallo-francs, renonçant à l'obéissance de l'Austrasien Karl, dit le Gros, eurent fait roi le Neustrien Eudes, comte de Paris, on vit s'élever en Aquitaine un roi national, appelé Ranulfe, qui peu de temps après, sous les titres plus modestes de duc des Aquitains et de comte des Poitevins, régna en toute souveraineté depuis la Loire jusqu'aux Pyrénées. Le roi Eudes partit de France pour aller soumettre l'Aquitaine; mais il n'y réussit pas. A leur résistance matérielle, les habitants du midi joignaient une sorte d'opposition morale; ils se faisaient en apparence les défenseurs des droits de la vieille famille dépossédée, par la seule raison que les Français ne voulaient plus reconnaître ces droits.

Presque tous les chefs indépendants de l'Aquitaine, du Poitou et de la Provence, imaginèrent alors de se prétendre issus de Charlemagne par les femmes, et firent grand bruit de cette descendance hypothétique pour s'autoriser à donner aux rois de Neustrie, leurs ennemis les plus di-

923.
936
rects, la qualification d'usurpateurs[1]. Après que Charles, dit le Simple ou le Sot[2], rejeton légitime de Charlemagne, eut été emprisonné à Laon par les Français du centre et de l'ouest, son nom fut mis en tête des actes publics en Aquitaine, comme s'il eût toujours régné ; puis, quand son fils eut recouvré le pouvoir, les Aquitains ne souffrirent pas qu'il exerçât sur eux, soit directement, soit indirectement, la moindre autorité.

987.
988.
La victoire des Neustriens sur la seconde et dernière dynastie franke fut décidée à perpétuité par l'élection de Hugues, surnommé *Capet,* ou *Chapet,* dans la langue romane d'outre-Loire[3]. Les habitants du midi, ne prirent aucune part à cette élection, et ne reconnurent point le roi Hugues : celui-ci, à la tête de son peuple, d'entre Meuse et Loire, fit la guerre à l'Aquitaine ; mais, après beaucoup d'efforts, il ne parvint qu'à établir sa suzeraineté sur les provinces les plus voisines de la Loire, le Berry, la Touraine et l'Anjou[4]. Pour prix de son adhésion, le comte, ou

1. Hist. générale du Languedoc, par les pères Bénédictins, livre XI.

2. Garolus Simplex, Stultus, Sottus. (Script. rer. franc.)

3. Hue Chapet. (Chronique de Saint-Denis.)

4. Histoire générale du Languedoc, livre XII.

le chef national de ce dernier pays obtint le titre 988
héréditaire de sénéchal du royaume de France,
et, dans les festins solennels, eut la charge de
servir à cheval les mets de la table du roi. L'attrait de pareils offices ne séduisit point les comtes
ni les ducs des territoires plus méridionaux; ils
soutinrent le combat, et la grande masse de
population, qui parlait le langage d'*oc*, ne reconnut, ni en fait ni en apparence, l'autorité
des chefs de la contrée où l'on disait *oui*. Le
midi de la Gaule, partagé en diverses principautés, suivant les divisions naturelles du territoire ou l'ancienne circonscription des provinces
romaines parut ainsi, vers le XIe siècle, affranchi
de tout reste de la sujétion que les Franks lui
avaient imposée; et le peuple aquitain n'eut dès
lors pour gouverneurs que des hommes de sa
race et de son langage.

Il est vrai que sur le pays d'outre-Loire, depuis la fin du dixième siècle, une même langue
était aussi commune aux rois, aux seigneurs et
au peuple : mais, dans ce pays, où la conquête
n'avait jamais été démentie, les seigneurs n'aimaient point le peuple; ils sentaient au-dedans
d'eux-mêmes, sans peut-être bien s'en rendre
compte, que leur rang et leur puissance, provenaient d'une source étrangère. Quoiqu'ils se fussent pour jamais détachés de leur vieille souche

988
à
1152.

tudesque, la terre de leurs serfs n'était pas encore une patrie pour eux [1]; et ils se regardaient comme maîtres du sol, non comme frères des habitants. Dans le midi, au contraire, quoiqu'il y eût des rangs parmi les hommes, quoiqu'il y eût des classes élevées et des classes inférieures, des châteaux et des masures, de l'insolence dans la richesse et de la tyrannie dans le pouvoir, le sol appartenait au corps du peuple, et nul ne lui en contestait la propriété libre, ou le *franc-aleu*, comme disaient les lois du moyen âge. C'était la masse populaire qui avait, à plusieurs reprises, reconquis ce sol sur les envahisseurs. Les duchés, les comtés, les vicomtés, toutes les seigneuries étaient plus ou moins nationales : la plupart s'étaient élevées dans des temps d'insurrection contre la puissance étrangère, et avaient été consenties ou autorisées par le peuple; aussi ce peuple avait-il le droit de porter les yeux sur la conduite des personnages de tout rang. La satire contre les chefs, soit de l'État, soit de l'Église, les vers ou les dictons mordants n'étaient point, au sud de la Loire, des crimes de lèse-majesté [1]. On y trouvait de la vie politique, on y sentait la présence d'une nation; tandis qu'au nord du même fleuve, le

1. Voyez tome Ier, livre II, page 155.

peuple, épars sur les champs, où il vivait et mourait serf, ou parqué dans de misérables villes, travaillait et s'épuisait en silence pour le service de maîtres ombrageux.

988 à 1152.

Mais le roi du pays des serfs, quelque impopulaire qu'il fût, avait encore une grande puissance, parce que son domaine était vaste et que, quand son oriflamme était déployée au vent, beaucoup de riches vassaux, au nord et à l'est de la Gaule, devaient lever bannière et le suivre. Ce roi faisait souvent trembler les ducs et les comtes du midi au milieu de leurs grandes cités, enrichies par les arts et le commerce; souvent, pour s'assurer une plus longue paix avec lui, ils lui offraient leurs filles en mariage, et, par une fausse politique, lui donnaient entrée sur leur territoire à titre de parent et d'ami. C'est ainsi qu'Éléonore d'Aquitaine ouvrit les portes de ses villes aux officiers du roi de France; et, lorsque, après son divorce, les Français se furent retirés, un second mariage y amena des Angevins et des Normands qui disaient comme les Français *oui* et *nenny*, au lieu d'*oc* et *no*[1]. Peut-être y avait-il, entre les Angevins et les Méridionaux, un peu plus de sympathie qu'entre ces der-

---

[1]. Voyez les poesies des Troubadours, publiées par M. Raynouard, tom. IV.

1152. niers et les Français, parce que la civilisation croissait en Gaule à mesure qu'on avançait vers le sud. Mais la différence de langage et surtout d'accentuation devait rappeler sans cesse aux
1152. Aquitains que Henri, fils de Mathilde, leur nouveau seigneur, était encore un étranger.

Peu de temps après le mariage qui le fit duc d'Aquitaine, Henri devint comte d'Anjou, par la mort de son père, mais sous la condition expresse de remettre l'Anjou à son jeune frère, le jour où lui-même deviendrait roi. Il en prêta le serment avec un appareil lugubre, sur le cadavre du mort ; mais ce serment fut violé, et Henri garda le comté d'Anjou, lorsque les chefs normands, plus fidèles que lui à leur parole, l'eurent appelé en Angleterre pour y succéder à Étienne [1]. Dès qu'il eut pris possession
1155. de la royauté, en vertu du traité de paix qu'il avait fait avec son prédécesseur, il qualifia Étienne d'usurpateur, et s'occupa d'abolir tout ce qui s'était fait de son temps [2]. Il chassa d'Angleterre les Brabançons qui s'y étaient établis, après avoir servi la cause royale contre Ma-

1. A principibus Angliæ vocatur. (Gerv. Cantuar., p 1376.)

2. Tempore Stephani ablatoris mei. (Charta Henrici II.) — Invasoris... (Jo. Brompton, p. 1048.)

thilde. Il confisqua les terres que ces hommes avaient reçues en solde, démolit leurs châteaux-forts, et ceux des partisans du dernier roi, voulant, disait-il, en réduire le nombre à ce qu'il était sous Henri, son aïeul [1]. Les compagnies d'auxiliaires étrangers, venues en Angleterre durant la guerre civile, avaient commis beaucoup de pillages sur les Normands du parti contraire à celui qu'elles servaient; leurs chefs avaient enlevé des domaines et des maisons, et les avaient ensuite fortifiées contre les seigneurs Normands dépossédés, imitant les pères de ces derniers qui avaient ainsi fortifié leurs habitations conquises sur les Anglais [2]. L'expulsion des Flamands fut pour toute la race normande d'Angleterre un sujet de joie égal à ce que sa propre expulsion eût été pour les Saxons : « Nous les « vîmes tous, dit un auteur du siècle, passer la « mer pour retourner du camp à la charrue, « et redevenir serfs, après avoir été maîtres [3]. »

Quiconque, vers l'année 1140, à l'invitation du

[1]. Castra, munitiones solo tenùs complanavit. (p. 30.)

[2]. Castella passim per Angliam ædificata. (Gerv. Caut., pag 1277.)

[3]. A castris ad aratra, a tentoriis ad ergasteria revocantur, et quas nostratibus operas indixerant, dominis suis ex necessitate persolvunt. (Radulphi de Diceto, p. 528.)

1155 roi Étienne, avait dételé ses bœufs pour passer le détroit, et venir à la bataille de Lincoln, était ainsi traité d'usurpateur par ceux dont les ancêtres avaient dételé, en 1066, pour suivre Guillaume-le-Bâtard. Les premiers-venus au pillage de l'Angleterre se regardaient déjà comme seigneurs légitimes et de droit naturel. Ils avaient éffacé de leur esprit tout souvenir de leur condition première, s'imaginant que leurs nobles familles n'avaient jamais exercé d'autre emploi que celui de gouverner les hommes. Mais les Saxons avaient plus de mémoire ; et dans les plaintes que leur arrachait la dureté de leurs seigneurs, ils disaient de plus d'un comte et de plus d'un prélat orgueilleux : « Il nous tourmente et nous « pique comme son grand-père piquait les bœufs « de l'autre côté de la mer [1]. »

Malgré cette conscience de sa propre situation et de l'origine de son gouvernement, la race saxonne, fatiguée par la souffrance, se laissait aller à une résignation molle. Le peu de sang anglais, que l'impératrice Mathilde avait transmis à Henri II, était, disait-on, un gage assuré de sa bienveillance pour le peuple [2], et l'on oubliait

---

1. ..... Pungebat aculeo memor piæ recordationis avi sui qui aratrum ducere et boves castigare consueverat (Rog. de Hoved., p. 703.)

2. Math. Paris., pag. 66.

comment cette même Mathilde, plus Saxonne pourtant que son fils, avait traité les bourgeois de Londres. Des écrivains, soit simples et de bonne foi, soit payés pour faciliter l'administration du roi angevin, publièrent que l'Angleterre possédait enfin un roi de nation anglaise; qu'elle avait des évêques, des abbés, des chefs, des guerriers issus des deux races, et qu'ainsi la haine nationale était désormais sans motif[1]. Nul doute, en effet, que les femmes saxonnes, enlevées par les Normands, soit après la bataille de Hastings, soit après les déroutes d'York et d'Ély, n'eussent, au milieu du désespoir, enfanté des fils à leurs ravisseurs et à leurs maîtres; mais ces fils de pères étrangers se croyaient-ils les frères des bourgeois et des serfs anglais? et le désir d'effacer auprès des Normands de race pure la tache de leur naissance ne les rendait-il pas, au contraire, plus arrogants envers leurs compatriotes maternels? Il était vrai aussi que, dans les premiers temps de l'invasion, Guillaume le conquérant avait offert des femmes de sa famille et de sa nation à des chefs saxons encore

1155
à
1156.

1. Habet nunc certè de genere Anglorum Anglia regem; habet episcopos et abbates, habet principes et comites ex utriusque seminis conjunctione procreatos. (Aluredus Rievallensis, p. 402.)

libres; mais ces sortes d'unions furent peu nombreuses; et, dès que la conquête fut achevée, nul Anglais ne se trouva plus assez noble pour qu'une Normande l'honorât de son lit, du moins en légitime mariage. Et d'ailleurs, quand il eût été vrai que beaucoup d'Anglais de naissance, en reniant la cause de leur pays, en désapprenant leur langue, en jouant le rôle de flatteurs et de complaisants, se fussent élevés aux honneurs et aux priviléges des hommes de race étrangère, cette fortune individuelle, qui agrégeait un a un les fils des vaincus au corps des conquérants n'anéantissait pas la conquête.

Au contraire, cette agrégation successive ce mélange, qui à la longue devait transformer la garnison étrangère en une aristocratie nationale, devait être en réalité plus favorable aux oppresseurs qu'aux opprimés. Car, à mesure que ces derniers virent s'affaiblir le signe d'*étrangeté* dans leurs seigneurs héréditaires, ils devinrent naturellement moins disposés à porter des coups décisifs. Aux chaînes de la domination usurpée se joignirent des liens moraux, le respect des hommes pour leur propre sang et ces affections bienveillantes qui nous rendent si patients à supporter le despotisme domestique. Aussi Henri II vit-il sans déplaisir des moines saxons, dans la dédicace de leurs livres, lui étaler sa généalogie anglaise, et sans faire mention ni de son aïeul Henri 1er, ni de son bisaieul le Conquérant, le louer d'être issu du roi Alfred. « Tu es fils, lui « disaient-ils, de la très-glorieuse impératrice « Mathilde, dont la mère fut Mathilde, fille de « Marguerite, reine d'Écosse, dont le père fut « Edward, fils du roi Edmund-Côte-de-fer, l'ar- « rière-petit-fils du noble roi Alfred [1]. »

Soit par hasard, soit à dessein, il circulait aussi, dans le même temps, de fausses prédictions qui annonçaient le règne de Henri d'Anjou, comme une époque de soulagement et, en quelque sorte, de résurrection pour le peuple anglais. L'une de ces prophéties était attribuée au roi Edward, a son lit de mort: et l'on disait qu'il l'avait prononcée, afin de rassurer ceux qui craignaient alors pour l'Angleterre les effets de l'hostilité du duc de Normandie [2]. « Quand l'arbre vert, « leur avait-il dit, après avoir été coupé au pied « et éloigné de sa racine à la distance de trois « arpents, s'en rapprochera de lui-même, fleu- « rira et portera des fruits, alors un meilleur « temps reviendra [3]. » Cette allégorie, faite après

---

1. Filius es gloriosissimæ imperatricis Mathildis... (Ailredi Rievallensis, p. 350.)

2. Voyez livre III, tome Ier.

3 Cùm arbor viridis a suo trunco recisa ad trium juge-

1155 à 1156.

coup, s'interprétait sans grande peine. L'arbre coupé, c'était la famille d'Edward, qui avait perdu la royauté d'Angleterre à l'élection de Harold; après Harold étaient venus le Conquérant et Guillaume-le-Roux, son fils, ce qui complétait le nombre de trois rois étrangers à l'ancienne famille : car il faut remarquer qu'on supprimait le roi Edgar, parce que peut-être il avait encore quelques parents en Angleterre, et qu'en fait de descendance d'Edward, l'Angevin Henri II leur eût paru fort inférieur. L'arbre s'était rapproché de sa racine, quand Mathilde avait épousé Henri Ier du nom; il avait fleuri, par la naissance de Mathilde l'impératrice, et enfin, porté des fruits, par celle de Henri II.... Ces misérables contes ne sont dignes de figurer dans l'histoire qu'à cause de l'effet moral qu'ils ont pu produire sur les hommes de l'ancien temps. Ils avaient, comme on le voit, pour but d'excepter le roi Henri de la haine portée aux Normands, et d'endormir les Anglais sur leur propre servitude : car rien ne pouvait faire que Henri II ne fût pas le représentant de la conquête; et l'on avait beau le surnommer

---

rum spatium a radice propriâ separetur, et ad radicem nullo cogente accedet, florescetque et fructum fecerit, aliquod solatium sperandum est. (Ailred., Rieval., p. 402.)

mystiquement la pierre angulaire où s'unissaient les deux murailles, c'est-à-dire les deux races [1] : les deux races, pour être vraiment unies, auraient dû être égales en droits, en biens et en puissance.

Quelque difficile qu'il fût déja pour un Anglo-saxon du douzième siècle de reconnaître comme successeur naturel des rois de race anglaise Henri II, qui ne savait pas même comment on disait roi en anglais [2], les conciliateurs obstinés des Saxons avec les Normands mirent en avant des assertions beaucoup plus extraordinaires; ils entreprirent, par exemple, d'ériger Guillaume-le-Conquérant lui-même en descendant du roi Alfred. En effet, une très-vieille chronique, citée par un auteur déja ancien, raconte que Guillaume-le-Bâtard était le propre petit-fils du roi Edmund-Côte-de-fer [3].
« Edmund, dit cette chronique, eut deux fils, Ed-
« win et Edward, et, de plus, une fille unique dont
« l'histoire tait le nom, à cause de sa mauvaise

---

1. In quem velut in lapidem angularem Anglici generis et Normannici gaudemus duos parietes convenisse. (Ailred. Rieval., p. 370.)

2. Voyez plus bas au livre XI.

3. Ut reperi in quâdam vetussissimâ chronicâ (Thomas Rudborne, in Angliâ sacrâ, t. I, p. 246.)

1155 à 1156. « vie; car elle entretint un commerce illicite avec « le pelletier du roi. » Le roi courroucé bannit d'Angleterre son pelletier avec sa fille, qui alors était enceinte [1]. Tous deux passèrent en Normandie, où, vivant de la charité publique, ils eurent successivement trois filles. Un jour, qu'ils étaient venus mendier à Falaise, à la porte du duc Richard, le duc, frappé de la beauté de la femme et de ses trois enfants, lui demanda qui elle était. Je suis, dit-elle, Anglaise et de sang royal [2]. A cette réponse, le duc la traita honorablement, prit le pelletier à son service, et fit élever dans son hôtel une de leurs filles, qui devint sa maîtresse et la mère de Guillaume dit le Bâtard, lequel, selon ce récit, assez adroitement ménagé, demeurait toujours le petit-fils d'un pelletier de Falaise, bien que, par sa mère, il fût Saxon et issu des rois saxons [3].

1156. La violation du serment que Henri II avait prêté à Geoffroy, son jeune frère, lui attira, peu de temps après son arrivée en Angleterre, une guerre dans son pays natal. A l'aide de quelques

---

1. Filiam prægnantem cum viro pellipario exlegavit (Anglia sacra, tom. I, pag. 246.)

2. Se Anglicam et de regio genere. (Ibid., pag. 247.)

3 Filiam nutrivit in palatio. (Ibid.)

partisans de ses droits, Geoffroy s'était emparé de plusieurs places fortes de l'Anjou, et Henri envoya pour en faire le siége une armée d'hommes de race anglaise, levés de force ou pour une solde. Les Anglais, par suite de l'antipathie qu'ils nourrissaient depuis la conquête contre les populations de la Gaule, poursuivirent vivement la guerre, et firent triompher en peu de temps le frère ambitieux et injuste [1]. Geoffroy vaincu fut contraint d'accepter, en échange de ses terres et de son titre de comte, une pension de mille livres anglaises et de deux mille livres d'Anjou [2]; il était redevenu simple particulier, lorsque, par un hasard heureux pour lui, les habitants de Nantes le prirent pour comte de leur ville et de leur territoire [3]. Par cette élection, ils se détachèrent du gouvernement de la Bretagne armoricaine, auquel ils avaient été jadis agrégés de force, mais qu'ils avaient préféré à la domination des rois franks, sans pourtant l'aimer de grande affection, à cause de la différence des langues.

1. Ubi Anglos et Normannos, quos jam multiplex confœderatio univit, strenuos fuisse nemo ignorat. (Script. rer. fr., tom. XIV, p. 125.)

2. Ibid.

3. Eum sibi in verum certumque Dominum elegerunt. (Guil. Neubrig apud script. rer. fr., tom. XIII, p. 104.)

1157

850
à
115-

La Basse-Bretagne, successivement agrandie à l'est et au sud par des guerres heureuses, dans l'intervalle du neuvième au onzième siècle, fut, dès le siècle suivant, travaillée de divisions intestines provenant de cet agrandissement même. Ses frontières, qui s'étendaient jusqu'au-delà du cours de la Loire, renfermaient deux populations de race différente, dont l'une parlait l'idiome celtique, l'autre la langue romane de France et de Normandie; et, selon que les chefs de tout le pays, les comtes ou ducs de Bretagne, jouissaient de la faveur de l'une de ces deux races d'hommes, ils étaient mal regardés de l'autre. Autour de cette rivalité nationale se groupaient aussi des intérêts aristocratiques; les riches de l'ancien territoire breton, corrompus par leurs relations habituelles avec les riches des contrées de langue romane et avec leurs voisins de Normandie, d'Anjou et de France, inclinaient, à ce qu'il paraît, vers la faction romane contre la faction celtique, qui était le parti du vulgaire plus opiniâtre à conserver les vieux usages et les souvenirs nationaux.

Les Nantais, qui choisirent pour comte Geoffroy d'Anjou, appartenaient naturellement au premier de ces deux partis, et ils n'appelèrent l'Angevin a les gouverner que pour se soustraire au pouvoir d'un chef, portant un nom celtique ¹. Geoffroy ne vécut pas long-temps dans sa nouvelle dignité; et, à sa mort, un certain Conan, qui gouvernait une grande partie de la Bretagne, et qui possédait en Angleterre le domaine de Richemont, ancienne part de conquête du Breton Alain Fergant ², devint comte de Nantes, si ce n'est par élection, au moins du gré des habitants de cette ville et de sa banlieue ³. Mais alors Henri, roi d'Angleterre, par une prétention nouvelle, réclama la ville libre de Nantes comme portion de l'héritage de son frère Geoffroy; il traita l'élu des Nantais comme un usurpateur de son propre bien, et les Nantais eux-mêmes comme des rebelles ⁴; il confisqua la terre de Richemont dans la province d'York; puis, traversant le détroit, vint avec son armée contraindre par la terreur les citoyens à se soumettre à lui, et à désavouer Conan le chef de leur choix; il mit garnison dans leurs murs, et occupa tout l'espace de pays renfermé entre la Loire et la Vilaine ⁵.

1158.

1. Hoelli cogente inertiâ. (Script. rer. fr., t. XII, p. 560.)
2. Voyez livre IV, tome Ier.
3. In comitem receptum. (Script. fr. rer., tom. XII.)
4. Civitatem Namnetensem juræ fraternæ successionis reposcens. (Guil. Neubrig ap. script. rer., tom. XIII, p. 104.)
5. Magni apparatûs terroribus. (Ibid.)

1159.

Ayant ainsi mis un pied sur les terres de Bretagne, le roi d'Angleterre étendit plus loin ses vues, et fit avec ce même Conan, qu'il avait chassé de Nantes, un pacte menaçant pour l'indépendance de tout le peuple breton. Il fiança le plus jeune de ses fils, Geoffroy, âgé de huit ans, à la fille de Conan, appelée Constance, et âgée de cinq ans [1]. D'après ce traité le comte breton s'engageait à faire hériter de son pouvoir le futur mari de sa fille, et le roi en retour garantissait à Conan la possession du pouvoir durant sa vie, lui promettant aide, secours et appui envers et contre tous [2]. Ce traité, qui devait avoir pour effet infaillible d'étendre un jour la domination des Anglo-normands sur toute la Gaule occidentale, donna de grandes alarmes au roi de France; il négocia auprès du pape Alexandre III, afin de l'engager à interdire l'union de Geoffroy et de Constance pour cause de parenté, attendu que Conan était le petit-fils d'une fille bâtarde de l'aïeul de Henri II; mais le pape ne reconnut point cette parenté, et les noces prématurées des deux époux se firent en l'année 1166 [3].

1159 à 1166.

1. Filiam Conani parvulam filio suo infantulo. (Script. fr. rer., tom. XII.)
2. Ibid.
3. Regem Franciæ in eum (Alexandrum III,) graviter

Peu de temps après, une insurrection nationale éclata en Bretagne contre le chef qui trafiquait, avec un roi étranger, de l'indépendance du pays. Conan appela Henri II à son secours, et aux termes de leur traité d'alliance, les troupes du roi entrèrent par la frontière de Normandie, sous prétexte de défendre, contre les révoltés, le comte légitime des Bretons[1]. Henri s'empara de la ville de Dol et de plusieurs bourgs qu'il garnit de ses soldats. Moitié de bon gré, moitié par force, Conan abdiqua le pouvoir entre les mains de son protecteur, lui laissant exercer l'autorité administrative et lever des tributs par toute la Bretagne. Les lâches du pays allèrent trouver le roi angevin dans son camp, et, suivant le cérémonial du siècle, lui firent hommage de leurs terres, plaçant leurs mains entre les siennes; les prêtres s'empressèrent de saluer et de complimenter en langue latine l'homme qui *venait au nom de Dieu*, et datèrent leurs chartes religieuses du jour « où « la Bretagne, après une longue affliction, avait « enfin été visitée par le Seigneur dans sa misé- « ricorde, et restaurée par le secours, le conseil

1166 à 1167.

commotum, quòd matrimonium inter filium Angliæ regis et filiam comitis Britanniæ licet in tertio gradu consanguineos auctoritate suâ comfirmaverit (Ibid., tom. XVI, p. 282.,
1. Ibid

1166
a
1167.
« et la puissance du très-pieux roi Henri, d'An-
« gleterre ¹ ». Mais le droit divin de l'usurpation
étrangère ne fut pas reconnu universellement,
et les amis de la vieille patrie bretonne, se ras-
semblant de tous les cantons, formèrent contre
le roi angevin une confédération par serment,
à la vie et à la mort ².

Le lien de la nationalité en Bretagne était déja
trop affaibli pour que ce pays pût tirer de lui-
même assez de ressources dans son insurrection
patriotique. Les insurgés pratiquèrent donc des
1167. intelligences à l'extérieur ; ils s'entendirent avec
les habitants du Maine, leurs voisins, qui, depuis
Guillaume-le-Bâtard, obéissaient contre leur gré
aux Normands, et se souvenaient d'avoir vécu
sous des chefs nés parmi eux, ou choisis par
eux ³. Beaucoup de Manceaux entrèrent dans la
ligue jurée en Bretagne contre le roi Henri II,
et tous les membres de cette ligue prirent pour
patron le roi de France, rival politique de Henri,
et le plus puissant de ses rivaux. Le roi de France

1. Quam tandem misericors Dominus temporibus Henrici piissimi regis Anglorum per ejus auxilium et consilium, pariterque dominium visitavit. (Script. fr. rer., t. XIII,
pag. 560)

2. Sacramento se obligaverunt... confederati.. (Ibid.,
p. 310, 311.)

3. Ibid., tom. VIII, p. 210

promit des secours aux Bretons insurgés, non 1167 à 1168. par amour pour leur indépendance que ses prédécesseurs avaient attaquée, durant tant de siècles, avec tant d'acharnement, mais par haine du roi d'Angleterre, et par envie d'acquérir lui-même en Bretagne la suprématie qu'y perdrait son ennemi [1]. Pour atteindre ce but avec le moins de frais possible, il ne fit aux confédérés que de simples promesses, leur laissant tout le fardeau de l'entreprise dont il devait partager les profits. Attaqués bientôt par toutes les forces 1168. du roi Henri, les insurgés bretons furent vaincus, perdirent les villes de Vannes, de Léon, d'Auray et de Fougères, leurs châteaux, leurs domaines, leurs soldats, leurs femmes et leurs filles que le roi prit pour otages, et qu'il se fit un jeu de déshonorer par séduction ou par violence [2]; l'une d'entre elles, la fille d'Eudes, vicomte de Porrhoët, était sa parente au second degré [3].

1. Regi Francorum obsides dederant et fide interpositâ pactionem acceperant, quòd rex Francorum sine ipsis regi Anglorum non concordaretur. (Ibid., tom. XVI, pag. 327.)

2. Vastavit, combussit...... funditùs delevit. (Script. fr. rer., tom. XIV, pag. 310, 312.) Filiam ejus virginem quam illi pacis obsidem dederat, imprægnavit ut proditor. (Ibid., tom. XVI, p. 591.)

3. Ibid.

1168 Vers le même temps, l'ennui de la domination du roi d'Angleterre se fit sentir aux habitants de l'Aquitaine, surtout à ceux du Poitou et de la Marche de France qui, sur un pays montagneux, avaient plus d'âpreté dans l'humeur, et plus de moyens pour soutenir une guerre patriotique [1]. Le roi d'Angleterre, quoique mari de la fille du comte de Poitou, était un étranger pour les Poitevins, et ceux-ci voyaient impatiemment des magistrats de race étrangère abolir ou violer les anciens usages de leur pays par des ordonnances rédigées en langue angevine ou normande. Plusieurs de ces nouveaux magistrats furent chassés, et l'un d'entre eux, originaire du Perche, et comte de Salisbury, en Angleterre, fut tué à Poitiers par le peuple [2]. Il se forma une grande conspiration populaire sous la conduite des principaux seigneurs et des hommes riches du nord de l'Aquitaine : le comte de la Marche, le duc d'Angoulême, le vicomte de Thouars, l'abbé de Charroux, Aymery de Lezinan ou Luzignan, Hugues et Robert de Silly [3]. Les conjurés poi-

---

[1]. Script. rer. franc., tom. XVI, p. 373.

[2]. Dolo Pictaviensium occisus est comes patricius Salisburiensis... (Script. fr. rer., tom. XIII, p. 311.)

[3]. Pictavi et Aquitani ex majori parte contra regem.... (Ibid.)

tevins se mirent, comme les Bretons, sous le
patronage du roi de France, qui leur demanda
des otages, et s'engagea, en retour, à ne point
faire de paix avec le roi Henri sans les y comprendre [1]; mais ils furent écrasés comme les
Bretons, pendant que le Français restait simple
spectateur de leur guerre avec l'Angevin.

Les plus considérables d'entre eux capitulèrent avec le vainqueur, le reste s'enfuit sur les
terres du roi de France, qui, pour leur malheur,
commençait à se fatiguer de son état d'hostilité
contre le roi d'Angleterre, et désirait faire la
paix avec lui. Ces deux rois, après avoir longtemps travaillé à se nuire, se reconcilièrent en
effet dans la petite ville de Montmirail en Perche [2].
Il y fut décidé que le roi de France garantirait à
l'autre roi l'usurpation de la Bretagne, et lui
rendrait les réfugiés de ce pays et ceux du
Poitou; qu'en revanche le roi d'Angleterre s'avouerait expressément vassal et homme-lige du
roi de France, et que la Bretagne serait comprise
dans le nouveau serment d'hommage [3]. Les deux

---

1. Pictavi ad regem Francorum venerunt, et obsides suos ..
(Ibid.)

2. Script. rer. fr., tom. XVI, p. 596.

3. Restituitque rex Francorum, Anglico, Britones et
Pictavos· ille promisit auxilium quod regi Francorum dux
Normannorum præstare debet. (Ibid.)

1169. rivaux se donnèrent la main et s'embrassèrent cordialement ; puis, en vertu de la souveraineté nouvelle que le roi de France lui reconnaissait sur les Bretons, Henri II institua duc de Bretagne, d'Anjou et du Maine, son fils aîné, qui, en cette qualité, prêta serment de vasselage entre les mains du roi de France [1]. Le roi Angevin affecta dans cette entrevue des sentiments de tendresse exagérés jusqu'au ridicule envers l'homme qui, la veille, était son plus mortel ennemi. « Je mets, « lui disait-il, à votre disposition, moi, mes en- « fants, mes terres, mes forces, mes trésors pour « en user, en abuser, les garder ou les donner « à plaisir et à volonté [2]. » Il semblait que sa raison fût un peu troublée par la joie d'avoir en sa puissance les émigrés poitevins et bretons. Le roi Louis les lui livra sous la condition dérisoire qu'il les reprendrait en grâce et leur rendrait leurs biens [3]. Henri le promit, et leur donna même publiquement le baiser de paix, pour garantie de cette promesse ; mais la plu-

1. Sibi dextras et oscula dederunt. (Script. rer. franc., tom. XVI, p. 596.)

2. Se, liberos, terras, vires, thesauros... omnibus uteretur, abuteretur, pro voluntate retineret, auferret, daret quibus et quantùm vellet pro libito. (Johan. Sarisberiensis epistola apud script. rer. fr., tom. XVI, p. 340.)

3. Ibid., pag. 596.

part finirent leur vie en prison ou dans les supplices.   1169.

Lorsque les deux rois se furent séparés dans cette apparence d'harmonie parfaite, qui pourtant ne fut pas de longue durée, Henri, fils aîné du roi d'Angleterre, remit à son jeune frère, Geoffroy, la dignité de duc de Bretagne, ne gardant que le comté d'Anjou : Geoffroy fit hommage à son frère comme celui-ci l'avait fait au roi de France; puis il se rendit à Rennes pour y tenir sa cour et recevoir les soumissions des chefs et des riches du pays [1]. C'est ainsi que les deux ennemis héréditaires de la liberté des Bretons, les chefs de Normandie et de France, leur enlevèrent de commun accord la souveraineté de leur terre natale; l'Angevin se fit seigneur direct, le Français seigneur suzerain, et cette grande révolution s'accomplit sans violence apparente. Conan, le dernier comte de pure race bretonne ne fut point déposé, mais son nom ne reparut plus dans les actes publics : dès lors, à proprement parler, il n'y eut plus de nation en Bretagne; il y eut un parti français et un parti angevin ou normand qui travaillèrent en sens divers pour l'une ou pour l'autre puissance.

[1] Script. rer. fr., tom. XVI, p. 596. et seq

1169. La vieille langue nationale abandonnée par tous ceux qui voulaient plaire soit au seigneur direct, soit au suzerain, se corrompit peu dans la bouche des pauvres et des paysans; eux seuls y tinrent fidèlement, et la conservèrent à travers les siècles avec la ténacité de mémoire et de volonté qui est propre aux hommes de race celtique. Malgré la désertion de leurs chefs nationaux vers l'étranger soit normand, soit français, et la servitude publique et privée qui en fut la suite, les gens du peuple en Basse-Bretagne n'ont jamais cessé de reconnaître dans les nobles de leur pays des enfants de la terre natale. Ils ne les ont point haïs de cette haine violente qu'on portait ailleurs à des seigneurs

1170. issus de race étrangère ; et sous les titres féodaux de baron et de chevalier, le paysan breton retrouvait encore les *tierns* et les *mac-tierns* des temps de son indépendance : il leur obéissait avec zèle dans le bien comme dans le mal, s'engageait dans leurs intrigues et leurs querelles politiques souvent sans les comprendre, mais par habitude et par le même instinct de dévouement qu'avaient pour leurs chefs de tribus les Gallois et les montagnards d'Écosse.

Les populations voisines des terres de France, comme les Bretons et les Poitevins, ne furent pas les seules qui, dans leurs querelles avec le roi d'Angleterre, voulurent faire alliance et cause commune avec son rival. Après la rupture de la paix de Montmirail, le roi de France reçut d'un pays avec lequel il n'avait eu jusque-là aucune espèce de relations politiques, et dont il soupçonnait à peine l'existence, des dépêches conçues en ces termes :

« Au très-excellent roi des Français, Owen,
« prince de Galles, son homme-lige et son fidèle
« ami, salut, obéissance et dévouement [1].

« La guerre que le roi d'Angleterre avait long-
« temps méditée contre moi vient d'éclater l'été
« passé sans aucune provocation de ma part;
« mais grace à Dieu et à vous, qui occupiez
« ailleurs ses forces, il a péri sur les champs de
« bataille un plus grand nombre de ses gens que
« des miens [2]. Dans son dépit, il a méchamment
« démembré les otages qu'il tenait de moi, et se
« retirant sans conclure ni paix ni trève, il a
« donné ordre à ses soldats d'être prêts pour
« Pâques prochain à marcher de nouveau contre
« nous [3]. Je supplie donc votre clémence de m'an-

---

1. Owinus, Galliæ princeps, suus homo et amicus fidelis devotissimum cum salute servitium. (Script. rer. fr., t. XVI, pag. 107.)

2. Deo gratias et vobis. (Ibid)

3. Meos obsides nequiter et injuriosè demembravit. (Ibid.)

« noncer par le porteur des présentes si vous
« êtes dans l'intention de guerroyer alors contre
« lui, afin que de mon côté je vous serve en lui
« faisant tort selon vos souhaits [1]. Faites-moi sa-
« voir ce que vous me conseillez, et quel secours
« aussi vous voudrez bien me fournir; car, sans
« aide et conseil de votre part, je doute que je sois
« assez fort contre notre ennemi commun [2]. »

Cette lettre fut apportée par un prêtre gallois qui la présenta au roi de France dans sa cour plénière. Mais le roi, ayant fort peu en sa vie entendu parler du pays de Galles, soupçonna que le messager se raillait de lui, et ne voulut point le reconnaître ni lui ni les dépêches d'Owen. Owen fut donc obligé d'écrire une seconde missive pour certifier le contenu de la première. « Vous n'avez pas cru, disait-il, que
« ma lettre fût vraiment de moi; pourtant c'é-
« tait la vérité, je l'affirme et j'en atteste Dieu [3]. »
Le chef cambrien continuait à se qualifier du nom de fidèle et de vassal du roi de France.

1. Ut in illa werrá et vobis serviam, nocendo illi secundùm consilium vestrum. (Script. rer. franc., t. XVI, p. 107.)

2. Quid consules, quod adjutorium mihi largiri vis... mihi nuncietis. (Ibid.)

3. Litteris meis non credidisti... quòd essent meæ; sed hæ sunt, Deum testem induco. (Ibid., p. 116.)

Ce trait mérite d'être cité, parce qu'il enseigne à ne point prendre à la lettre, sans un sérieux examen, les formules et les locutions du moyen âge. Souvent les titres de vassal et de seigneur exprimaient un rapport réel de subordination et de dépendance, mais souvent aussi ils n'étaient dans le langage qu'une simple forme de politesse, surtout quand le faible réclamait l'alliance d'un homme plus puissant que lui.

Le duché d'Aquitaine ou de Guyenne, selon la langue vulgaire, ne s'étendait que jusqu'aux limites orientales de la seconde des anciennes provinces aquitaniques, et ainsi les villes de Limoges, de Cahors et de Toulouse n'y étaient point comprises. Cette dernière ville, ancienne résidence des rois Goths et des chefs gallo-romains, qui après eux avaient gouverné les deux Aquitaines unies pour résister aux Franks, était devenue la capitale d'un petit état séparé qu'on appelait le comté de Toulouse. Il y avait eu de continuelles rivalités d'ambition entre les comtes de Toulouse et les ducs de Guyenne, et de part et d'autre diverses tentatives pour soumettre à une autorité unique tout le pays situé entre le Rhône, l'Océan et les Pyrénées. De là étaient nés beaucoup de différends, de traités et d'alliances tour à tour conclus et défaits au gré de la mobilité naturelle aux hommes du midi.

1159. Devenu duc d'Aquitaine, le roi Henri II fouilla dans les registres de ces conventions antérieures, et y trouvant par hasard un prétexte pour attaquer l'indépendance du comté de Toulouse, il fit avancer des troupes, et mit le siége devant la ville. Le comte de Toulouse, Raymond de Saint-Gilles, leva contre lui sa bannière, et la commune de Toulouse, corporation de citoyens libres, leva aussi la sienne [1].

Le conseil commun de la cité et des faubourgs (c'était le titre que prenait le gouvernement municipal des Toulousains), entama de son chef des négociations avec le roi de France [2] pour obtenir de lui quelque secours. Ce roi marcha vers Toulouse par le Berry qui lui appartenait en grande partie, et le Limousin qui lui livra passage; il contraignit le roi d'Angleterre à lever le siége de la ville, et y fut accueilli avec grande joie, disent les auteurs du temps, par le comte et par les citoyens [3]. Ces derniers, réunis en assemblée solennelle, lui décernèrent une lettre de remerciement où ils lui rendaient grâce

---

1. Script. rer. fr., tom. XIII, p. 739.

2. Commune concilium urbis Tholosæ et suburbii.... (Ibid., tom. XVI, p. 69.)

3. A comite et a civibus cum gaudio magno susceptus est. (Ibid., tom. XIII, p. 739.)

de les avoir secourus comme un patron et comme un père, expression de reconnaissance affectueuse qui n'impliquait de leur part aucun aveu de sujétion civile ou féodale[1].

Mais cette habitude d'implorer le patronage d'un roi contre un autre, devint une cause de dépendance; et l'époque où le roi d'Angleterre, comme duc d'Aquitaine et comte de Poitou, obtint de l'influence sur les affaires du midi de la Gaule, commença pour ses habitants une nouvelle époque de décadence et de malheur. Placés dès-lors entre deux puissances rivales et également ambitieuses, ils s'attachèrent tantôt à l'une, tantôt à l'autre, au gré des circonstances, et furent tour à tour soutenus, délaissés, trahis, vendus par toutes les deux. Depuis le douzième siècle, les méridionaux ne furent bien que quand les deux rois de France et d'Angleterre étaient en querelle. « Quand donc finira la trève des ster- « lings avec les tournois? » disaient-ils dans leurs chants nationaux[2]? et ils avaient sans cesse les yeux fixés vers le nord, se demandant : Que font les deux rois[3]?

1159.

1. Quòd eorum periculis more paterno provideat. (Ibid., tom. XVI. p. 69.)

2.   E m' plai quan la trega es fracha
    Dels Esterlins e dels Toines.
        (Poesies des Troubadours, tom. IV, pag 264)

3.   Il dui rei,....

1159. Ils haïssaient les étrangers; et une turbulence inquiète, un amour désordonné de la nouveauté et du mouvement, les poussaient vers leur alliance, tandis qu'intérieurement ils étaient travaillés de querelles domestiques, et de petites rivalités d'homme à homme, de ville à ville, de province à province. Ils aimaient passionnément la guerre; non par l'amour sordide du gain, ni même par l'impulsion noble du patriotisme, mais pour ce que les combats ont de pittoresque et de poétique, pour le bruit, l'appareil et les émotions du champ de bataille, pour voir les armes reluire au soleil et entendre les chevaux hennir au vent [1]. Un seul mot d'une femme les faisait courir à la croisade sous la bannière du pape, qu'ils méprisaient, et risquer leur vie contre les Sarrasins, le peuple du monde avec lequel ils avaient le plus de sympathie et de ressemblance morale [2]. A cette légèreté de caractère, ils joignaient la hardiesse d'imagination, le goût des arts et des jouissances délicates; ils avaient l'industrie et la richesse; la nature leur avait tout donné, tout, hors la prudence politique et l'union comme issus d'une même race, et enfants d'une même : patrie leurs ennemis s'entendaient

---

1. Guerra m' plai...
(Poesies des Troubadours, tom. IV, pag. 26)

2. Poésies des Troubadours, *passim*.

pour leur nuire ; et eux ne s'entendaient point 1159.
pour s'aimer, se défendre, et faire cause commune. Ils en ont durement porté la peine, en perdant leur indépendance, leurs richesses, et jusqu'à leurs lumières. Leur langue, la seconde langue romaine, presque aussi polie que la première, a fait place dans leur propre bouche à un langage étranger dont l'accentuation leur répugne, tandis que leur idiome naturel, celui de leur liberté et de leur gloire, celui de la belle poésie dans le moyen âge, est devenu le patois des journaliers et des servantes.

Mais aujourd'hui les regrets causés par ces changements seraient inutiles ; il y a des ruines que le temps a faites et qu'il ne relèvera jamais.

LIVRE IX.

DEPUIS L'ORIGINE DE LA QUERELLE ENTRE LE ROI HENRI II, ET L'ARCHEVÊQUE THOMAS, JUSQU'AU MEURTRE DE L'ARCHEVÊQUE.

1160 — 1171.

Parmi la foule d'Anglais qui, cédant au besoin de subsister, s'attachèrent, comme valets, aux riches Normands, et les suivirent dans les expéditions d'outre-mer, portant leurs lances, et menant en main droite leurs chevaux de bataille, se trouvait, au temps du roi Henri 1er, un homme de Londres que les historiens appellent Gilbert Becket [1]. Il paraît que son vrai nom était Beck, et que les Normands, parmi lesquels il vécut, y joignirent un diminutif familier commun dans leur langage, et en firent Becket [2], comme les Saxons en faisaient Beckie

---

1. Anglicus et Londoniarum incola civitatis... (Jo. Brompton, Chron., p. 1054.) — Vita B. Thomæ quadripartita.

2. Young Beckie was as brave a knight...
   In London was Young Beichan born.
   (Jamieson's, popolar sougs, tom II, pag 127)

ou Beckin. Gilbert Beckie, selon l'orthographe saxonne, et Becket selon la normande, se rendit donc à la croisade sous la bannière d'un seigneur de race étrangère, pour courir la fortune au royaume de Jérusalem, et essayer si lui-même, avec un peu de bonheur, ne deviendrait pas haut baron en Syrie, comme les valets d'armée de Guillaume-le-Conquérant l'étaient devenus en Angleterre : mais les Arabes se défendirent avec plus de succès que les Saxons. L'Anglais Becket fut fait prisonnier de guerre, et devint esclave dans la maison d'un chef mahométan.

Tout malheureux, et méprisé qu'il était, il obtint l'amour de la propre fille du chef sarrazin dont il était le captif. S'étant évadé par le secours de cette femme, il revint dans son pays; et sa libératrice, ne pouvant vivre sans lui, abandonna la maison paternelle pour courir à sa recherche. Elle ne savait que deux seuls mots intelligibles pour les habitants de l'Occident, c'étaient *Londres* et *Gilbert*[1]. A l'aide du premier, elle s'embarqua pour l'Angleterre sur un vaisseau de marchands et de pélerins; et, par le moyen du second, courant de rue en rue et répétant Gilbert! Gilbert! à la foule éton-

1. Chron. Joh. Brompton, p. 1054.

née qui s'amassait autour d'elle, elle retrouva l'homme qu'elle aimait [1]. Gilbert Becket, après avoir pris sur cet incident miraculeux les conseils de plusieurs évêques, fit baptiser sa maîtresse, changea son nom sarrazin en celui de Mathilde, et l'épousa. Ce mariage fit grand bruit par sa singularité, et devint le sujet de plusieurs romances populaires, dont deux, qui se sont conservées jusqu'à nos jours, renferment des détails fort touchants [2]. Enfin, en l'année 1119, Gilbert et Mathilde eurent un fils, qui fut appelé Thomas Becket, suivant la mode des doubles noms introduite en Angleterre par les Normands.

1119.

Telle fut, selon le récit d'un grand nombre d'anciens auteurs, la naissance romanesque d'un homme destiné à troubler d'une manière aussi violente qu'imprévue l'arrière-petit-fils de Guillaume-le-Bâtard dans la jouissance heureuse et paisible du pouvoir conquis par son aïeul [3]. Cet homme, né pour le tourment de la race normande, reçut l'éducation la plus propre à lui

---

1. Cum quibusdam peregrinis et mercatoribus... Gilberte, Gilberte! quasi bestia erratica, derias ab omnibus. (Chron. Joh. Brompton, p. 1054.)

2. Jamieson's popolar songs, tom. II, p. 127.

3. Parentum mediocrium proles illustris. (Gervas. Cant. pag. 1667.)

donner accès auprès des grands de cette race et à lui attirer leur faveur. Jeune, on l'envoya en France pour étudier les lois, les sciences, et les langues du continent, et perdre l'accent anglais, qui était alors en Angleterre un signe de réprobation [1]. Thomas Becket, au retour de ses voyages, se trouva capable de converser et de vivre avec les gens les plus raffinés de la nation maîtresse, sans choquer leurs oreilles ou leur bon goût par aucun mot, ni aucun geste qui rappelât son origine saxonne. Il mit promptement ce talent en usage, et s'insinua dans la familiarité d'un des riches barons qui habitaient près de Londres: il devint son convive de tous les jours et le compagnon de ses plaisirs [2]. Il faisait des courses sur les chevaux de son patron, et chassait avec ses chiens et ses oiseaux, passant le jour dans ces plaisirs interdits à tout Anglais qui n'était ni le valet, ni le commensal d'un homme d'origine étrangère [3].

Thomas, plein de gaieté et de souplesse, caressant, poli, obséquieux, acquit bientôt une grande réputation auprès de ceux qui aimaient

---

[1]. Parisius verò per aliquod tempus studens. (Vita B. Thomæ quadripartita, lib. I, cap. 4.)

[2]. Ad virum quemdan genere insignem et divitem adhæsit... rure cum divite morabatur. (Joh. Brompton, p. 1055.)

[3]. Venabatur cum eo... accipitres... equos... (Ibid.)

les flatteurs [1]. L'archevêque de Canterbury, Thibaut, qui, grace à l'institution de la primatie absolue établie par le conquérant, était la première personne après le roi, entendit parler du jeune Anglais, voulut le voir, et le trouvant à son gré, se l'attacha, lui fit prendre les ordres, le nomma archidiacre de son église métropolitaine, et l'employa dans plusieurs négociations délicates avec la cour de Rome. Par exemple, l'archidiacre Thomas conduisit auprès du pape Eugène une intrigue des évêques d'Angleterre partisans de Henri, fils de Mathilde, pour obtenir de ce pape une défense formelle de sacrer le fils du roi Étienne [2]. Lorsque ensuite le fils de Mathilde fut devenu roi, on lui présenta Thomas Becket comme un zélé serviteur de sa cause pendant le temps de l'usurpation; car c'est ainsi que le règne d'Étienne était appelé alors par la plupart de ceux qui l'avaient élu, sacré, défendu même, contre Mathilde et son fils [3]. L'archidiacre de Canterbury plut si fort au nouveau

---

[1]. Suffragantibus obsequiis... (Joh. Brompt., 1058.) — Ad jussa promptum, in obsequio sedulum. (Ibid.)

[2]. Subtilissimâ prudentiâ et perquisitione cujusdam Thomæ clerici natione Londoniensis. (Gervas. Dorobernensis, apud script. rer. fr., tom. XVI, p. 273.)

[3]. Voyez livre VIII.

roi, qu'en peu d'années la faveur royale l'éleva 1152. au grand office de chancelier d'Angleterre, c'est- 1157. à-dire gardien du sceau à trois lions, qui était le signe légal du pouvoir fondé par la conquête. Henri II confia en outre à l'archidiacre l'éducation de son fils aîné, et, attacha à ces deux emplois, de grands revenus, qui, par un hasard assez étrange, furent assis sur des lieux de funeste mémoire pour un Anglais : c'étaient la prébende de Hastaings, la garde du château de Berkhamsted, et le gouvernement de la Tour de Londres [1].

Thomas était le compagnon le plus assidu et le plus intime du roi Henri; il partageait sa table, ses jeux et jusqu'à ses débauches [2]. Élevé en dignité au-dessus de tous les Normands d'Angleterre, il affectait de les surpasser en luxe et en appareil; il entretenait à sa solde sept cents cavaliers complètement armés. Sa table, ouverte à tous les grands, était magnifique : ses pourvoyeurs faisaient venir de loin, à grands frais, les choses les plus rares et les plus délicates [3]. Les comtes

1. Filii sui Henrici tutorem fecit et patrem. (Script. rer. fr., tom. XIV, p. 452.)

2. Joh. Brompton, Chron., p. 1058.

3. Ut omnes sicut magnificentiâ ita et gratiâ præcelleret... (Vita B. Thomæ quadripartita. — Apud script. rer. franc., tom. XVI, p. 452.)

1157 et les barons se faisaient honneur de le visiter,
à
1161. et aucun étranger venant à son hôtel ne s'en
retournait sans un présent, soit de chiens ou
d'oiseaux de chasse, soit de chevaux ou de
riches vêtements [1]. Les seigneurs lui envoyaient
leurs jeunes fils pour le servir et être élevés près
de lui; il les gardait quelque temps, puis les
armait chevaliers, et, à ses propres dépens leur
fournissait tout le harnais des gens de guerre [2].

Dans sa conduite politique, Thomas se comportait en vrai et loyal chancelier d'Angleterre, selon le sens déjà attaché à ces mots; c'est-à-dire qu'il travaillait de tous ses efforts à maintenir, à augmenter même le pouvoir personnel du roi envers et contre tous les hommes, sans distinction de race ni d'état, Normands ou Saxons, clercs ou laics. Quoique membre de la corporation du clergé, il entra plus d'une fois en lutte avec elle pour les intérêts du fisc ou de l'échiquier royal. Dans le temps où Henri II entreprit la guerre contre le comte de Toulouse, on leva en Angleterre, pour les frais de la campagne, la taxe que les Normands appelaient taxe des écus ou

1. Nulla ferè die comedebat absque comitibus et baronibus... equos, aves, vestimenta... (Vita B. Thomæ quadripart. lib. I, cap. 8.)

2. ....Liberos suos servituros mittebant... quos cingulo donatos militiæ... (Ibid.)

escuage, parce qu'elle était due par tout possesseur d'une terre suffisante à l'entretien d'un homme d'armes, qui, dans le délai prescrit par les appels, ne se présentait point à la revue, tout armé et l'écu au bras [1]. Les riches prélats et les riches abbés de race normande, dont l'esprit belliqueux s'était calmé depuis qu'il ne s'agissait plus de piller les Saxons, et qu'il n'y avait plus de guerre civile entre les Normands, s'excusèrent de se rendre à l'appel des gens de guerre, parce que, disaient-ils, la Sainte Église leur défendait de verser le sang : ils refusèrent, en outre, par le même motif, de payer la taxe d'absence; mais le chancelier voulut les y contraindre. Le haut clergé fit alors de violentes invectives contre l'audace de Thomas : Gilbert Foliot, évêque de Londres, l'accusa publiquement de plonger l'épée dans le sein de sa mère l'Église; et l'archevêque Thibaut, quoique son ancien patron, le menaça de l'excommunier [2]. Thomas ne s'émut point des censures ecclésiastiques, et peu après s'y exposa de nouveau, en combattant de sa propre main dans la guerre de Toulouse et en montant des premiers, tout diacre qu'il était, à l'assaut des forteresses [3]. Un jour,

1157 à 1161.

1. Scutagium.
2. Littleton's life of Henri II, vol. III, p. 24.
3. Ipsemet etiam clericus cùm esset... Munitiones manu

1157 à 1161.

dans une assemblée du clergé, quelques évêques affectèrent d'étaler des maximes d'indépendance exagérées vis-à-vis du pouvoir royal; le chancelier, qui était présent, les contredit ouvertement, et leur rappela d'un ton sévère qu'ils étaient tenus envers le roi par le même serment que les gens d'épée, par le serment de lui conserver sa vie, ses membres, sa dignité et son honneur [1].

La bonne harmonie qui avait régné, dans les premiers temps de la conquête, entre les barons et les prêtres normands, ou pour parler le langage du siècle, entre l'empire et le sacerdoce, n'avait pas été de longue durée. A peine installés dans les églises que Guillaume et ses chevaliers leur ouvrirent à coups de lance, les évêques et les abbés, par droit de conquête, devinrent ingrats envers ceux qui leur avaient procuré leurs nouveaux titres et leurs nouvelles possessions [2]. En même temps qu'il s'éleva des disputes entre les rois et les barons, il y eut mésintelligence entre les barons et les prélats, entre ces derniers et les rois : ces trois puissances se divisèrent, quand la puissance ennemie de toutes les trois, c'est-à-dire la race anglaise eut cessé de se faire

forti acquisierit... (Script. rer. fr., tom. XIV, p. 452.) — Vita B. Thomæ quadripart., lib. I, cap. 9 et 10.)

1. Wilkin's concilia, tom. I, p. 431.
2 Voyez livre V.

craindre. C'était mal à propos que le premier Guillaume avait compté sur une plus longue union, quand il donna au clergé, créé par la conquête, un pouvoir et une existence de corps inconnus en Angleterre dans le temps de l'indépendance anglaise. Il croyait obtenir par ce moyen un accroissement de puissance personnelle; et peut-être eut-il raison pour lui-même, mais il eut tort pour ses successeurs [1].

Le lecteur connaît le décret royal par lequel, détruisant l'ancienne responsabilité des prêtres devant les juges civils, et attribuant aux membres du haut clergé le privilège d'être juges par eux-mêmes, Guillaume avait érigé des cours épiscopales, arbitres de certains procès des laïcs et de tous les procès intentés à des clercs. Les clercs normands, clercs de fortune, si l'on peut se servir de ce mot, ne tardèrent pas à étaler en Angleterre les mœurs les plus désordonnées : ils commirent des meurtres, des rapts, des brigandages, et, comme ils n'étaient justiciables que de leur ordre, rarement ces crimes furent punis ; circonstance qui les encouragea d'une manière effrayante. Dans les premières années du règne de Henri II, on comptait près de cent homicides commis par des prêtres vi-

[1]. Voyez livre VI.

vants. Le seul moyen d'arrêter et de punir ces désordres était d'abolir le privilége ecclésiastique institué par le conquérant, et dont la nécessité temporaire avait cessé, puisque les rébellions des Anglais n'inspiraient plus beaucoup de crainte. C'était une réforme raisonnable, et en outre, par un motif moins pur, pour l'agrandissement de leurs propres juridictions territoriales, les gens d'épée la désiraient, et blâmaient la loi votée par leurs aïeux dans le grand conseil de Guillaume-le-Bâtard.

Henri II, moitié par bon sens, moitié par intérêt de corps, comme l'un des seigneurs temporels, et celui qui devait obtenir la plus grande portion du pouvoir qu'on enleverait aux évêques, formait le dessein d'exécuter cette réforme [1]: mais, pour qu'elle s'opérât facilement et sans troubles, il fallait que la primatie de Canterbury, cette espèce de royauté ecclésiastique, tombât entre les mains d'un homme dévoué à la personne du roi, aux intérêts de la puissance royale et à la cause des barons contre les gens d'église; enfin, d'un homme peu sensible au plus ou au moins de misère des An-

1. Videns talium clericorum imò coronatorum dæmonum flagitia non reprimi... (Vita Thomæ quadripart., lib. I, cap. 22.)

glais de race : car l'absurde loi de l'indépendance cléricale, autrefois dirigée spécialement contre la population vaincue, après lui avoir beaucoup nui, lorsqu'elle résistait encore, lui était devenue favorable. Tout serf saxon qui parvenait à être ordonné prêtre, devenait dès lors à tout jamais exempt de servitude, parce qu'aucune action intentée contre lui comme esclave fugitif, soit par les baillis royaux, soit par les officiers des seigneurs, ne pouvait le forcer de comparaître devant la justice séculière, et que l'autre justice ne consentait point à laisser retourner à la charrue ceux qui étaient devenus les oints du Christ.

Les maux de l'asservissement national avaient multiplié en Angleterre le nombre de ces clercs par nécessité qui n'avaient point d'église, qui souvent subsistaient d'aumônes, mais qui, au moins, à la différence de leurs pères et de leurs compatriotes, n'étaient ni attachés à la glèbe, ni parqués comme du bétail dans l'enceinte des villes royales [1]. Le faible espoir de ce recours contre l'oppression étrangère, était alors, après les misérables succès de la lâcheté et de la flatterie, la plus brillante perspective pour un homme de race anglaise. Aussi le bas peuple se

1. Clerici acephali.

passionnait-il pour les priviléges démesurés des prêtres avec uu zèle égal à celui que ses aïeux, dans d'autres temps, eussent déployé contre la résistance du clergé à la loi commune du pays.

Thomas Becket, dont toute la jeunesse s'était passée au milieu de la caste supérieure, paraissait pleinement dégagé de toute espèce d'intérêt de nation pour les serfs et les tributaires. D'un autre côté, toutes ses liaisons d'amitié étaient avec des laïcs, il semblait ne connaître au monde d'autres droits que les droits royaux; il était le favori du roi et l'homme le plus délié en affaires; aussi les partisans de la réforme ecclésiastique le jugèrent-ils très-propre à en devenir le principal instrument, et, bien long-temps avant la mort de l'archevêque Thibaut, c'était déja le bruit commun de la cour que Becket serait primat d'Angleterre [1]. Thibaut mourut en l'année 1611, et aussitôt le roi recommanda son chancelier aux évêques, qui jamais n'hésitaient à élire au nom du Saint-Esprit le candidat ainsi patronisé. Cette fois, ils opposèrent une résistance que le pouvoir royal n'était pas habitué à rencontrer de leur part. Ils déclarèrent qu'en leur conscience ils ne croyaient pas pouvoir élever à la prima-

---

[1]. Rumor in curia frequens... (Vita B. Thomæ a Willelmo filio Stephani, seu Stephanide, p. 17.)

tie, au siége du bienheureux Lanfranc, un chas- 1161.
seur et un soldat de profession, un homme du
monde et du bruit [1].

D'un autre côté, les seigneurs normands qui
vivaient hors de l'intimité de la cour, et surtout
ceux d'outre-mer, montrèrent une opposition
violente à la nomination de Thomas; la mère du
roi fit de grands efforts pour le dissuader du
projet de faire le chancelier archevêque [2]. Peut-
être ceux qui n'avaient point vu Becket assez
souvent, ni d'assez près pour avoir en lui pleine
confiance, éprouvaient-ils une sorte de pressen-
timent du danger de confier un aussi grand
pouvoir à un Anglais d'origine; mais la sécurité
du roi était sans bornes. Il s'obstina contre tous
les conseils, et jura par Dieu que son favori serait primat d'Angleterre. Henri II tenait alors sa
cour en Normandie, et Thomas s'y trouvait avec
lui. Dans une des conférences qu'ils avaient habi-
tuellement ensemble sur les affaires d'état, le
roi lui dit qu'il devait se préparer à repasser le
détroit pour une commission importante. « J'obéi-

---

[1]. Quòd nimis foret absonum et omni divino juri adver-
sum hominem militari potiùs cingulo quàm clericali officio
mancipatum, canum sectatorem... (Vita quadripartita, lib. I,
cap. 11.)

[2]. B Thomæ Epistolæ, lib. I, ex. 126

« rai, répondit le chancelier, aussitôt que j'aurai
« reçu mes instructions. Quoi! reprit le roi d'un
« ton expressif, tu ne devines pas ce dont il s'agit;
« et que je veux fermement que ce soit toi qui
« deviennes archevêque [1]? » Thomas se mit à
rire, et levant par jeu un pan de son riche habit :
« Voyez un peu, dit-il, l'homme religieux, le
« saint homme que vous voudriez charger de si
« saintes fonctions [2]. D'ailleurs, vous avez sur
« les affaires de l'église des vues auxquelles je
« ne pourrais me prêter; et je crois que, si je deve-
« nais archevêque, nous ne serions bientôt plus
« amis [3]. » Le roi reçut cette réponse comme une
pure raillerie, et sur-le-champ l'un de ses justiciers porta de sa part aux évêques d'Angleterre,
qui depuis treize mois retardaient l'élection,
l'ordre formel de nommer sans délai le candidat
de la cour [4]. Les évêques, fléchissant sous ce

1. Meæ voluntatis est te Cantuariensum præsulem fore...
(Script. rer. fr., tom. XIV, pag. 452.)

2. Subridendo offerens et quasi oculis ingerens : quàm
religiosum, inquit, virum, quàm sanctum in tam sanctâ sede...
collocari desideras. (Ibid.)

3. ... Citissimè a me auferes animum; et gratia, quæ nunc
inter nos tanta est, in atrocissimum odium convertetur.
(Ibid. pag. 453.)

4. Injunxit... (Vita quadripart., lib. I, cap. 11.)

qu'on appelait alors la main royale, obéirent avec une bonne grace apparente [1].

Thomas Becket, cinquième primat depuis la conquête, et le premier qui ait été Anglais de race, fut ordonné prêtre le samedi de la Pentecôte de l'année 1162, et le lendemain consacré archevêque par le prélat de Winchester en présence des quatorze suffragants du siége de Canterbury. Peu de jours après sa consécration, ceux qui le virent ne le reconnaissaient plus. Il avait dépouillé ses riches vêtements, démeublé sa maison somptueuse, rompu avec ses nobles hôtes, et fait amitié avec les pauvres, les mendiants et les Saxons [2]. Il portait un habit grossier comme eux; vivait d'herbes et d'eau comme eux; comme eux il avait l'air humble et sombre: et c'était pour eux seuls désormais que sa salle de festin était ouverte, et son argent prodigué [3]. Jamais changement de vie ne fut plus soudain, et n'excita d'un côté autant de colère et de l'autre autant d'enthousiasme [4]. Le roi, les

[1]. Minùs sincerè et convictè, per operam et manum regiam. (Guil. Neubrid., lib. XI, cap. 16.)

[2]. Vita B. Thomæ quadripart., lib. I, cap. 14, 15, 16, 17.

[3]. Ibid.

[4]. Ut omnes mirarentur... Veterem hominem renovavit. (Ibid.)

1162. comtes, les barons, tous ceux que Becket avait servis autrefois, et qui avaient contribué à son élévation, se crurent indignement trahis. Les évêques et le clergé normand, ses anciens antagonistes, restèrent en suspens, et l'observèrent : mais il devint l'idole des gens de basse condition ; les simples moines, le clergé inférieur et les indigènes de tout état virent en lui un frère et un protecteur futur.

L'étonnement et le dépit du roi passèrent toute mesure quand il reçut en Normandie un message du primat qui lui remettait le sceau royal, et déclarait que, se croyant insuffisant pour son nouvel office, il ne pouvait en conserver deux [1]. Henri II soupçonna d'hostilité cette abdication, par laquelle l'archevêque semblait vouloir s'affranchir de tout lien de dépendance à son égard, et il en eut d'autant plus de ressentiment, qu'il s'y était moins attendu : son amitié se tourna en aversion violente, et, à son retour en Angleterre, il accueillit dédaigneusement son ancien favori, et affecta de mépriser, quand il le vit paraître en froc de moine, celui qu'il avait tant fêté sous l'habit d'homme

---

[1]. Sigillum resignans; quod in cor regis altiùs ascendit... (Math. Paris., p. 98.) — Vita Quadripart., lib. I, cap. 22.

de cour normand, avec le poignard au côté, la toque à plumes sur la tête, et les chaussures à longues pointes recourbées en cornes de bélier[1].

Le roi commença dès lors contre l'archevêque un système régulier d'attaques et de vexations personnelles. Il lui enleva l'archidiaconat de Canterbury, qu'il cumulait encore avec le siége épiscopal; puis il suscita un certain Clerambault, moine de Normandie, homme audacieux et de mœurs déréglées, qui avait dépouillé le froc dans son pays et que le roi fit abbé du monastère de Saint-Augustin près de Canterbury. Clérambault, soutenu par la cour, refusa de prêter serment d'obéissance canonique entre les mains du primat, malgré l'ordre établi autrefois par Lanfranc pour ruiner l'indépendance des moines de Saint-Augustin, lorsque les religieux saxons résistaient encore aux Normands[3]. Le nouvel abbé motiva ce refus sur ce qu'anciennement, c'est-à-dire avant la conquête, son monastère avait joui d'une pleine et entière liberté. Becket revendiqua la prérogative que les premiers rois normands avaient attribuée à son siége. La dispute s'échauffa de

---

1. Ord. Vital.

2. Monachus fugitivus et apostata in Normanniâ. (Chron. Will. Thore, p. 1819.)

3. Voyez livre VII.

1162. part et d'autre; et Clérambault, conseillé par le roi et les courtisans, remit sa cause au jugement du pape.

Il y avait dans ce temps deux papes, parce que les cardinaux et les prêtres romains n'avaient pu s'accorder pour un choix. Victor, était reconnu pour légitime par l'empereur des Allemands, Friedric, mais désavoué par les rois de France et d'Angleterre, qui reconnaissaient son compétiteur Alexandre, troisième du nom, chassé de Rome par ses adversaires, et réfugié en France[1]. C'est à ce dernier que le nouvel abbé de Saint-Augustin adressa une protestation contre le primat d'Angleterre, au nom des antiques libertés de son couvent; et, chose bizarre, ces mêmes libertés, autrefois anéanties par l'autorité du pape Grégoire VII, dans l'intérêt de la conquête normande, furent déclarées imprescriptibles par le pape Alexandre III, à la requête d'un abbé normand contre un archevêque anglais de race.

Thomas, irrité de sa défaite, rendit aux courtisans attaque pour attaque; et comme ils venaient de se prévaloir contre lui de droits antérieurs à la conquête, lui-même se mit à réclamer tout ce que son église avait perdu depuis l'in-

---

1. Alexander Romanorum schisma devitans tunc in Franciâ. (Gerv. Cantuar., p. 1670.)

vasion des Normands. Il somma Gilbert de Clare 1163.
de restituer au siège de Canterbury la terre de
Tunbridge, que ses aïeux avaient reçue en fief[1],
et éleva des prétentions du même genre contre
plusieurs autres barons et contre les officiers du
domaine royal[2]. Ces demandes tendaient, quoique indirectement, à ébranler, dans son principe,
le droit de propriété de toutes les familles anglo-
normandes, et pour cette raison elles causèrent
une alarme générale. On invoqua la prescription;
et Becket répondit nettement qu'il ne connaissait
point de prescription pour l'injustice, et que ce
qui avait été pris sans bon titre devait être
rendu[3] : les fils des compagnons de Guillaume-
le-Bâtard crurent voir l'âme du roi Harold descendue dans le corps de celui qu'eux-mêmes avaient fait primat.

L'archevêque ne leur donna pas le temps de
se remettre du premier trouble; et, violant encore un des usages les plus respectés depuis la
conquête, il plaça un prêtre de son choix dans
l'église vacante d'Aynesford, sur la terre du Normand Guillaume, chevalier et tenant en chef du

1. Gervasii. Cantuariens., Chron., p. 1384.
2. Ibid.
3. Gervas. Cantuar., Chron.

roi¹. Ce Guillaume, comme tous les Normands, prétendait disposer, et disposait en effet sur son fief des églises, aussi-bien que des métairies : il nommait à son gré les prêtres comme les fermiers, administrant, par des hommes de son choix, les secours et l'enseignement religieux à ses Saxons libres ou serfs; privilége qu'on appelait alors droit de patronage des églises². En vertu de son droit de patronage, Guillaume d'Aynesford chassa le prêtre envoyé par Becket; mais Becket excommunia Guillaume pour avoir fait violence à un clerc. Le roi intervint contre l'archevêque; il se plaignit de ce qu'on avait excommunié, sans l'en prévenir, l'un de ses tenanciers en chef, un homme capable d'être appelé à son conseil et à sa cour, et ayant qualité pour se présenter devant lui en tout temps et en tout lieu, ce qui avait exposé sa royale personne au péril de communiquer par mégarde avec un excommunié³. « Puisque je n'ai point été averti, « disait Henri II, et puisque ma dignité a été lésée

1. Radulph. de Diceto in notis ad Eadmer. hist, p. 69.

2. Willelmus Villæ Dominus sibi vindicans jus patronatûs in eâdem ecclesiâ. (Ibid.)

3. Minimè certiorato rege.... capitaneum suum..... ne ignorantiâ lapsus communicet excommunicato. (Notæ ad Eadmer. hist., p. 169.)

« en ce point essentiel, l'excommunication de « mon vassal est nulle ; j'entends donc que l'ar-« chevêque la rétracte ¹. » L'archevêque céda de mauvaise grâce, et la haine du roi s'en aigrit : « Dès ce jour, dit-il publiquement, tout est fini « entre cet homme et moi ². »

Dans l'année 1164, les justiciers royaux, révoquant de fait l'ancienne loi du conquérant, citèrent devant leurs assises un prêtre accusé de viol et de meurtre ; mais l'archevêque de Canterbury, comme supérieur ecclésiastique de toute l'Angleterre, déclara la citation nulle, en vertu des priviléges du clergé, aussi anciens dans le pays que ceux de la royauté normande. Il fit saisir par ses propres agents le coupable, qui fut amené devant un tribunal ecclésiastique, privé de sa prébande, battu publiquement de verges, et suspendu de toute office pour plusieurs années ³. Cette affaire, où la justice fut jusqu'à un certain point respectée, mais où les juges royaux eurent complètement le dessous, fit

---

1. Asserit namque rex juxta dignitatem regni... (Ibid.)

2. Stephanides, pag. 28.

3. Publicè virgarum disciplinæ adjudicatum, et per annos aliquot ab omni officio suspensum. (Vita quadripart., lib. I, cap. 22.)

1164. grand scandale. Les hommes de descendance normande se divisèrent en deux partis, dont l'un approuvait, et l'autre blâmait fortement le primat. Les évêques étaient pour lui, et contre lui les gens d'épée, la cour et le roi. Le roi, opiniâtre par caractère, changea tout-à-coup le différend particulier en question de législation générale; et, convoquant une grande assemblée de tous les seigneurs et de tous les prélats, il leur exposa solennellement les délits nombreux commis chaque jour par des prêtres, et ajouta qu'il avait découvert des moyens de réprimer ces délits dans les anciennes coutumes de ses prédécesseurs, et surtout dans celles de Henri Ier, son aieul; il demanda, suivant l'usage, à tous les membres de l'assemblée s'il ne trouvaient pas bon qu'il fît revivre les coutumes de son aieul [1]. Les laïcs dirent qu'ils le souhaitaient; mais tous les clercs, et Thomas à leur tête, répondirent: « Sauf l'honneur de Dieu et « de Sainte-Église [2]. » Il y a du venin dans ces paroles, répliqua le roi en colère; il quitta aus-

---

1. Adstantes sciscitabatur, an consuetudines suas regias forent observaturi. (*Vita quadripart.*, lib. I, cap. 24.)

2. Salvo in omnibus ordine suo et honore Dei et sanctæ Ecclesiæ. (Rog. de Hoved., p. 492.)

sitôt les évêques sans les saluer, et l'affaire demeura indécise [1].

Peu de jours après, Henri II fit appeler séparément auprès de lui l'archevêque d'York Roger, Robert de Melun, évêque de Hereford, et plusieurs autres prélats d'Angleterre dont les noms, à tournure française, indiquent suffisamment l'origine. Par des promesses, de longues explications et peut-être des insinuations sur les desseins présumés de l'Anglais Becket contre tous les grands d'Angleterre; enfin, par plusieurs raisons que les historiens ne détaillent pas, les évêques anglo-normands furent presque tous gagnés au parti du roi [2] : ils promirent de favoriser le rétablissement des prétendues coutumes de Henri Ier, qui, pour dire la vérité, n'en avait jamais pratiqué d'autres que celles de Guillaume-le-Conquérant, fondateur du privilége ecclésiastique et de la suprématie papale en Angleterre. En outre, et pour la seconde fois, depuis ses différends avec le primat, le roi s'adressa au pape; et le pape, complaisant à l'excès, lui donna pleinement raison, sans examiner le fond de l'affaire, il députa même un messager spécial

1. Stephanides, p. 29 — 31

2. Separavit a consortio et consilio archiepiscopi. (Rog. de Hoved., p. 493. — Vita quadripart., lib. I, cap. 25.)

1164. avec des lettres apostoliques pour enjoindre à tous les prélats, et nommément à celui de Canterbury, d'accepter et d'observer toutes les lois du roi d'Angleterre, quelles qu'elles fussent [1]. Demeuré seul dans son opposition, et privé de tout espoir d'appui, Becket fut contraint de céder. Il alla trouver le roi à sa résidence de Woodstock, et promit, comme les autres évêques, d'observer de bonne foi et sans aucune restriction, toutes les lois qui seraient faites [2]. Pour que cette promesse fût renouvelée authentiquement au sein d'une assemblée solennelle, le roi Henri convoqua, dans le village de Clarendon, à trois milles de Salisbury, le grand conseil des Normands d'Angleterre, archevêques, évêques, abbés, prieurs, comtes, barons et chevaliers [3].

L'assemblée de Clarendon se tint au mois de mars de l'année 1164, sous la présidence de Jean, évêque d'Oxford. Les orateurs du roi y exposèrent les réformes et les dispositions toutes nouvelles, qu'il lui plaisait d'intituler anciennes cou-

---

1. Ut ipse pacem cum domino suo rege Angliæ faceret et leges suas sinè aliquâ exceptione custodiendas promitteret. (Rog. de Hoved., p. 493.)

2. Se bonâ fide leges suas servaturum. (Ibid.)

3. Math. Paris., p. 70.

tumes et libertés de Henri Ier, son aïeul [1]. Les évêques donnèrent solennellement leur approbation à tout ce qu'ils venaient d'entendre; mais Becket refusa la sienne, et s'accusa, au contraire, de folie et de faiblesse pour avoir promis d'observer sans réserve les lois du roi, quelles qu'elles fussent [2]. Tout le conseil normand fut en rumeur. Les évêques supplièrent Thomas, et les barons le menacèrent [3]. Deux chevaliers du temple lui demandèrent avec larmes de ne point faire déshonneur au roi; et, pendant que cette scène avait lieu dans la grande salle, on aperçut à travers les portes, dans l'appartement voisin, des hommes qui bouclaient leurs cottes de mailles et ceignaient leurs épées [4]. L'archevêque eut peur, et donna sa parole d'observer sans restriction les coutumes de l'aïeul du roi, protestant cependant que, moins habile que ses collègues, il avait besoin de temps et d'examen pour vérifier ces coutumes [5]. L'assemblée nomma

1. Facta est recognitio sive recordatio consuetudinum et libertatum antecessorum suorum, regis videlicet Henrici avi sui... (Ibid.)
2. Pœnituit archiepiscopum quòd concessionem illam fecerat. (Roger de Hoved., p. 493.)
3. Ibid.
4. Gervasii Cantuar. Chron., p. 1386.
5 Ibid.

1164 des commissaires chargés de les rédiger par articles; et, admettant le prétexte d'ignorance allégué par le primat, remit au jour suivant la décision finale de cette affaire [1].

Le lendemain, les anciennes coutumes, ou *constitutions* de Henri Ier, furent produites par écrit, divisées en seize articles qui contenaient un système entier de dispositions contraires à tout ce qu'il y avait de plus antique pour la royauté anglo-normande, c'est-à-dire aux ordonnances de Guillaume-le-Conquérant. Il y avait, en outre, plusieurs réglements spéciaux, dont l'un portait défense d'ordonner prêtres, sans le consentement de leur seigneur, ceux qu'en langue normande on appelait *natifs* ou *naïfs*, c'est-à-dire les serfs qui étaient tous de race indigène [2]. Les évêques furent requis d'apposer leurs sceaux en cire au bas du rôle de parchemin qui contenait les seize articles : ils le firent tous, à l'exception de Thomas, qui demanda encore des délais, et une copie des nouvelles lois pour les examiner [3]. Mais ce défaut de consentement de l'archevêque ne les empêcha point d'être aussitôt promulguées. Il partit

---

1. Rog. de Hoved., p. 493.
2. *Neif* ou *nief*, en anglais moderne, signifie un paysan.
3. Rog. de Hoved., p. 493.

de la chancellerie royale des lettres adressées à tous les juges ou justiciers normands d'Angleterre et du continent. Ces lettres leur ordonnaient au nom de Henri, par la grâce de Dieu, roi d'Angleterre, duc de Normandie, duc d'Aquitaine et comte d'Anjou, de faire exécuter et observer par les archevêques, évêques, abbés, prêtres, comtes, barons, citoyens, bourgeois et paysans, les ordonnances décrétées au grand conseil de Clarendon[1].

1164.

Une lettre de l'évêque de Poitiers, qui reçut alors de semblables dépêches, apportées dans son diocèse par Simon de Tournebu et Richard de Lucy, justiciers, fait connaître en détail les instructions qu'elles contenaient. Ces instructions sont curieuses à rapprocher des lois publiées quatre-vingts ans auparavant, au nom de Guillaume Ier et de son conseil; car des deux côtés on trouve les mêmes menaces et les mêmes pénalités sanctionnant des ordres contraires[2].

« Ils m'ont défendu, dit l'évêque de Poitiers, « d'appeler en cause qui que ce soit de mes dio-

1. Hæc faciant archiepiscopi, episcopi, abbates et clerici, comites, barones, vavasores, milites, cives, burgenses, rustici. (Gerv. Cantuar, p. 1399.)

2. Voyez livre VI, pag. 167.

1164. « césains à la requête d'aucune veuve, d'aucun
« orphelin ni d'aucun prêtre, à moins que les offi-
« ciers du roi ou les seigneurs du fief, desquels
« relève la cause en litige, n'aient fait déni de jus-
« tice [1]; ils ont déclaré que si quelqu'un se ren-
« dait à ma sommation, tous ses biens seraient
« aussitôt confisqués et lui-même emprisonné [2];
« enfin ils m'ont signifié que, si j'excommuniais
« ceux qui refuseraient de comparaître devant
« ma justice épiscopale, les excommuniés pour-
« raient, sans aucunement déplaire au roi, s'at-
« taquer à ma personne ou à celle de mes
« clercs, et à mes propres biens ou à ceux de
« mon église [3]. »

Du moment que ces lois, faites par des Normands, dans un village d'Angleterre, furent décrétées comme obligatoires pour les habitants
de presque tout l'ouest de la Gaule, Angevins,
Manceaux, Bretons, Poitevins et Aquitains, et
que ces diverses populations furent en rumeur
pour la querelle de Henri II et de l'archevêque

1. Script. rer. franc., tom. XVI, p. 216.
2. Omnia illius bona confiscarentur ipso publico carceri deputando. (Ibid.)
3. Scirent excommunicati se regi non displicituros si vel in personam meam manum extenderint, vel in bona grassarentur, vel in personas, vel in bona clericorum meorum. (Ibid.)

Thomas Becket, la cour de Rome se mit à regarder avec plus d'attention une affaire qui, en si peu de temps, avait pris une telle importance. Cette cour, profondément politique, songea dès-lors à tirer le plus grand avantage possible, soit de la guerre, soit de la paix. L'archevêque de Rouen, Rotrou, homme moins intéressé que les Normands d'Angleterre dans le conflit de la royauté et de la primatie anglaise, vint avec une mission du pape pour observer les choses, de plus près, et proposer à tout hasard un accommodement sous la médiation pontificale [1]. Mais le roi Henri, fier de son triomphe, répondit qu'il n'accepterait cette médiation que dans le cas où le pape confirmerait préalablement par une bulle apostolique les articles de Clarendon [2], et le pape, qui pouvait plutôt gagner que perdre à un retard, refusa de donner sa sanction jusqu'à ce qu'il fût mieux informé [3].

Alors Henri II, sollicitant pour la troisième fois l'appui de la cour pontificale contre son antagoniste Becket, envoya vers Alexandre III

1164.

---

1. Ad pacem faciendam inter regem et archiepiscopum. (Rog. de Hoved., p. 493.)

2. Nisi dominus papa leges illas bullâ suâ confirmasset. (Ibid.)

3. Ibid.

1164. une ambassade solennelle, lui demandant pour Roger, archevêque d'Yorck, le titre de légat apostolique en Angleterre, avec le pouvoir de faire et de défaire, de nommer et de destituer [1]. Alexandre n'accorda point cette requête, mais il conféra au roi lui-même, par une commission en forme, le titre et les droits de légat, avec la toute-puissance d'agir, hors en un seul point, qui était la destitution du primat [2]. Le roi, voyant que l'intention du pape était de ne rien terminer, reçut avec des marques de dépit cette commission d'un nouveau genre, et la renvoya aussitôt [3] : « Nous emploierons nos pro-« pres forces, dit-il, et nous croyons qu'elles « seront suffisantes pour faire rentrer dans le « devoir ceux qui en veulent à notre honneur. » Le primat, abandonné par les barons et les évêques anglo-normands, et n'ayant plus dans son parti que de pauvres moines, des bourgeois et des serfs, sentit qu'il serait trop faible contre son antagoniste s'il demeurait en Angleterre, et

1. Et ut sic per eum posset archiepiscopum Cantuariæ confundere. (Rog. de Hoved., p. 493.)

2. Tamen concessit ut rex ipse legatus esset totius Angliæ... (Ibid.)

3. Rex per indignationem remisit domino papæ litteras illas legationis. (Ibid.)

résolut de chercher ailleurs des secours et un réfuge. Il se rendit au port de Romney, et monta deux fois sur un vaisseau prêt à partir; mais deux fois l'équipage, craignant la colère des grands et du roi, refusa de mettre à la voile [1].

Quelques mois après l'assemblée de Clarendon, Henri II en convoqua une nouvelle à Northampton [2], et Thomas reçut, comme les autres évêques, sa lettre de convocation; il arriva au jour fixé, et prit un logement dans la ville: mais à peine l'eut-il retenu, que le roi le fit occuper par ses valets et ses chevaux [3]. Outré de cette vexation, l'archevêque envoya dire qu'il ne se rendrait point au parlement, à moins que sa maison ne fût évacuée par les chevaux et les gens du roi [4]. On la lui rendit, en effet; mais l'incertitude où il était de l'issue que devait avoir cette lutte inégale lui fit craindre d'y entrer plus avant, et, quelque humiliant qu'il fût pour lui de supplier un homme qui venait de lui faire insulte, il se rendit à l'hôtel du roi, et demanda audience: il attendit inutilement tout le jour, tandis que Henri II se divertissait avec ses fau-

---

1. Vita Thomæ quadripart.
2. Magnum concilium. (Roger. de Hoved., p. 493.)
3. Fecit rex hospitari equos suos in hospitiis illius. (Ibid.)
4. Donec hospitia sua vacarentur ab equis et hominibus. (Ibid.)

cons et ses chiens [1]. Le lendemain, il revint se placer dans la chapelle du roi pendant la messe; et au sortir l'abordant d'un air respectueux, il lui demanda la permission de passer en France [2]. « Bien, répondit le roi; mais, avant tout, il « faudra que vous me rendiez raison de plusieurs « choses, et spécialement du tort que vous avez « fait dans votre cour à Jean mon maréchal [3]. »

Il y avait en effet quelque temps que le Normand Jean, surnommé le Maréchal à cause de son office militaire, était venu devant la cour de justice épiscopale de Canterbury réclamer une terre de l'évêché qu'il prétendait avoir droit de tenir en possession héréditaire [4]. Les juges du primat avaient rejeté sa réclamation comme mal fondée; et alors le plaignant avait *faussé* la cour, c'est-à-dire, protesté avec serment qu'elle lui déniait justice [5]. « J'avoue, « répondit Thomas au roi, que Jean le maré- « chal s'est présenté devant ma cour; mais loin « d'y recevoir injure de moi, c'est lui qui m'en

---

1. Gervasii Cantuar. Chron. — Stephanides, p. 36 — 38.
2. Licentiam transfretandi... (Rog. de Hoved., p. 194.)
3. Tu mihi prius respondebis de injuriâ quam fecisti Johanni marescallo meo in curiâ tuâ. (Ibid.)
4. Terram quamdam de illo tenendam jure hereditario.
5. Curiam archiepiscopi falsificaverat. (Rog. de Hoved., pag. 484.)

« a fait une : car il est venu apportant avec lui 1164
« un livre de chansons, et c'est sur ce volume
« qu'il a juré que ma cour était fausse et déniait
« justice; tandis que, selon la loi du royaume,
« quiconque veut fausser la cour d'autrui, doit
« jurer sur les saints Évangiles [1]. » Le roi affecta
de ne tenir aucun compte de cette excuse. L'accusation de déni de justice portée contre l'archevêque fut poursuivie devant le grand conseil normand, qui le condamna, et, par sa sentence, l'adjugea à la merci du roi, c'est-à-dire adjugea au roi tout ce qu'il lui plairait de prendre sur les biens du condamné [2]. Becket fut d'abord tenté de protester contre cet arrêt, et de fausser jugement, comme on disait alors; mais la conscience de sa faiblesse le détermina à entrer en composition avec ses juges, et il capitula pour une amende de 500 livres d'argent [3].

Becket retourna à sa maison le cœur attristé des dégoûts qu'il venait d'éprouver, et le chagrin le fit tomber malade [4]. Aussitôt que le roi

---

1. Ipse attulit in curiâ meâ quemdam *Toper*.... et juravit super illum, et ipse injuriam mihi fecit, cùm statutum sit in regno... (Ibid.)

2. Judicaverunt eum in misericordiâ regis. (Ibid.)

3. Posuit se in misericordiâ regis pro D. lib. et invenit indè fidejussores. (Rog. de Hoved., p. 494.)

4. Propter tædium et dolorem. (Ibid.)

1164. apprit cette nouvelle, il se hâta de lui envoyer la sommation de comparaître de nouveau dans le délai d'un jour devant l'assemblée de Northampton, pour y rendre compte des sommes d'argent et de tous les revenus publics dont il avait eu la gestion pendant qu'il était chancelier [1]. « Je suis faible et souffrant, répondit Tho-
« mas aux officiers royaux, et d'ailleurs le roi
« sait comme moi-même, qu'au jour où je fus
« consacré archevêque, les barons de son échi-
« quier et Richard de Lucy, justicier d'Angle-
« terre, m'ont déclaré quitte de tout compte et
« de toute réclamation [2]. » La citation légale n'en demeura pas moins faite ; mais Thomas négligea de s'y rendre, prétextant sa maladie. Plusieurs fois des gens de justice vinrent constater jusqu'à quel point il lui était impossible de marcher ; et ils lui signifièrent la note des réclamations du roi, montant à 44000 marcs [3]. L'archevêque offrit de payer deux mille marcs pour se racheter de ce procès désagréable et intenté

---

1. Statim misit ad eum et summonuit eum per bonos summonitores quòd in crastino veniret. (Rog. de Hoved., pag. 493.)

2. Rex scit quòd in electione meâ,... omnes barones scaccarii et Ricardus de Lucy, justiciarius Angliæ, clamaverunt me quietum.... (Rog. de Hoved., p. 495.)

3. Epist. B. Thomæ, lib. II, ex 6 et 33.

de mauvaise foi; mais Henri II refusa toute es- 1164.
pèce d'accommodement, car ce n'était pas l'argent qui le tentait dans cette affaire : « Ou je ne
« serai plus roi, s'écriait-il, ou cet homme ne
« sera plus archevêque [1]. »

Les délais accordés par la loi étaient expirés,
il fallait que Becket se présentât, et, d'un autre
côté, on l'avait averti que, s'il paraissait à la cour,
ce ne serait pas sans danger pour sa vie [2]. Dans cette
extrémité, recueillant toute sa force d'ame, il
résolut de marcher et d'être ferme. Le matin du
jour décisif, il célébra la messe de saint Étienne,
premier martyr, dont l'office commence par ces
paroles : « Les princes se sont assis en conseil
« pour délibérer contre moi [3]. » Après la messe,
il se revêtit de son habit pontifical, et ayant pris
sa croix d'argent des mains de celui qui la portait d'ordinaire, il se mit en chemin, la portant
lui-même dans la main droite, et tenant de la
gauche les rênes de son cheval [4]. Seul et tou-

---

1. Stephanides, p. 38.
2. Dictum erat ei et nunciatum quòd, si ipse ad curiam regis venisset, in carcerem mitteretur, vel interficeretur. (Rog. de Hoved., pag. 494.)
3. Sederunt principes et adversùm me loquebantur. (Rog. de Hoved., p. 494.)
4. Crucem suam portabat in manu suâ dextrâ, sinistrâ verò tenebat lorum equi. (Ibid.)

1164. jours tenant sa croix, il arriva dans la grande salle d'assemblée, traversa la foule, et s'assit [1]. Henri II se tenait alors dans un appartement plus secret avec ses amis particuliers, et s'occupait à discuter, dans ce conseil, les moyens de se défaire de l'archevêque avec le moins d'éclat possible [2]. La nouvelle de l'appareil inattendu avec lequel il venait de faire son entrée troubla le roi et ses conseillers. L'un d'entre eux, Gilbert Foliot, évêque de Londres, sortit en hâte du petit appartement, et marchant vers la place où Thomas était assis : « Pourquoi viens-tu ainsi, « lui dit-il, armé de ta croix ? » Et il saisit la croix pour s'en emparer, mais le primat la retint fortement [3]. L'archevêque d'Yorck vint alors se joindre à l'évêque de Londres, et dit en s'adressant à Becket : « C'est porter défi au roi, « notre seigneur, que de venir en armes à sa cour ; « mais le roi a une épée dont la pointe est plus « aiguë que celle d'un bâton pastoral [4]. » Les

---

1. Solus portans crucem suam. (Rog. de Hoved., p. 494.)

2. Rex autem erat in secretiori thalamo cum suis familiaribus. (Ibid., p. 495.)

3. Qui multùm increpuit eum quòd sic cruce armatus venisset in curiam, et voluit crucem a manibus ejus eripere. (Ibid.)

4 Dicens quod rex gladium habebat acutiorem... (Ibid.)

autres évêques, témoignant moins de violence, 1164.
se contentèrent de conseiller à Thomas, au nom
de son propre intérêt, de remettre sa dignité
d'archevêque à la merci du roi; mais il ne les
écouta point [1].

Pendant que cette scène avait lieu dans la
grande salle, Henri II éprouvait un vif dépit de
voir son adversaire sous la sauve-garde de ses
vêtements pontificaux, les évêques, qui, dans le
premier moment, avaient tous donné leur approbation aux projets de violence formés contre
leur collègue, se turent alors, et se gardèrent
d'encourager les courtisans à porter la main
sur l'étole et sur la croix. Les conseillers du
roi ne savaient plus que résoudre, quand l'un
d'eux prenant la parole, dit: « Que ne le sus-
« pendons-nous de tous ses droits et priviléges
« par un appel au Saint Père; voilà le moyen
« de le désarmer [2]. » Cet avis, reçu comme un
trait de lumière, plut singulièrement au roi,
et, par son ordre, l'évêque de Chichester s'a-
vançant vers Thomas Becket, à la tête de tous

1. Ut ipse, satisfaciens voluntati regis, redderet ei archiepiscopatum suum in misericordiâ illius. (Ibid.)

2 Nos appellabimus coram D. Papa; sine remedio deponetur. (Gerv. Cantuar., p. 1302.)

les autres, lui parla de la manière suivante [1] :

« Naguère, tu étais notre archevêque, mais aujourd'hui nous te désavouons, parce qu'après avoir promis fidélité au roi, notre commun seigneur, et juré de maintenir ses ordonnances, tu t'es efforcé de les détruire [2]. Nous te déclarons donc traître et parjure, et disons ouvertement que nous n'avons plus à obéir à celui qui s'est parjuré, plaçant notre cause sous l'approbation de notre seigneur le pape, devant qui nous te citons [3]. »

A cette déclaration, faite avec tout l'appareil des formes légales et toute l'emphase de la confiance, Becket ne répondit que ces seuls mots : « J'entends ce que vous voulez dire [4]. » La grande assemblée des seigneurs s'ouvrit ensuite, et Gilbert Foliot accusa devant elle le *ci-devant archevêque* d'avoir célébré une messe en mépris du roi,

---

[1]. Quæ cùm plurimùm placerent regi, ex communi consilio.... (Gerv. Cantuar., p. 1302.)

[2]. Quandoque noster fuisti archiepiscopus, sed quia domino regi... (Gerv. Cantuar., p. 1392.)

[3]. Idcircò te reum perjurii dicimus, et perjuro episcopo de cætero obedire non habemus, nos et nostra sub domini papæ protectione ponentes, te ad ipsius præsentiam appellantes super his responsurum. (Ibid.)

[4]. Willelm. Stephanides.

sous l'invocation de l'esprit malin [1]; puis vint la demande en reddition de comptes sur les revenus de l'office de chancelier, et la réclamation de 44,000 marcs. Becket refusa de plaider; attestant la déclaration solennelle qui l'avait déchargé autrefois de toute responsabilité ultérieure [2]. Alors le roi, se levant, dit aux barons et aux prélats : « Par la foi que vous me « devez, faites-moi prompte justice de celui-ci « qui est mon homme-lige, et qui, duement som- « mé, refuse de répondre en ma cour [3]. » Les Normands allèrent aux voix, et rendirent contre Thomas Becket une sentence d'emprisonnement [4]. Lorsque Robert, comte de Leicester, chargé de lire l'arrêt, prononça en langue française les premiers mots de la formule consacrée, *Oyez-ci le jugement rendu contre vous...*, l'archevêque l'interrompit : « Comte, lui dit-il, je vous dé- « fends, au nom de Dieu tout-puissant, de don- « ner ici jugement contre moi, qui suis votre

---

1. Quòd hanc missam celebraverat pro contemptu regis et per artem magicam. (Rog. de Hoved., p. 494.)

2. Ideò ampliùs nolo inde placitare. (Ibid., pag. 495.)

3. Citò facite mihi justitiam de illo qui homo meus legius est, et... (Rog. de Hoved., p. 495.)

4. Judicaverunt eum capi dignum et in carcerem mitti. (Iidb.)

« père spirituel, j'en appelle au souverain pontife, « et vous cite par-devant lui [1]. »

Après cette sorte de contre appel au pouvoir que ses adversaires eux-mêmes avaient invoqué les premiers, Becket se leva et traversa lentement la foule [2]. Un murmure s'éleva de toutes parts ; les Normands criaient : « Le faux traître, « le parjure, où va-t-il ? pourquoi le laisse-t-on « aller en paix ? Reste ici, traître, et écoute ton « jugement [3]. » Au moment de sortir Becket se retourna, et regardant froidement autour de lui : « Si mon ordre sacré, dit-il, ne me l'inter- « disait, je saurais répondre par les armes à « ceux qui m'appellent traître et parjure [4]. » Il monta à cheval, se rendit à la maison où il logeait, fit dresser des tables pour un grand repas, et donna ordre de rassembler tous les pauvres qu'on trouverait dans la ville [5]. Il en vint un grand nombre qu'il fit manger et boire. Il soupa avec eux, et, dans la nuit même, pen-

---

1. Prohibeo vobis ex parte Dei omnipotentis ne faciatis de me hodiè judicium. (Rog. de Hoved., p. 495.)

2. Vita quadripart., cap. 89.

3. Quò progredieris proditor, expecta et audi judicium tuum. (Rog. de Hoved., p. 495.)

4. Willelm. Stephanides.

5. Omnes pauperes quicumque inventi fuerint. (Ibid.)

dant que le roi et les chefs normands prolon- 1164. geaient leur repas du soir, il quitta Northampton, accompagné de deux frères de l'ordre de Citeaux, l'un Anglais de race, appelé Skaiman, et l'autre d'origine française, appelé Robert de Caune[1]. Il atteignit, après trois jours de marche, les marais du comté de Lincoln, et s'y cacha dans la hutte d'un hermite. De là, sous un déguisement complet, et sous le faux nom de Dearman, dont la physionomie saxonne était une garantie d'obscurité, il gagna Canterbury, puis la côte voisine de Sandwich[2]. On était à la fin de novembre, dans le temps où la traversée devient périlleuse. L'archevêque monta sur un petit bateau pour écarter tout soupçon et à travers beaucoup de risques, navigua jusqu'au port de Gravelines. Il se rendit ensuite à pied et en mauvais équipage au monastère de Saint-Bertin, près de Namur[3].

A la nouvelle de sa fuite, un édit royal fut

1. Ipse verò cum illis et gente sua cœnavit... Dum rex et alii cœnarent... (Rog. de Hoved., pag. 495.)

2. Habitum suum mutavit et fecit se appellari *Dearman*, et sic a paucis cognitus... (Ibid.)

3. Nocte scaphâ intravit in mare. (Script. rer. fr., tom. XIV, p. 453.)

publié dans toutes les provinces du roi d'Angleterre sur les deux rives de l'Océan. Aux termes de cet édit, tous les parents de Thomas Becket en ligne ascendante et descendante, jusqu'aux vieillards, aux femmes enceintes et aux enfants en bas âge étaient condamnés au bannissement [1]. Tous les biens de l'archevêque et de ses adhérents, ou prétendus tels, furent séquestrés entre les mains du roi, qui en fit des présents à ceux dont il avait éprouvé le zèle dans cette affaire [2]. Jean, évêque de Poitiers, suspect d'amitié pour le primat et de partialité pour sa cause, reçut du poison d'une main inconnue, et n'échappa à la mort que par hasard [3]. Des lettres royales, où Henri II appelait Thomas son adversaire, et défendait de prêter aucun secours ni conseil à lui ou aux siens, furent envoyées dans tous les diocèses d'Angleterre [4]. D'autres lettres, adressées au comte de Flandres et à tous les grands de ce pays, les invitaient à se saisir

---

1. Omnes homines et fœminas, pueros etiam in cunis vagientes et ad ubera pendentes. (Rog. de Hoved. p. 500.) — Mulieres puerperio decubantes. Gerv. Cantuar., p. 1671.

2. Script. rer. fr., tom. XVI.

3. Ibid., p. 522.

4. Nec habeant aliquod auxilium vel consilium a te. (Ibid., p. 233.)

de *Thomas, ci-devant archevêque*, traître au roi d'Angleterre et *fugitif à mauvais dessein* [1]. Enfin l'évêque de Londres, Gilbert Foliot, et Guillaume, comte d'Arundel, vinrent auprès du roi de France, Louis, à sa résidence de Compiègne, et lui remirent des dépêches scellées du grand sceau d'Angleterre et conçues dans les termes suivants :

1164 à 1165.

« A son seigneur et ami Louis, roi des Fran-
« çais, Henri, roi d'Angleterre, duc de Nor-
« mandie, duc d'Aquitaine et comte d'Anjou.

« Sachez que Thomas, ci-devant archevêque
« de Canterbury, après un jugement public
« rendu en ma cour par l'assemblée plénière
« des barons de mon royaume, a été convaincu
« de fraude, de parjure et de trahison envers
« moi [2]; qu'ensuite il a fui de mon royaume
« comme un traître et à mauvaise intention [3]. Je
« vous prie donc instamment de ne point per-
« mettre que cet homme chargé de crimes, ou
« qui que ce soit de ses adhérents séjourne sur vos
« terres, ni qu'aucun des vôtres prête à mon plus

---

1. Thomam quondàm Cantuariensem archiepiscopum....
(Ibid., tom. XIV, p. 454.)

2. Ut iniquus et proditor meus et perjurus publicè judicatus est. (Ibid., p. 107.)

3. Iniquè discessit. (Ibid.)

« grand ennemi secours, appui ou conseil [1]; car
« je proteste que vos ennemis ou ceux de votre
« royaume n'en recevraient aucun de ma part ni
« de celle de mes hommes [2]. J'attends de vous
« que vous m'assistiez dans la vengeance de
« mon honneur, et dans la punition de mon
« ennemi, comme vous aimeriez que je fisse
« moi-même pour vous, s'il en était besoin [3]. »

De son asyle à Saint-Bertin, Thomas attendit
l'effet des lettres de Henri II au roi de France
et au comte de Flandres pour savoir de quel
côté il pourrait se tourner sans péril. « Les dan-
« gers sont nombreux, le roi a les mains longues »
(lui écrivait celui de ses amis qu'il avait chargé
d'essayer le terrain auprès du roi Louis et de la
cour papale alors établie à Sens [4]). « Je ne suis
« point encore descendu à l'église romaine, di-
« sait le même correspondant, ne voyant pas ce
« que j'y pourrais obtenir : ils feront beaucoup

---

1. Ut hominem tantorum scelerum et proditionum infa-
mem, in regno vestro... nec a vobis, nec a vestris aliquod
auxilium vel consilium tantus inimicus meus percipiat.
(Script. rer. fr., tom. XVI, p. 107.)

2. Quia inimicis vestris nec a me, nec a terra mea...
(Ibid.)

3. Sicut velletis quod vobis facerem, si opus esset. (Ibid.)

4. Longa manus regia... (Ibid., p. 507.)

« contre vous et peu de chose pour vous ¹. Il leur
« viendra des hommes puissants, riches, semant à
« pleines mains l'argent dont Rome a toujours fait
« grand cas; et nous, pauvres et sans appui, quel
« compte les Romains tiendront-ils de nous ²? Vous
« me mandez de leur offrir deux cents marcs;
« mais la partie adverse leur en proposera quatre
« cents, et je réponds que par amour pour le roi,
« et par respect pour ses ambassadeurs, ils
« aimeront mieux prendre le plus qu'attendre
« le moins ³. » Le roi de France fit, dès le premier abord, un accueil favorable au messager de Thomas Becket, et après avoir tenu conseil avec ses barons, il octroya à l'archevêque et à ses compagnons d'exil paix et sécurité dans son royaume, ajoutant gracieusement que c'était un des anciens fleurons de la couronne de France que la protection accordée aux exilés contre leurs persécuteurs ⁴.

1. Contra vos facient multa, pauca pro vobis. (Ibid. et Johannis Sarisberiensis epistola.)

2. Venient magni viri divites in effusione pecuniæ quam nunquam Roma contempsit... Nos inopes, humiles, immuniti... (Script. rer. fr., tom. XVI, p. 507.)

3. Scribitis ut promittamus 200 marcas.... Ego respondeo pro Romanis, quòd pro amore domini regis... malent plus recipere quàm sperare minùs. (Ibid.)

4. Hoc de prisca dignitate diadematis regum Franco-

1165. Quant au pape qui n'avait point alors d'intérêt à contrarier le roi d'Angleterre, il hésita deux jours entiers à recevoir ceux qui se rendirent à Sens de la part de l'archevêque; et quand ils lui demandèrent pour Thomas une lettre d'invitation à sa cour, il la refusa positivement[1]. Mais à l'aide du libre asile que lui accordait le roi de France, Becket vint à la cour papale sans être invité. Il fut reçu avec froideur par les cardinaux[2], devant qui il exposa les causes et toute l'histoire de son différent avec Henri II. « Je ne « me pique pas de grande sagesse, leur dit-il, « mais je ne serais pas si fou que de tenir tête « à un roi pour des riens. Car sachez que si j'eusse « voulu faire sa volonté en toutes choses, il « n'y aurait pas maintenant dans son royaume de « pouvoir égal au mien[3]. « Sans prendre dans la querelle aucun parti décidé, le pape donna au fugitif la permission de recevoir du roi de

rum esse ut exsules a persecutorum injuriâ defendantur. (Script. rer. fr., tom. XIV, p. 456.)

1. Epist. B. Thomæ, lib. I, ep. 23.

2. Tepidè quidem exceptus a cardinalibus. (Script. rer. fr., tom. XIV, p. 456.)

3. Si vellemus suæ per omnia placere voluntati, in suo regno non esset quis.... (Ibid.)

France des secours en pain et en vivres[1]. Il lui permit en outre d'excommunier tous ceux qui avaient saisi et qui retenaient les biens de son église, à l'exception du roi qui leur en avait fait présent[2]. Enfin il lui demanda de réciter en détail les articles de Clarendon que le pape Alexandre lui-même, à la sollicitation du roi Henri, avait approuvés sans les connaître. Par une inspiration soudaine, Alexandre jugea cette fois les seize articles grandement contraires à l'honneur de Dieu et de la sainte église[3]. Il les traita d'usurpations tyranniques et reprocha durement à Becket l'adhésion passagère qu'il y avait autrefois donnée d'après l'injonction d'un légat pontifical. Enfin il n'en approuva que six parmi lesquels était celui qui enlevait aux serfs le droit d'être affranchis en devenant prêtres, et prononça solennellement anathème contre les partisans des dix autres[4].

Becket disserta ensuite sur les antiques libertés de l'église de Canterbury à la cause desquelles il assura qu'il voulait se dévouer; et s'accusant

---

1. Ibid., tom. XVI, p. 240.
2. Excepto rege. (Ibid., p. 244.)
3. ... Arguens illum et durè increpans. (Script. rer. fr., tom XIV, p. 456. — Rog. de Hoved., p. 496.)
4 Damnavit eos in perpetuum et anathematisavit omnes qui eas tenerent. (Ibid.)

1165. lui-même d'avoir été intrus dans son siége par la puissance royale, au mépris de ces mêmes libertés, il se démit entre les mains du pape de sa dignité épiscopale [1]; et le pape l'en revêtit de nouveau en prononçant ces paroles : « Mainte-« nant allez apprendre dans la pauvreté à être « le consolateur des pauvres [2]. » L'archevêque fut recommandé au supérieur de l'abbaye de Pontigny sur les confins de la Bourgogne et de la Champagne pour vivre dans ce couvent comme simple moine. Il se soumit à tout, prit l'habit des religieux de Cîteaux, et commença, dans toute sa rigueur, la discipline de la vie monastique [3].

1165 à 1166. Dans sa retraite de Pontigny, Becket écrivit beaucoup et reçut beaucoup de lettres. Il en reçut des évêques d'Angleterre et de tout le corps du clergé anglo-normand qui étaient pleines d'amertume et d'ironie. « La renommée nous a porté « la nouvelle que renonçant désormais à machi-« ner des complots contre votre seigneur et roi, « vous supportiez humblement la pauvreté à la-« quelle vous vous êtes volontairement réduit,

1. Script. rer. fr., tom. XVI, p. 304.)
2. Ut discas esse pauperum consolator docente paupertate. (Script. rer. fr., tom. XIV, p. 456.)
3. Cum multa humilitate... ut decet exsulem... (Gervas. Doroberm. apud script. rer. fr., tom. XIII, p. 128.)

« et que, vous rachetiez votre vie passée par l'é-
« tude et les abstinences [1]. Nous vous en félici-
« tons, et vous conseillons de persévérer dans
« cette bonne voie. » La même lettre lui reprochait en termes humiliants la bassesse de sa naissance et son ingratitude envers le roi, qui du
rang de Saxon et d'homme de rien l'avait élevé
jusqu'à lui-même [2]. Tels étaient sur le compte
de Becket, les propos des évêques et des seigneurs d'Angleterre. Ils s'emportaient contre ce
qu'ils appelaient l'insolence du parvenu [3]; mais,
dans les rangs inférieurs soit des clercs, soit des
laïcs, on l'aimait, on le plaignait, et l'on faisait,
quoiqu'en silence, dit un contemporain, des vœux
ardents pour qu'il réussît à tout ce qu'il entre-
prendrait [4]. En général il avait pour adhérents tous
ceux qui étaient en hostilité avec le gouvernement anglo-normand soit comme sujets par conquête, soit comme ennemis politiques. Un des

1. Epist. B. Thomæ, lib. I, ep. 126.
2. Epist. Th. Becket, ep. 127.
3. Episcopi vestri contra vos dura loquuntur. (Script. rer. fr., tom. XVI, p. 25.) — Opus vestrum a superbiâ procedere... a vobis facto agmine discesserunt. Acheri spicilegium, tom. III, p. 514.
4. Qui in inferioribus sunt gradibus constituti, personam vestram summæ caritatis brachiis amplexantur, altis sed in silentio implorantes suspiriis, ut vota vestra secundantur. (Ibid.) Epistola Arnulphi Lexoviensis episcopi.

1165 à 1166. hommes qui s'exposèrent le plus courageusement à la persécution, pour le suivre, était un Gallois nommé Cuelin[1]. Un Saxon de naissance fut longtemps emprisonné à cause de lui[2]; et le poison donne à l'évêque de Poitiers, prouve qu'on lui supposait des partisans zélés dans les provinces méridionales qui obéissaient avec peine à un roi de race étrangère. Il avait pareillement des amis zélés en Basse-Bretagne, mais il ne paraît point qu'il ait eu de bien chauds partisans en Normandie où l'obéissance au roi Henri était regardée comme un devoir. Quant au roi de France, il favorisait l'antagoniste de Henri II par des motifs d'une nature moins élevée, sans affection réelle, et simplement pour susciter quelques embarras à son rival politique.

1166. Dans l'année 1166, Henri II passa d'Angleterre en Normandie, et à la nouvelle de son débarquement, Thomas sortit du couvent de Pontigny et se rendit à Vezelay, près d'Auxerre. Là, en présence du peuple assemblé dans la principale église, le jour de l'Ascension, il monta en chaire, et avec le plus grand appareil, au son des cloches et à la lueur des cierges, prononça l'arrêt d'excommunication contre les défenseurs des constitutions de Clarendon, les détenteurs

1. Script. rer. fr., tom. XVI, p. 295.
2. Ibid., p. 266.

des biens séquestrés de l'église de Canterbury, et ceux qui tenaient des clercs ou des laïcs emprisonnés pour sa cause[1]. Becket prononça en outre nominativement la même sentence contre les Normands Richard de Lucy, Jocelin Bailleul, Alain de Neuilly, Renouf de Broc, Hugues de Saint-Clair, et Thomas fils de Bernard[2], courtisans et favoris du roi. Le roi était alors à Chinon, ville de son comté d'Anjou, et à la nouvelle de ce signe de vie donné par son adversaire, un accès de fureur violente s'empara subitement de lui ; il s'écria tout hors de sens qu'on voulait lui tuer le corps et l'ame, qu'il était assez malheureux pour n'avoir autour de lui que des traîtres dont pas un ne songeait à le délivrer des vexations d'un seul homme[3]. Il ôta son chaperon et le jeta par terre, déboucla son baudrier, quitta ses habits, arracha l'étoffe de soie qui couvrait son lit et s'y roula devant tous les chefs, mordant le matelas et en arrachant avec ses dents la laine et le crin[4].

[1]. Candelis excommunicavit accensis. (Math. Paris., p. 73. — Script. rer. fr., tom. XVI, p. 249)

[2]. Ibid.

[3] Ei corpus et animam pariter auferret, quòd omnes proditores erant qui eum ab unius hominis infestatione expedire nolebant. (Ibid., p. 519.)

[4]. Pileum de capite projecit, balteum discinxit, vestes

1166. Revenu un peu à lui-même, il dicta une lettre pour le pape, lui reprochant de protéger les traîtres [1], et envoya au clergé de la province de Kent l'ordre d'écrire de son côté au pontife, qu'on tenait pour nulles les sentences d'excommunication lancées par l'archevêque [2]. Le pape répondit au roi, en le priant de ne communiquer ses lettres à ame qui vive, qu'il était prêt à lui donner pleine satisfaction, et qu'il lui députait deux légats extraordinaires avec pouvoir d'absoudre toutes les personnes excommuniées [3]. En effet, il envoya en Normandie, sous ce titre et avec cette puissance, Guillaume et Othon, prêtres cardinaux, le premier ouvertement vendu au roi, et le second mal disposé pour l'archevêque [4]. Pendant que ces deux ambassadeurs traversaient la France, publiant sur leur route qu'ils allaient contenter le roi d'Angleterre et confondre son ennemi [5], le

longiùs abjecit, stratum sericum quod erat supra lectum manu propriâ removit, et cœpit stramineas masticare festucas. (Script. rer. fr., tom. XVI, p. 215.)

1. Ibid., p. 256.
2. Ibid., p. 265.
3. Litteras suas nulli mortalium revelet. (Ibid., p. 279.)
4. Pretio ductis (Ep. Jo. Sarisb. apud script. rer. fr. t. XVI, pag. 578. — Ibid., p. 278.)
5. In confusionem et damnum domini Cantuariensis ad

pape de son côté mandait à Thomas d'avoir toute 1166.
confiance en eux, et le priait, en récompense de
l'attention qu'il avait mise à les choisir favorablement pour sa cause, de s'employer auprès du
comte de Flandres à obtenir quelques aumônes
pour la sainte église romaine [1].

Mais l'archevêque fut averti du peu de foi qu'il 1167.
devait avoir dans ces assurances du souverain
pontife, et se plaignit amèrement dans une lettre
adressée au pape lui-même, de la fausseté dont
on usait à son égard. « Il y a des gens, disait-il,
« qui prétendent qu'à dessein vous avez prolongé
« pendant un an mon exil et celui de mes compagnons d'infortune, pour faire à nos dépens
« un meilleur traité avec le roi [2]. J'hésite à le
« croire, mais me donner pour juges des hommes
« tels que vos deux légats, n'est-ce pas vraiment
« m'administrer le calice de passion et de mort [3] ? »
Dans son indignation, Thomas envoyait à la cour

faciendam voluntatem regis. (Script. rer. fr., tom. XVI,
pag. 458.)

1. Ut a comite Flandriæ aliquam pro ecclesia romana
eleemosynam... (Ibid., tom. XVI, p. 279.) — In jam dictis
cardinalibus potes omnino confidere. (Ibid., p. 278.)

2. Quod exsilium nostrum prolongastis in annum, ut vobis
Anglorum rex confœderetur intereà. (Script. rer. fr.,
tom. XVII, p. 553.)

3. Nihil aliud est quàm nobis administrasse calicem passionis et mortis. (Ibid.)

1167. papale des dépêches où il ne ménageait pas le roi, l'appelant tyran plein de malice, et ces lettres furent livrées ou vendues à Henri II par la chancellerie romaine [1]. Avant d'entrer, selon leur mission, en conférence avec le roi, les légats invitèrent l'archevêque à une entrevue particulière ; il s'y rendit plein de défiance et d'un mépris qu'il cachait mal. Les Romains ne l'entretinrent que de la grandeur et de la puissance du roi Henri, du bas état dont le roi l'avait tiré, et du péril qu'il y avait pour lui à braver un homme si puissant et si aimé de la sainte Église [2].

Arrivés en Normandie, les envoyés pontificaux trouvèrent Henri II entouré de seigneurs et de prélats anglo-normands. La discussion s'ouvrit entre eux sur les causes de la querelle avec le primat, et Gilbert Foliot, évêque de Londres, prit la parole pour exposer les faits : il dit que tout le différent provenait d'une somme de quarante-quatre mille marcs dont l'archevêque s'obstinait

1. In litteris vestris quas ad papam direxistis et quas modo regi reportant, regem malitiosum tyrannum nominasti. (Script. rer. fr., tom. XVI, p. 282.)

2. Adjicientes multa de magnitudine principis, et potentiâ, de amore et honore quos romanæ ecclesiæ exhibuit, exagerantes beneficia quas in nos excercuit. (Script. rer. fr., tom. XVI, p. 297.)

à ne vouloir rendre aucun compte, prétendant 1167.
que sa consécration ecclésiastique l'avait exempté
de toute dette, comme le baptême exempte de
tout péché [1]. Foliot joignit à ces jeux d'esprit
d'autres railleries sur les excommunications prononcées par Becket, disant qu'on ne les recevait
point en Angleterre par pure économie de chevaux et d'hommes, attendu qu'elles étaient si
nombreuses que quarante courriers ne suffiraient
pas à les distribuer toutes [2]. Au moment de la
séparation, Henri pria humblement les cardinaux
d'intercéder pour lui auprès du pape, afin qu'il
le délivrât du tourment que lui causait un seul
homme [3]. En prononçant ces mots, les larmes
lui vinrent aux yeux; et celui des deux cardinaux
qui était manifestement vendu au roi, pleura
comme par sympathie; l'autre eut peine à s'empêcher de rire [4].

[1]. Et ibi derisit vos Londoniensis (episcopus), dicens vos credere quòd, sicut in baptismo remittuntur peccata, ita in promotione relaxantur debita. (Script. rer. fr., tom. XVI, pag. 302.)

[2]. Et huic officio non sufficere quadraginta cursores. (Ibid.)

[3]. Cum multâ humilitate... Ut liberaret eum a vobis omninò. (Script. rer. fr., tom. XVI, p. 302.)

[4]. Et incontinenter lacrymatus est, et dominus Villelmus cardinal visus est lacrymari; D. Otho vix a cachinno se potuit abstinere (Ibid.)

1168.   Quand le pape Alexandre, vainqueur de son concurrent Victor, fut de retour en Italie, il envoya de Rome à Henri II, des lettres dans lesquelles il annonçait que décidément Thomas serait suspendu de toute autorité comme archevêque, jusqu'au jour de sa pleine rentrée en grace avec le roi [1]. Il y eut à peu près dans le même temps un congrès diplomatique, tenu à la Ferté-Bernard, en Vendômois, entre les rois d'Angleterre et de France. Le premier y montra publiquement les lettres du pape, en disant d'un air joyeux : « Grace au ciel, voilà notre « Hercule sans massue [2]. Il ne peut plus rien « désormais contre moi ni mes évêques, et ses « grandes menaces ne sont que risibles, car je « tiens dans ma bourse monseigneur le pape et « tous ses cardinaux [3]. » Cette confiance dans le succès de ses intrigues donna au roi d'Angleterre une nouvelle ardeur de persécution contre son antagoniste ; et peu après le chapitre général de Cîteaux, de qui dépendait l'abbaye de Pontigny, reçut une dépêche où Henri II signifiait aux prieurs de l'ordre que, s'ils tenaient à leurs possessions en Angleterre, en Normandie, en Anjou

---

1. Script. rer. fr., tom. XVI, p. 312.

2. Ovans quòd Herculi clavam detraxisset. (Ibid.)

3. Quia nunc D. papam et omnes cardinales habet in bursa sua. (Script. rer fr., tom. XVI, p 593.)

et en Aquitaine, ils cessassent de garder chez eux son plus grand ennemi [1].

A la réception de cette lettre il y eut grande alarme dans le chapitre de Cîteaux. Le supérieur se mit en route vers Pontigny avec un évêque et plusieurs abbés de l'ordre. Ils vinrent trouver Thomas Becket, et lui dirent d'un ton doux, mais significatif [2] : « A Dieu ne plaise que « sur de pareilles injonctions, le chapitre vous « congédie; mais c'est un avertissement que nous « venons vous donner, afin que vous-même, dans « votre prudence, jugiez de ce qu'il y a à faire [3]. » Thomas répondit sans hésiter qu'il allait tout disposer pour son départ. Il quitta le monastère de Pontigny au mois de novembre 1168, après deux années de séjour, et écrivit alors au roi de France pour lui demander un autre asyle. En recevant sa lettre, le roi s'écria : « O religion, « religion, qu'es-tu devenue? Voilà que ceux qui

---

1. Si ulteriùs adversarium suum apud se retinerent. (Script. rer. fr., tom. XIV. p. 457. — Ibid., tom. XVI, pag. 268. Rog. de Hoved., p. 900.)

2. Et venerunt festinanter nomine capituli. (Gervas. Dorobern. apud script. rer. fr., tom. XVI, pag. 268.)

3. Capitulum propter mandatum tale nec fugat, nec expellit te... sed tibi et prudenti consilio tuo hæc significat, ut videas et attendas quid agendum. (Ibid.)

1168. « se disent morts pour le siècle, bannissent en « vue des choses du siècle l'exilé pour la cause « de Dieu [1] ! » Il recueillit l'archevêque sur ses terres, mais ce fut principalement par politique qu'il se montra dans cette occasion plus humain que les moines de Cîteaux.

1169. Environ une année après, il y eut un retour de bonne intelligence entre les rois de France et d'Angleterre; un rendez-vous fut assigné de part et d'autre à Montmirail, en Perche, pour convenir des termes de la trêve; car depuis que les Normands régnaient en Angleterre, il n'y avait plus de longues paix entre les deux pays [2]. Il se tenait cependant de fréquentes assemblées dans les villes ou près des villes frontières de la Normandie, du Maine ou de l'Anjou, et les intérêts opposés s'y discutaient avec d'autant plus de facilité que les rois et les seigneurs de France et d'Angleterre parlaient exactement la même langue. Les premiers amenèrent avec eux Thomas Becket au congrès de Montmirail, le même dont il a été parlé plus haut à l'occasion de la révolte des Bretons et des Poitevins. Usant de

1. O religio, o religio, ubi es? En quos credebamus sæculo mortuos... Dei causâ exulantem rejiciunt a se. (Script. rer. fr., tom. XIV, p. 457.)

2. Ibid., p. 333.

l'empire que leur donnait sur lui l'état de dépendance où il se trouvait à leur égard, ils l'avaient déterminé à venir faire sous leur patronage acte de soumission envers le roi d'Angleterre pour se réconcilier avec lui[1], et l'archevêque avait cédé à ces instances intéressées par ennui de sa vie errante et de l'humiliation qu'il éprouvait à manger le pain des étrangers[2].

Dès que les deux antagonistes furent en présence l'un de l'autre, Thomas, dépouillant son ancienne fierté, mit un genou en terre et dit au roi : « Seigneur, tout le différend qui jusqu'à ce jour a existé entre nous je le remets ici à votre jugement comme souverain arbitre en tout point, sauf l'honneur de Dieu[3]. » Mais, au moment où cette restriction fatale sortit de la bouche de l'archevêque, le roi ne comptant pour rien ni sa démarche ni sa posture suppliante, l'accabla d'un torrent d'injures, l'appela orgueilleux, ingrat, méchant cœur, et se tournant vers le roi de France : « Savez-vous,

---

1. Ut ipse regis animum aliquâ humilitate coràm optimatibus utriusque regni mitigaret. (Ibid.)

2. Arctatus regis consilio et omnium archiepiscoporum, episcoporum et baronum acquievit. (Ibid., tom. XVI, pag. 333.)

3. Tuo committo arbitrio salvo honore Dei. (Ibid. t. XIV, pag. 460.)

1169. « dit-il, ce qui m'ariverait si je passais sur cette
« réserve? il prétendrait que tout ce qui me
« plaît et ne lui plaît pas est contraire à l'hon-
« neur de Dieu, et, au moyen de ces deux
« seuls mots, il m'enleverait tous mes droits[1].
« Mais je veux lui faire une concession[2]. Certes
« il y a eu avant moi en Angleterre des rois
« moins puissants que moi, et sans nul doute
« aussi il y a eu dans le siége de Canterbury
« des archevêques plus saints que lui; qu'il
« agisse seulement avec moi comme le plus
« saint de ses prédécesseurs en a usé avec
« le moindre des miens, et je me tiendrai
« satisfait[3]. »

A cette proposition évidemment ironique et
qui renfermait pour le moins autant de restriction mentale de la part du roi, que Thomas en
avait pu mettre dans la clause *sauf l'honneur
de Dieu*, l'assemblée tout entière, Français et
Normands, s'écria que c'était bien assez, que

[1]. Rex multis eum contumeliis affecit..... et ait regi
Franciæ.... quidquid sibi displicuerit dicet honori Dei esse
contrarium et sic mea omnia jura sibi vindicabit. (Script.
rer. fr., tom. XIV, p. 460.)

[2]. Hoc illi offero. (Gerv. Doro., apud script. rer. fr.,
tom. XIII, p. 132.)

[3]. Quod igitur antecessorum suorum major et sanctior
fecit antecessorum meorum minimo, hoc mihi faciat, et
quiesco. (Ibid.)

le roi s'humiliait assez[1] ; et comme l'archevêque restait silencieux, le roi de France à son tour lui dit : « Eh bien! qu'attendez-vous? voilà la « paix, la voilà entre vos mains[2]. » L'archevêque répondit avec calme, qu'il ne pouvait en conscience faire de paix, se livrer lui-même, et aliéner sa liberté d'agir que *sauf l'honneur de Dieu.* A ce mot tous les assistants des deux nations l'accusèrent à qui mieux mieux d'orgueil démesuré, d'*outrecuidance*, comme on parlait alors[3]. Un des barons français s'écria tout haut que celui qui résistait aux conseils et à la volonté unanime des seigneurs des deux royaumes ne méritait plus d'asile[4]. Les rois remontèrent à cheval sans saluer l'archevêque, qui se retira fort abattu[5]. Personne, au nom du roi de France, ne lui offrit plus ni gîte ni pain, et dans son voyage de retour il fut réduit à vivre des aumônes des prêtres et du peuple[6].

1169

---

1. Acclamabatur undique : Satis rex se humiliat. (Ibid., tom. XIV, p. 460.)

2. Quid dubitas? ecce pax præ foribus. (Ibid.)

3. Insurrexerunt itaque magnates utriusque regni in eum, impugnantes arrogantiam ejus. (Ibid., tom. XIV, p. 460.)

4. Quia utriusque regni consilio et voluntati resistit.(Ibid.)

5. Ibid.

6. Nil ex ejus parte procurationis sibi fuit exhibitum....

1169. Pour que sa vengeance fut complète, Henri II n'avait besoin que d'un peu plus de décision de la part du pape Alexandre. Afin d'obtenir la destitution définitive, qui était l'objet de toutes ses démarches, il épuisa les ressources que lui offrait la diplomatie du temps, ressources beaucoup plus étendues qu'on ne le suppose aujourd'hui. Les villes lombardes, dont la cause nationale était alors unie à celle du pape contre l'empereur Friedric, reçurent presque toutes des messages du roi d'Angleterre. Il offrit aux Milanais trois mille marcs d'argent et les frais de réparation de leurs murailles détruites, aux Crémonais il proposa trois mille marcs, aux Parmesans mille marcs et autant aux Bolonais, s'ils voulaient s'engager à solliciter auprès d'Alexandre III, leur allié, la dégradation de Becket, ou tout au moins sa translation à un siége épiscopal inférieur [1]. Henri s'adressa en outre au roi et aux chefs normands, fils des vainqueurs de l'Apulie, pour qu'ils employassent de même leur crédit à venger un roi de leur race

vel aliquis super ejus miseriâ afflictus, eum exhibuit ut mendicum. (Ibid., p. 461.)

[1]. Transmissâ legatione ad Italiæ civitates... ut impetrarent a Dom. papâ destitutionem vel translationem Cantuariensis archiepiscopi. (Script. rer. fr., tom XVI, p. 602.)

contre la révolte d'un Saxon [1]. Il promit au pape lui-même autant d'argent qu'il lui en faudrait pour terminer le reste de querelle qu'il avait à soutenir contre un parti de Romains, et de plus dix mille marcs avec la faculté de disposer absolument de la nomination aux évêchés et aux archevêchés vacants en Angleterre; cette dernière proposition prouve que, dans son hostilité contre l'archevêque Thomas, Henri II poursuivait alors un tout autre objet que la diminution de la suprématie papale [2]. De nouveaux édits défendirent en outre de laisser arriver sur le sol anglais ni amis ni parents de l'exilé, ni lettres de lui ou de ses amis, ni lettres du pape favorables à sa cause; ce qu'on devait craindre dans le cas fort possible d'une nouvelle fourberie diplomatique de la cour pontificale [3].

Pour correspondre en Angleterre malgré cette prohibition, l'archevêque et ses amis employèrent le déguisement de noms saxons [4], qui, à

1. Ibid.

2. Liberaret eum ab exactionibus omnium Romanorum, et 10,000 marcarum adjiceret, concedens etiam ut tam in ecclesiâ Cantuariensi, quàm in aliis vacantibus pastores ordinaret ad libitum. (Epist. Johan. Sarisb., ibid.)

3. Gervas. Cantuar. Ibid., p. 403, et t. XIV, p. 458.

4. Ibid., p. 581.

cause du bas état de ceux qui les portaient, éveillaient peu l'inquiétude des autorités normandes. Jean de Salisbury, homme qui avait perdu ses biens par attachement pour le primat, et l'un des auteurs les plus spirituels du temps, écrivait sous le nom de Godric, et s'intitulait cavalier à la solde de la commune de Milan [1]. Comme les Milanais étaient alors en guerre avec l'empereur Friedric, il mettait, dans ses lettres, sur le compte de l'empereur, tout le mal qu'il voulait faire entendre du roi d'Angleterre [2]. Le nombre de ceux que l'autorité normande persécutait à cause de cette affaire fut considérablement augmenté par un décret royal, conçu dans les termes suivants : « Que tout Gallois, clerc ou « laïc, qui entrera en Angleterre sans lettres de « passage du roi, soit saisi et gardé en prison, « et que tous les Gallois en général soient chassés « des écoles d'Angleterre [3]. » Pour découvrir les motifs de cette ordonnance, et bien comprendre

---

1. Godvino filio Eadwini sacerdotis miles suus Godricus salutem.... qui in Italiâ me donasti cingulo militari.... (Script. 1er. fr., tom. XVI, p. 581.)

2. Ibid.

3. Nisi habeat litteras domini regis de passagio suo... et omnes Wallenses qui sunt in scolis in Angliâ ejiciantur. (Gerv. Cantuar., p. 1409.)

d'ailleurs où était le point qui blessait sensible- 1169.
ment les intérêts du roi et des chefs de race
normande dans la résistance de Thomas Becket,
il faut que le lecteur tourne un moment ses yeux
vers les terres nouvellement conquises sur la
nation cambrienne.

Le pays de Galles, entamé, comme on l'a vu,
de plusieurs côtés par l'invasion d'aventuriers
anglo-normands, offrait alors les mêmes scènes
tumultueuses d'oppression et de lutte nationale
que l'Angleterre avait présentées dans les cinquante premières années de la conquête [1]. Il y
avait insurrection journalière contre les conquérants, surtout contre les prêtres venus à la suite
des soldats, et qui, soldats eux-mêmes, sous
un habit de paix, dévoraient avec leurs parents,
établis auprès d'eux, ce qu'avait épargné la
guerre [2]. S'imposant de force aux vaincus comme
pasteurs spirituels, ils venaient, en vertu du
brevet d'un roi étranger, s'asseoir à la place
d'anciens prélats, élus autrefois par le clergé et

1. Voyez livre VIII, p. 9.
2. Plus militaris quàm clericus existens.... quo morbo
laborant ferè omnes ab Angliæ finibus ità intrusi, terras
ecclesiæ suæ divisit, alienavit, militibus largitus est, nepoti
suo contulit. (Giraldus Cambr., in Angliâ sacrâ, tom. II,
pag. 534, 535.)

1169. le peuple du pays ¹. Recevoir le sacrement de la main d'un étranger et d'un ennemi ², était pour les Gallois une gêne insupportable et peut-être la plus cruelle des tyrannies de la conquête ; aussi du moment que l'archevêque anglais Becket eut levé la tête contre le roi d'Angleterre, l'opinion nationale des Cambriens se déclara fortement pour l'archevêque, d'abord par cette raison populaire que tout ennemi de l'ennemi est un ami, et ensuite parce qu'un prélat de race saxonne, en lutte avec le petit-fils du vainqueur des Saxons, semblait, en quelque sorte, le représentant des droits religieux de tous les hommes réunis par force sous la domination normande ³. Quoique Thomas Becket fût complètement étranger à la nation cambrienne, d'affection comme de naissance ; quoiqu'il n'eût jamais donné le moindre signe d'intérêt pour elle, cette nation l'aima, et elle eût aimé de même tout étranger qui, de loin, indirectement, sans nulle intention bienveillante, eût éveillé en elle l'espoir d'obtenir de nouveau des prêtres nés dans son sein et parlant son langage ⁴.

1. Advenæ et alienigenæ.. (Anglia sacra, t. II, p. 521.)
2. Ibid., pag. 522.
3. Pro ecclesiasticâ libertate caput gladiis exponens... (Giraldus, de rebus a se gestis, in Angliâ sacrâ, tom. II.)
4. Ibid., pag. 522.

Ce sentiment patriotique, enraciné chez les habitants du pays de Galles, se manifestait avec une opiniâtreté invincible dans les chapitres ecclésiastiques, en partie composés d'étrangers et d'indigènes. Presque jamais il n'était possible de déterminer ces derniers à donner leurs suffrages à un homme qui ne fût pas Gallois de race pure, sans mélange de sang étranger [1]; et, comme le choix de pareils candidats n'était jamais confirmé par le pouvoir royal d'Angleterre, et que d'ailleurs rien ne pouvait vaincre l'obstination des votants, il y avait une sorte de schisme perpétuel dans la plupart des églises de la Cambrie, schisme plus raisonnable que d'autres qui ont fait plus de bruit dans le monde [2]. C'est ainsi qu'à la cause de l'archevêque Thomas, quel que fût le mobile de cet homme, soit l'ambition, soit l'amour de la résistance et l'entêtement, soit la conviction d'un devoir religieux, ou la conscience sourde et mal définie d'une hostilité nationale, se joignait une

1169.

---

[1]. Dici poterit quòd ubicumque Wallenses liberas ad eligendum habenas habuerint, nunquàm quempiam præter Wallensem sedi præficient, et illum gentibus aliis neque naturâ neque nutriturâ permixtum. (Girald., in Angl. sacr., tom. II, p. 522.

[2]. Schismate in ecclesiâ facto in purum Wallensem consenserunt. (Ibid.)

1169. cause qui valait mieux que la sienne, celle des races d'hommes asservies par les aïeux du roi dont il s'était déclaré l'adversaire. Voilà ce qui relève, dans l'histoire, cette grande intrigue au-dessus des disputes ordinaires entre la couronne et la mitre.

L'archevêque, délaissé par le roi de France, son ancien protecteur, et réduit à subsister d'aumônes, vivait à Sens, dans une pauvre hôtellerie. Un jour, qu'il était assis dans la salle commune, s'entretenant avec ses compagnons d'exil[1], un serviteur du roi Louis se présenta, et leur dit: « Le roi, mon seigneur, vous invite à vous « rendre à sa cour. — Hélas! reprit l'un des assis-« tants, c'est sans doute pour nous bannir. Voilà « que l'entrée de deux royaumes va nous être « interdite, et il n'y a pour nous aucun secours « à espérer de ces larrons de Romains, qui ne « savent que voler les dépouilles du malheu-« reux et de l'innocent[2]. » Ils suivirent l'envoyé, tristes et soucieux comme des gens qui prévoient un malheur. Mais, à leur grande sur-

1. Sedente archiepiscopo cum suis in hospitio, dum confabulantur.... (Script. rer. fr., tom. XIV, p. 461.)

2. Ut ejiciamur a regno. (Ibid.) .... Nec ad romanos latrones consolationis gratiâ quis consulat nos recurrere; quippe qui miserorum spolia sine delicto diripiunt. (Vita quadripart., lib. II, cap. 25.)

prise, le roi les accueillit avec des signes ex- 1169.
traordinaires d'affection, et même de tendresse.
Il pleura en les voyant venir [1]; il dit à Thomas :
« C'est vous, mon père, c'est vous seul qui aviez
« bien vu; et nous tous, nous étions des aveugles,
« de vous donner conseil contre Dieu. Je me re-
« pens, mon père, je me repens, et vous pro-
« mets désormais de ne plus manquer, ni à vous,
« ni aux vôtres [2]. » La vraie cause de ce retour
si prompt et si vif, n'était autre qu'un nouveau projet de guerre du roi de France contre
Henri II.

Le prétexte de cette guerre fut la vengeance
exercée par le roi d'Angleterre sur les réfugiés
bretons et poitevins que l'autre roi lui avait
livrés à la condition de les recevoir en grâce.
Il est probable qu'en signant la paix à Montmirail le roi Louis ne s'attendait nullement à
l'exécution de cette clause insérée par simple
pudeur; mais, peu de temps après, et lorsque
Henri II eut fait périr les plus riches d'entre les
Poitevins, le roi de France, ayant des raisons

1. Obortis lacrymis cum singultu. (Gerv. Dorobere., tom. XIII, p. 133.)

2. Verè, domine mi pater, tu solus vidisti; verè, pater mi, tu solus vidisti: nos omnes cæci fuimus, qui contra Deum tibi dedimus consilium...... pœniteo, pater, et graviter pœ-niteo.... (Script. rer. fr., tom. XIV, p. 46.)

1169. d'intérêt pour recommencer la guerre, s'autorisa de la déloyauté de l'Angevin envers les réfugiés[1]; et son premier acte d'hostilité fut de rendre à Thomas Becket sa protection et ses secours. Henri II se plaignit par un message exprès de cette violation flagrante de la paix de Montmirail. « Allez, répondit le roi de France au messager, « allez dire à votre roi que, s'il tient aux coutumes « de son aïeul, je puis bien tenir à mes droits hé- « réditaires de secourir les exilés [2]. »

Bientôt l'archevêque, reprenant l'offensive, lança de nouveaux arrêts d'excommunication contre les courtisans, les serviteurs et les chapelains du roi d'Angleterre, surtout contre les détenteurs des biens de l'évêché de Canterbury. Il en excommunia un si grand nombre que, dans le doute où l'on se trouvait si la sentence n'était pas ratifiée secrètement par le pape, il n'y avait plus dans la chapelle du roi personne qui, à la célébration de la messe, osât lui don-

---

1. Voyez livre VIII. — Quòd rex Angliæ omnes conventiones illas quas cum Pictavis et Britonibus ipso rege Francorum mediante... fecerat... confregisset. (Gerv. Dorob., apud script. rer. fr., tom. XIII, p. 133.)

2. Ite regi vestro nunciantes, quia si consuetudines avi, avitas quas vocat consuetudines, non sustinet abrogari, ego... (Ibid., tom. XIV, p.462.)

ner le baiser de paix [1]. Thomas adressa en outre à l'évêque de Winchester, Henri, frère du roi Étienne, et comme tel ennemi secret de Henri II, un mandement pour interdire en Angleterre toutes les cérémonies religieuses, excepté le baptême des enfants et la confession des mourants, à moins que le roi, dans uu délai fixé, ne donnât satisfaction à l'église de Canterbury [2]. Il y eut un prêtre anglais qui, d'après ce mandement refusa de célébrer la messe; mais son archidiacre le lui ordonna ajoutant : « Et si l'on venait de la « part de l'archevêque vous dire de ne plus man- « ger, est-ce que vous ne mangeriez plus ? [3] » La sentence d'interdit, n'étant ratifiée par aucun évêque en Angleterre, ne fut exécutée nulle part, et l'évêque de Londres partit pour Rome avec des messages et des présents du roi [4]. Il en rapporta, après l'avoir bien payée, une déclaration authentique affirmant que le pape n'avait point ratifié et qu'il ne ratifierait point les sen-

1. Ut vix in capella regis inveniretur qui regi de more ecclesiæ, pacis osculum dare valeret. (Script. rer. fr., tom. XVI, pag. 354.)

2. Ibid., p. 189.

3. An cessaret a comestione, si nuncius dixisset ei ex parte archiepiscopi ne comederet. (Ibid., p. 357.)

4. Ibid., p. 392.

1169. tences d'excommunication lancées par l'archevêque; le pape lui-même, écrivit à Becket pour lui commander de révoquer ces sentences dans le plus court délai possible [1].

Mais les prêtres romains, attentifs à se ménager en toute occasion des sûretés personnelles, demandèrent que les excommuniés, en recevant leur absolution, prêtassent le serment de ne jamais se séparer de l'église apostolique [2]. Tous, et notamment les chapelains du roi, y eussent consenti volontiers; mais le roi ne le leur permit pas, aimant mieux les laisser, comme on disait alors sous le glaive de saint Pierre [3], que de s'ôter à lui-même un moyen d'inquiéter l'église romaine. Pour terminer ce nouveau différend, deux légats, Vivien et Gratien, allèrent trouver Henri à Domfront. Il était à la chasse au moment de leur arrivée, et il quitta la forêt pour les visiter à leur logement [4]. Pendant son entrevue avec eux, toute la troupe des chasseurs, conduite par Henri, fils aîné du roi, vint à l'hôtellerie des légats, criant et sonnant du cor pour an-

---

1. Epist. Alexand. papæ. (Script. rer. fr., tom. XVI, pag 368.)
2. Script. rer. fr., tom. XVI.
3. Gladius beati Petri, spiculum beati Petri.
4. Venit rex de clamore. (Script. rer. fr., t. XVI, p. 371.)

noncer la prise d'un cerf¹. Le roi interrompit 1169.
brusquement son entretien avec les envoyés de
Rome, alla aux chasseurs, les complimenta, dit
qu'il leur faisait présent de la bête, et retourna
ensuite auprès des légats qui ne se montrèren
offensés ni de ce bizarre incident, ni de la légèreté avec laquelle le roi d'Angleterre les traitait
eux et l'objet de leur mission².

Une seconde conférence eut lieu au parc de
Bayeux; le roi s'y rendit à cheval avec plusieurs
évêques d'Angleterre et de Normandie. Après
quelques paroles insignifiantes, il demanda aux
légats si décidément ils ne voulaient point absoudre ses courtisans et ses chapelains sans aucune condition³. — Les légats répondirent que
cela ne se pouvait. « Par les yeux de Dieu, ré-
« pliqua le roi, jamais plus de ma vie je n'en-
« tendrai parler du pape⁴, » et il courut à son
cheval. Les légats, le voyant si courroucé, lui
accordèrent tout ce qu'il voulait⁵. « Ainsi donc,
« reprit Henri II, vous allez passer en Angleterre
« pour que l'excommunication soit levée le plus

1. Buccinantes sicut solet de captione cervi. (Ibid.)
2. Script. rer. fr , tom. XVI, p. 371.
3. Petens ab eis quòd absolverent clericos suos sine juramento. (Ibid.)
4. Per oculos Dei. (Ibid.)
5. Quo audito nuncii concesserunt. (Ibid.)

1169. « solennellement possible [1]. » Les légats hésitèrent à répondre. « Eh bien! dit le roi avec
« humeur, faites ce qu'il vous plaira, mais sa-
« chez que je ne tiens nul compte de vous ni de
« vos excommunications; et que je m'en soucie
« comme d'un œuf [2]. Il remonta précipitamment à cheval; mais les archevêques et les évêques normands coururent après lui en criant pour lui persuader de descendre et de renouer l'entretien. « Je sais, je sais aussi bien que vous
« tout ce qu'ils peuvent faire, disait le roi,
« toujours marchant, ils mettront mes terres
« sous l'interdit; mais est-ce que moi, qui puis
« si je le veux m'emparer d'une ville forte en un
« jour, je n'aurais pas raison d'un prêtre qui
« viendrait interdire mon royaume [3]? »

A la fin, les esprits se calmant de part et d'autre, on en vint à une nouvelle discussion sur le différend du roi avec Thomas Becket. Les légats dirent que le pape souhaitait la fin de ce scandale, qu'il ferait beaucoup pour la paix, et s'engage-

1. Ut in Angliam irent causâ absolvendi excommunicatos. (Script. rer. fr., tom. XVI, pag. 371.)

2. Ego nec vos neque excommunicationes vestras appretior, nec dubito unum ovum. (Ibid.)

3. Scio, scio, interdicent terram meam : sed numquid ego qui possum capere singulis diebus castrum fortissimum... (Ibid.)

rait à rendre l'archevêque plus docile et plus traitable. « Le pape est mon père spirituel, re-
« prit alors le roi tout-à-fait radouci, et je con-
« sentirai, pour ma part, à faire beaucoup à sa
« requête [1]; je rendrai même s'il le faut à celui
« dont nous parlons son archevêché et mes
« bonnes graces pour lui et pour tous ceux qui,
« à cause de lui, se sont fait bannir de mes
« terres [2]. » L'entrevue où l'on devait convenir précisément des termes de la paix fut fixée au lendemain; mais, dans cette conférence, le roi Henri se mit à pratiquer l'expédient des restrictions qu'il reprochait à l'archevêque, et voulut faire inscrire qu'il ne serait tenu à rien que sauf l'honneur et la dignité de son royaume [3]. Les légats refusèrent d'accéder à cette clause inattendue; mais leur refus modéré, en suspendant la décision de l'affaire, ne troubla point la bonne intelligence qui régnait entre eux et le roi [4]. Ils donnèrent plein pouvoir à Rotrou, l'ar-

---

1. Oportet multùm facere pro prece domini papæ, qui dominus meus et pater meus est. (Ibid.)

2. Et ideò reddo ei archiepiscopatum suum et pacem meam, et omnibus qui pro eo extrà terram sunt. (Script. rer. fr., tom. XVI, p. 371.)

3. Quòd in formâ pacis scriberetur, salvâ dignitate regni sui. (Ibid.) — Novam obligationis formulam. (Ibid., p. 371.)

4. Ibid.

1169. chevêque de Rouen, d'aller, par l'autorité du pape, délier Foliot, évêque de Londres, de son excommunication [1]. Ils envoyèrent en même temps à Thomas des lettres qui lui recommandaient, au nom de son devoir d'obéissance à l'Église, l'humilité, la douceur et la circonspection envers le roi [2].

1170. On se rappelle avec combien de soins Guillaume-le-Bâtard, et son conseiller Lanfranc, avaient travaillé à établir, pour le maintien de la conquête, la suprématie absolue du siége de Canterbury. On se rappelle aussi que l'un des priviléges annexés par eux à cette suprématie était le droit exclusif de sacrer les rois d'Angleterre, de peur que le métropolitain d'York, chef religieux de la province où le patriotisme anglosaxon se montrait le plus vivace, ne fût entraîné quelque jour, par la rebellion de ses diocésains, à opposer un roi saxon oint et couronné par lui, aux rois de la race conquérante [3]. Après un siècle de possession, ce danger ne paraissant plus imminent, les politiques de la cour de Henri II, afin d'énerver entre les mains de Thomas Becket le pouvoir, que, malgré leurs efforts, cet Anglais tenait encore, résolurent de faire un

---

1. Script. rer. fr., tom. XVI, pag. 413.
2. Ibid., pag. 393.
3. Voyez livre V, pag. 20.

roi d'Angleterre, sacré et couronné sans la participation du primat de Canterbury [1]. 1170.

Pour exécuter ce dessein, le roi Henri présenta aux chefs normands son fils aîné, et leur exposa que, pour le bien de ses vastes provinces, un collègue dans la royauté lui était devenu nécessaire, et qu'il souhaitait de voir Henri, son fils, décoré du même titre que lui [2]. Les Normands n'opposèrent aucun obstacle aux intentions de leur roi, et le jeune homme reçut l'onction royale des mains de l'archevêque d'York, assisté des évêques suffragants de l'archevêché de Canterbury, dans l'église de Winchester, près de Londres, église immédiatement dépendante du même archevêché. Toutes ces circonstances constituaient, selon le code ecclésiastique, une complète violation des priviléges de la primatie anglaise [3]. Au festin qui suivit ce couronnement, le roi voulut servir son fils à table, disant, dans l'effusion de sa joie paternelle, que depuis ce jour la royauté cessait de lui appartenir [4]. Il ne s'attendait pas

---

[1]. In odium archipræsulis et in læsionem ecclesiæ Cantuariensis. (Script. rer. fr., tom. XIV, p. 413.)

[2]. Convocatis regni proceribus. (Ibid.)

[3]. Ibid.

[4]. Pater filio dignatus est ministrare et se regem non esse protestari. (Ibid., p. 473.)

qu'avant peu d'années, ce propos, jeté légèrement, serait relevé contre lui-même, et que son propre fils le sommerait de ne plus prendre le titre de roi, puisqu'il l'avait solennellement abdiqué.

La violation des anciens droits de la primatie n'eut point lieu sans l'agrément du pape; car, avant de rien entreprendre, Henri II s'était muni d'une lettre apostolique, qui l'autorisait à faire sacrer son fils comme il voudrait et par qui il voudrait [1]. Mais, comme cette lettre devait rester secrète, la chancellerie romaine ne se fit point scrupule d'envoyer à Thomas Becket une autre lettre, également secrète, dans laquelle le pape protestait que le couronnement du jeune roi par l'archevêque d'York s'était fait malgré lui, et que malgré lui encore l'évêque de Londres avait été relevé de son excommunication [2]. A ces faussetés manifestes, Thomas perdit toute patience; et il adressa, en son propre nom et au nom de ses compagnons d'exil, à un cardinal romain, appelé Albert, une lettre pleine de reproches, dont l'âcreté passait toute mesure :

« Je ne sais comment il arrive que, dans votre
« cour de Rome, ce soit toujours le parti de Dieu
« qu'on sacrifie; de manière que Barrabas se

[1]. Script. rer. fr., tom XVI, p. 414 et 439.
[2]. Ibid.

« sauve, et que le Christ soit mis à mort [1]. Voici 1170.
« déja la septième année que, par l'autorité de
« cette cour, je continue d'être proscrit, et l'É-
« glise d'être en souffrance. Les malheureux, les
« exilés, et les innocents, sont condamnés de-
« vant vous par la seule raison qu'ils sont faibles,
« qu'ils sont les pauvres de Jésus-Christ, et qu'ils
« tiennent à la justice [2]. Je sais que les envoyés
« du roi distribuent ou promettent mes dé-
« pouilles aux cardinaux et aux courtisans : mais
« que les cardinaux se lèvent contre moi, s'ils le
« veulent ; qu'ils arment non-seulement le roi
« d'Angleterre, mais le monde entier pour ma
« perte, je ne m'écarterai de la fidélité due à l'É-
« glise, ni en la vie ni en la mort, remettant ma
« cause aux mains de Dieu, pour qui je souffre la
« proscription et l'exil [3]. J'ai désormais le ferme
« propos de ne plus importuner la cour pontifi-
« cale. Que ceux-là se rendent auprès d'elle, qui se
« prévalent de leur iniquité, et reviennent glo-

1. Nescio quo pacto pars domini semper mactatur in curiâ.... (Ibid., p. 426.)

2. .... Condemnantur apud vos miseri exules innocentes, nec ob aliud nisi quia pauperes Christi sunt et imbecilles. (Ibid., pag. 416.)

3. Nomine nostro spolia quæ nuncii regis cardinalibus et curialibus largiuntur et promittunt....? Insurgant qui voluerint cardinales. (Ibid., pag. 417.)

1170. « rieux d'avoir écrasé la justice et fait l'inno-
« cence prisonnière. Plût à Dieu que le voyage
« de Rome n'eût pas déja fait mourir inutilement
« tant d'innocents et de malheureux [1]..... »

Ces accusations énergiques n'étaient pas capables de faire reculer d'un seul pas la diplomatie ultramontaine ; mais des menaces positives du roi de France, alors en rupture ouverte avec l'autre roi, prêtèrent un appui efficace à la remontrance de l'exilé. « J'entends, écrivait « Louis au pape, j'entends que vous renonciez « enfin à vos démarches trompeuses et dila- « toires [2]. » Le pape Alexandre, qui se disait lui-même placé entre deux marteaux (c'est ainsi qu'il appelait les deux rois), voyant que le marteau de France se levait pour frapper, recommença subitement à croire que la cause de l'archevêque était vraiment la cause de Dieu [3]. Il fit parvenir à Thomas un bref de suspension pour l'archevêque d'York et pour tous les prélats qui avaient assisté au couronnement du jeune roi ; il alla jus-

1. Non est mihi propositum ulterius vexandi curiam, eam adeant qui.... utinam via romana non gratis peremisset tot miseros innocentes ! (Script. rer. fr., tom. XVI, p. 417.)

2. Ne ulteriùs dilationes suas frustratorias prorogaret. (Ibid., tom. XIV, p. 463.)

3. Inter duos malleos positus... (Epist. Jo. Sarisberiensis, apud script. rer. fr. , tom. XVI.)

qu'à menacer Henri II de la censure ecclésiastique, s'il ne faisait promptement droit au primat contre les courtisans détenteurs de ses biens, et les évêques usurpateurs de ses priviléges [1]. Henri, effrayé du bon accord qui régnait entre le pape et le roi de France, céda pour la première fois, mais ce fut par des motifs d'intérêt, et non par crainte d'un banni que tous ses protecteurs abandonnaient et trahissaient tour à tour.

Le roi d'Angleterre annonça donc qu'il voulait entamer définitivement des négociations pour la paix, et l'archevêque d'York, ainsi que les évêques de Londres et de Salisbury essayèrent de l'en dissuader [2]. Travaillant de tous leurs efforts pour empêcher toute conciliation, ils dirent au roi que la paix ne serait d'aucun profit pour lui, à moins que les donations faites sur les biens de l'évêché de Canterbury ne fussent ratifiées à jamais, « et l'on sait, ajoutaient-ils, que l'annula-« tion de ces dons royaux sera le point principal « des demandes de l'archevêque [3]. » De graves raisons de politique extérieure déterminèrent Henri II à ne point se rendre à ces conseils, bien

---

1. Script. rer. fr., tom. XIV, pag. 463.
2. Ibid.
3. Concordiam regno inutilem fore nisi... (Ibid.)

qu'ils fussent parfaitement d'accord avec son aversion personnelle contre Thomas Becket. Les négociations commencèrent; il y eut échange de lettres entre le roi et l'archevêque indirectement, et par des mains tierces, comme entre deux puissances contractantes. Une des lettres de Thomas, rédigée en forme de note diplomatique, mérite d'être citée comme spécimen curieux de la diplomatie du moyen âge.

« L'archevêque, disait Becket, parlant de
« lui-même, tient beaucoup à ce que le roi, si
« la réconciliation a lieu, lui donne publique-
« ment le baiser de paix; car cette formalité
« est d'un usage solennel chez tous les peuples
« et dans toutes les religions, et nulle part, sans
« elle, il ne se conclut de paix entre personnes
« ci-devant ennemies [1]. Le baiser d'un autre que
« le roi, de son fils, par exemple, ne remplirait
« point le but; car on pourrait en induire que
« l'archevêque est rentré en grâce avec le fils plu-
« tôt qu'avec le père; et, si une fois ce mot était
« jeté par le monde, quelles ressources ne four-
« nirait-il pas aux malveillants [2]! Le roi, de son

1. Quæ forma solemnis est in omni gente et in omni religione, et citrà quam nusquam pax antea dissidentium confirmatur. (Script. rer. fr., tom. XVI, p. 424.)

2. ... Vicario filii regis osculo... quod si semel verbum ornetur in turbâ,.... (Ibid.)

« côté, pourrait prétendre que son refus de don-
« ner le baiser voulait dire qu'il ne s'engageait
« point de bon cœur, et, par la suite, manquer à
« sa parole sans se croire noté d'infamie [1]. D'ail-
« leurs, l'archevêque se souvient de ce qui est
« arrivé à Robert de Silly et aux autres Poitevins
« qui firent leur paix à Montmirail; ils furent re-
« çus en grâce par le roi d'Angleterre avec le bai-
« ser de paix, et cependant ni cette marque de
« sincérité publiquement donnée, ni la considé-
« ration due au roi de France, médiateur dans
« cette affaire, n'ont pu leur assurer la paix,
« ni la vie [2]. Ce n'est donc pas trop demander,
« que d'exiger cette garantie, elle-même si peu
« sûre [3]. »

Le 22 juillet de l'année 1170, dans une vaste
prairie, entre Freteval et La Ferté-Bernard, il y
eut un congrès solennel pour la double pacifi-
cation du roi de France avec le roi d'Angleterre,
et de celui-ci avec Thomas Becket [4]. L'archevêque s'y rendit, et lorsque, après la discussion

---

[1]. Rex sub prætextu negati osculi, crederetur exemptus
infamiâ... (Ibid.)

[2]. Redeat in memoriam Robertus de Sylliaco et alii
qui... quibus si nec osculum publicè datum veram contulit
pacem. (Ibid.)

[3]. Hanc exigat cautionem. (Ibid.)

[4]. In prato amœnissimo. (Ibid , tom. XIV, p. 464.)

des affaires politiques, on en vint à discuter les siennes, il eut avec son adversaire une conférence à part et en plein champ [1]. L'archevêque demanda au roi, premièrement, qu'il lui fût permis de punir l'injure faite à la dignité de son église par l'archevêque d'York et par ses propres suffragants. « Le couronnement de votre fils par « un autre que moi, dit-il, a énormement lésé « les droits antiques de mon siége. — Mais qui « donc, répliqua vivement le roi, a couronné « mon bisaïeul Guillaume, le conquérant de l'An-« gleterre? n'est-ce pas l'archevêque d'York [2]. » Becket répondit qu'au moment de la conquête l'église de Canterbury se trouvait sans légitime pasteur; qu'elle était, pour ainsi dire, captive sous un certain Stigand, archevêque réprouvé par le pape, et que, dans cette nécessité, il fallait bien que le prélat d'York, dont le titre était meilleur, couronnât le conquérant [3]. Après cette citation historique, dont le lecteur peut apprécier la justesse, et plusieurs autres propos, le roi promit de faire droit à toutes les plaintes de Thomas; mais, pour la demande du baiser de paix,

1. Script. rer. fr., tom. XIV, p. 464; et XVI, p. 439.

2. Quis, inquit, coronavit regem Willelmum, qui Angliam subjugavit? nonne Eboracensis? (Ibid.)

3. Quâ necessitate archiepiscopus Eboracensis qui erat clarioris opinionis. (Ibid.) — Voyez livre III, tom. I.

il l'écarta poliment, disant à l'archevêque : « Nous
« nous reverrons bientôt en Angleterre, et c'est
« là que nous nous embrasserons [1]. »

Au moment de se séparer du roi, Becket le
salua en inclinant le genou; et, par un retour de
courtoisie qui étonna les assistants, Henri II,
comme il remontait à cheval, lui arrangea et lui
tint l'étrier [2]. Le jour suivant, on crut remarquer
entre eux quelque retour de leur ancienne familiarité [3]. Des messagers royaux portèrent au jeune
Henri, collègue et lieutenant de son père en
son absence, des lettres conçues en ces termes :
« Sachez que Thomas de Canterbury a fait sa paix
« avec moi, à ma pleine satisfaction. Je vous com-
« mande donc de lui faire tenir, à lui et aux siens,
« toutes leurs possessions librement et paisible-
« ment [4]. » L'archevêque retourna à Sens pour se
préparer au voyage; ses amis, pauvres et dispersés dans différents lieux, préparèrent leur mince
bagage, et se réunirent ensuite pour aller saluer
le roi de France, qui, selon leurs propres paroles, ne les avait point rebutés, quand le monde

---

1. Stephanides, p. 68.
2. Stapham archiepiscopi arripiens eum levavit in equum.
(Gerv. Dorob. apud script. rer. fr., tom. XIV, p. 134.)
3. Secundùm morem antiquæ familiaritatis. (Ibid., t. XVI,
pag. 441.)
4. Res suas benè et in pace. (Ibid., p. 45.)

1170. les abandonnait[1]. « Vous voulez donc partir ? dit
« Louis à l'archevêque ; mais si vous m'en croyez,
« n'en faites rien ; car il ne vous a point donné
« le baiser de paix, et c'est trop risquer que de
« vous fier ainsi à lui[2]. »

Plusieurs mois s'étaient déja écoulés depuis l'entrevue de réconciliation, et, malgré les dépêches ostensibles envoyées par le roi en Angleterre, l'on n'apprenait nullement que les détenteurs des biens de l'église de Canterbury eussent été forcés de les restituer ; au contraire, ils se moquaient publiquement de la crédulité et de la simplicité de l'archevêque, qui se croyait rentré en grâce. Le Normand Renouf de Broc était allé jusqu'à dire que si l'archevêque venait en Angleterre, on ne lui laisserait pas le temps d'y manger un pain entier[3]. Thomas reçut en outre de Rome, des lettres qui l'avertissaient que la paix du roi n'était qu'une paix en paroles, et lui recommandaient, pour sa propre sûreté, d'être humble,

---

1. Prout pauperes et exules poterant... qui deserente eos mundo, eos susceperat. (Script. rer. fr., t. XIV, p. 465.)

2. Et si mihi crederes non dato tibi pacis osculo regi tuo non credes. (Vita quadripartita, lib. III, cap. 4.)

3. Ranulphus de Broc comminatus est quòd diù non gaudebimus de pace vestrâ, quòd non panem integrum comedemus in Angliâ antequam ille nobis auferat vitam. (Epist. Thomæ apud script. rer. fr., tom. XVI.)

patient et circonspect [1]. Il sollicita une seconde entrevue pour s'expliquer avec le roi sur ces nouveaux motifs de plainte, et le rendez-vous eut lieu à Chaumont, près d'Amboise, sous les auspices du comte de Blois [2]. Il n'y eut, cette fois, que de la froideur dans les manières de Henri II, et les gens de sa suite affectèrent de ne pas regarder l'archevêque [3]. La messe qu'on célébra, dans la chapelle royale, fut une messe de l'office des morts, et avait été choisie exprès, parce que, selon cet office, les assistants ne s'offraient point mutuellement le baiser de paix à l'Évangile [4]. L'archevêque et le roi, avant de se quitter, firent quelque temps route ensemble, et se chargèrent, à l'envi, de propos amers et de reproches [5]. Au moment de la séparation, Thomas fixa les yeux sur Henri d'une manière expressive, et lui dit avec une sorte de solennité : « Je crois bien « que je ne vous reverrai plus. — Me prenez- « vous donc pour un traître? » répliqua vivement

1170.

1. Pacem cum rege Angliæ fictam in solis verbis consistere. (Epist. Petri Cardinal., apud script. rer. fr., tom. XVI, pag. 455.)

2. Ibid., tom. XVI, p. 464.

3. Ibid.

4. Ne si fortè archipræsul aliæ missæ interesset, osculum pacis sibi offerret. (Ibid.)

5. Inter viandum mutuò se objurgantes, uterque alteri collata beneficia improperavit vicissim. (Ibid., p. 485.)

1170. le roi, qui devina le sens de ces paroles. L'archevêque s'inclina et partit ¹.

Dans les divers entretiens qu'ils avaient eus ensemble, le jour de la réconciliation, Henri II avait promis d'aller à Rouen, à la rencontre de Thomas Becket, de l'y défrayer de toutes les dettes qu'il avait contractées dans l'exil, et de l'accompagner ensuite en Angleterre, ou, tout au moins, de le faire accompagner par l'archevêque de Rouen. Mais, à son arrivée à Rouen, Becket ne trouva ni le roi, ni l'argent promis, ni aucun ordre de l'accompagner transmis à l'archevêque ². Il emprunta trois cents livres, et, au moyen de cette somme, se mit en route vers la côte voisine de Boulogne. On était alors au mois de novembre, dans la saison des mauvais temps de mer; le primat et ses compagnons furent contraints d'attendre quelques jours au port de Wissant, près de Calais ³. Une fois qu'ils se promenaient sur le rivage, ils virent un homme accourir vers eux, et le prirent d'abord pour le patron de leur vaisseau venant les avertir de se préparer au passage ⁴; mais cet homme leur dit qu'il était clerc et doyen de l'église de Boulogne,

1. Stephanides, pag. 71.
2. Ibid., pag. 71 et 72.
3. Script. rer. fr., tom. XVI, pag. 613.
4. Tanquàm ad naulam exigendam properantem. (Ibid.)

et que le comte, son seigneur, l'envoyait les prévenir de ne point s'embarquer, parce que des troupes de gens armés se tenaient en observation sur la côte d'Angleterre [1], pour saisir ou tuer l'archevêque. « Mon fils, répondit Thomas au « messager, quand j'aurais la certitude d'être dé-« membré et coupé en morceaux sur l'autre bord, « je ne m'arrêterais point dans ma route. C'est as-« sez de sept ans d'absence pour le pasteur et pour « le troupeau [2]. » Les voyageurs s'embarquèrent; mais, pour tirer quelque profit de l'avertissement qu'ils venaient de recevoir, ils évitèrent d'aborder dans un port fréquenté, et prirent terre dans la baie de Sandwich, au lieu qui offrait le moins de distance de la mer à Canterbury [3].

Malgré leurs précautions, le bruit courut que l'archevêque avait débarqué près de Sandwich. Aussitôt le Normand Gervais, vicomte de Kent, se mit en marche vers cette ville avec tous ses hommes d'armes, accompagné de Renouf de Broc et de Regnault de Garenne, deux seigneurs puissants,

---

1. Provide tibi, parati sunt qui quærunt animam tuam, portus maris obsidentes, ut exeuntem a navi rapiant et trucident. (Script. rer. fr., tom. XVI, p. 613.)

2. Crede, fili, si membratim discerpendus sim..... sufficiat gregem absentiam pastoris sui luxisse septennium. (Ibid.)

3. (Ibid., tom. XIV, p. 465.)

1170. et les plus mortels ennemis de Becket [1]. Ce qu'il y a de remarquable, c'est qu'à la même nouvelle, les bourgeois de Douvres, hommes de race anglaise, prirent les armes de leur côté pour secourir l'archevêque, et que ceux de Sandwich s'armèrent aussi quand ils virent approcher les cavaliers normands [2]. « S'il a eu l'effronterie d'aborder, « disait le vicomte Gervais, je lui coupe la tête « de ma propre main [3]. » L'ardeur des Normands fut un peu ralentie par l'attitude du peuple; ils s'avancèrent cependant l'épée nue, et Jean, doyen d'Oxford, qui avait accompagné l'archevêque, courut au-devant d'eux en criant : Que « faites-vous? Remettez vos épées; voulez-vous « que le roi passe pour un traître [4]? » La multitude s'amassant, les Normands remirent l'épée au fourreau, se contentèrent de visiter les coffres de l'archevêque pour y chercher des brefs

---

1. Consilium inierunt inimici nostri cum officialibus regis.... arreptis armis satellites plurimi cum festinatione Sandwicum petierunt. (Script. rer. fr., t. XVI, p. 613—614.)

2. Audito armatorum adventu, homines de villa cucurrerunt ad arma, pro domino suo et pastore pugnare volentes. Idem fecerunt burgenses Dovoriæ. (Ibid.)

3. Palam minabatur, si fortè præsumeremus applicare, caput nobis amputaturum. (Ibid., p. 464.)

4. .... Verentes plebis impetum.... ne temeritas eorum dominum regem notâ proditionis inureret. (Ibid., p. 613.)

du pape, et retournèrent à leurs châteaux[1]. 1170.

Sur toute la route de Sandwich à Canterbury, les paysans, les ouvriers et les marchands vinrent au-devant de Thomas Becket, le saluant, criant et s'attroupant en grand nombre, mais, pas un riche, pas un personnage honoré, pas un homme de race normande ne félicitait l'exilé sur son retour[2]; au contraire, ils s'éloignaient des lieux de son passage, se cantonnaient dans leurs maisons fortes, et faisaient courir d'un château à l'autre le bruit, que Thomas Becket déchaînait les serfs des champs et les tributaires des villes, et qu'il les promenait à sa suite ivres de joie et de frénésie[3]. De sa ville métropolitaine, le primat se rendit à Londres pour saluer le fils de Henri II. Toute la bourgeoisie de la grande cité descendit dans les rues à son passage; mais un messager royal vint lui barrer le chemin, au nom du jeune roi, et lui signifier l'ordre formel de retourner à Canterbury, avec défense d'en sortir[4]. Dans ce mo-

1. Et fortassè vim parassent nisi eos compescuisset tumultus popularis. (Gerv. Dorob., apud script. rer fr., t. XVI, pag. 613.)

2. Rarus de numero divitum aut honoratorum visitator accedit. (Script. rer. fr., tom. XVI, p. 615.)

3. Stephanides, p. 73.

4. Denunciavit ei ne progrederetur, nec civitates aut cas-

30.

ment un bourgeois de Londres, enrichi par son commerce, malgré les exactions des Normands, s'avançait vers Becket, pour lui tendre la main. « Et vous aussi, lui dit le messager, vous allez « à l'ennemi du roi[1]...? »

L'archevêque reçut avec dédain l'injonction de retourner sur ses pas, et dit qu'il ne repartirait point s'il n'était d'ailleurs rappelé à son église par une grande solennité prochaine[2]. En effet le temps de Noël approchait; Thomas revint à Canterbury entouré de pauvres gens qui, à leur propre péril, s'armèrent d'écus et de lances rouillées et l'escortèrent. Ils furent plusieurs fois insultés par des hommes qui semblaient chercher l'occasion d'engager une querelle, afin de fournir aux soldats royaux un prétexte pour intervenir et tuer l'archevêque sans scandale au milieu du tumulte. Mais les Anglais essuyèrent toutes ces provocations avec un sang-froid imperturbable[3]. L'ordre signifié au primat de se renfermer dans l'enceinte des dépendances de son église fut publié à son

---

tella intraret, sed reciperet se cum suis infra ambitum ecclesiæ suæ... (Ibid., pag. 614.) — Rog. de Hoved., pag. 521.

1. Numquid tu venisti ad inimicum regis? redi ocyus.... (Vita quadripart., lib. III, cap. 9.)

2. Se nullatenùs regressurum...... nisi quia tunc solemnis urgebat dies. (Ibid.)

3. Stephanides, pag. 78.

de cor dans les villes comme édit de l'autorité publique; d'autres édits déclarèrent ennemi du roi et du royaume quiconque lui ferait bon visage[1], et un grand nombre de citoyens de Londres furent cités devant les juges normands pour répondre sur la charge de trahison envers le roi à cause de l'accueil fait à l'archevêque dans leur ville[2]. Toutes ces manœuvres des gens en pouvoir, firent pressentir à Thomas que sa fin était proche. Et il écrivit au pape pour lui demander de faire dire, à son intention, les prières des agonisants[3]. Il monta en chaire, et, devant le peuple assemblé dans la grande église de Canterbury, prononça un sermon sur ce texte : « Je « suis venu vers vous pour mourir au milieu de « vous[4]. »

Il faut dire que la cour de Rome, suivant sa politique constante de ne jamais laisser complètement s'éteindre les querelles où elle pouvait intervenir, après avoir envoyé à l'archevêque l'ordre d'absoudre les prélats qui avaient

1170.

1. Edicto publico.... quisquis ei vel alicui suorum faciem hilarem prætendebat, publicus hostis censebatur. (Rog. de Hoved., pag. 521.)

2. Judicio curiæ regis stare quod in occursum inimici regis processerunt. (Vita quadripar., lib. III, cap. 9.)

3. Sciebat quòd brevis foret vita ejus et mors in janua... (Rog. de Hoved., pag. 521.)

4. Venio ad vos mori inter vos. (Ibid.)

1170. sacré le fils du roi, lui avait donné de nouveau la permission d'excommunier le prélat d'York et de suspendre tous les autres [1]. C'était Henri II qui cette fois était joué par le pape, car il ignorait entièrement qu'à son départ pour l'Angleterre, Thomas fût muni de pareilles lettres [2]. Ce dernier s'était d'abord proposé de les employer comme un simple moyen comminatoire pour contraindre ses ennemis à capituler. Mais la crainte qu'on ne saisît ces papiers à son débarquement le décida plus tard à les faire partir avant lui [3]; et ainsi la lettre du pape et les nouvelles sentences d'excommunication devinrent trop tôt publiques; le ressentiment des évêques, frappés comme à l'improviste, s'irrita au-delà de toute mesure. Celui d'York et plusieurs autres se hâtant de passer le détroit, allèrent trouver Henri II en Normandie, et se présentant devant lui [4] : « Nous vous implorons, lui dirent-« ils, pour la royauté et pour le sacerdoce, pour « votre repos et le nôtre [5]. Il y a un homme qui

---

1. Script. rer. fr., tom. XVI, p. 616. — Vita quadripart., lib. III, cap. 4.

2. Script. rer. fr., tom. XVI, pag. 616.

3. Ut litteras quas impetravimus a majestate vestrâ, nobis auferret (Ibid, pag. 465)

4. Ibid

5 Pro regno et sacerdotio et pro ipsis.... (Ibid.)

« met l'Angleterre en feu; il marche avec des
« troupes de cavaliers et de piétons armés,
« devant et derrière lui, rôdant autour des for-
« teresses et cherchant à se les faire ouvrir [1]. »

En entendant cette relation exagérée, le roi fut saisi d'un de ces accès de colère frénétique auxquels il était sujet [2] : « Quoi! s'écria-t-il, un « misérable qui a mangé mon pain, un mendiant « qui est venu à ma cour sur un cheval boiteux, « et portant tout son bien derrière lui, insulte « son roi, la famille royale et tout le royaume, « et pas un de ces lâches chevaliers, que je « nourris à ma table, n'ira me délivrer d'un « prêtre qui me fait injure [3] ! » Ces paroles ne sortirent point en vain de la bouche du roi et quatre chevaliers ou hommes d'armes du palais, Richard le Breton, Hugues de Morville, Guillaume de Traci et Regnault, fils d'Ours, qui les entendirent, se conjurant ensemble à la vie et

1170.

1. Multo comitatu equitum peditumque præeuntium incedit, circumiens et quærens ut in præsidia recipiatur. (Ibid., p. 465.)

2. Solito furore accensus. (Ibid., pag. 519.)

3. Unus homo qui manducavit panem meum, unus homo qui in manicato jumento claudo prorupit in curiam, dehonestat totum genus regium, totum sine vindice conculcat regnum,...... se ignavos et ignobiles homines nutrivisse.... qui ipsum de sacerdote uno non vindicarent. (Vita quadripart., lib. III, cap. 11.)

1170. à la mort, partirent subitement pour l'Angleterre le jour de Noël [1]. On ne s'aperçut point de leur absence, la cause n'en fut nullement soupçonnée, et même, pendant qu'ils galopaient en toute hâte vers la mer, le conseil des barons de Normandie, assemblé par le roi, nomma trois commissaires chargés d'aller saisir légalement et emprisonner Thomas Becket comme prévenu de haute trahison [2]; mais les conjurés qui avaient les devants ne laissèrent rien à faire aux commissaires royaux.

Cinq jours après la fête de Noel, les quatre Normands arrivèrent dans la ville de Canterbury. Cette ville était alors toute en rumeur pour de nouvelles excommunications que venait de prononcer l'archevêque contre des hommes qui l'avaient insulté, et notamment contre Renouf de Broc, qui s'était diverti à mutiler un de ses chevaux en lui coupant la queue [3]. Les quatre chevaliers entrèrent à Canterbury avec une troupe de gens d'armes qu'ils avaient rassemblé dans les châteaux sur leur

---

1. Richardus Brito... Reginaldus filius Ursi... juramento se constrinxerunt. (Script. rer. fr., tom. XVI, pag. 615.)

2. Stephanides, p. 79.

3. Qui die præcedenti amputaverat caudam sumarii sui. (Rog. de Hoved., pag. 521.)

route[1]. Ils requirent d'abord l'officier municipal de la ville, que les Normands appelaient le *maire*, et qui peut-être était alors un homme de race anglaise, de faire marcher les citoyens en armes pour le service du roi à la maison de l'archevêque ; le maire refusa, et les Normands lui enjoignirent de prendre au moins ses mesures pour que de tout le jour aucun bourgeois ne remuât quoi qu'il pût arriver[2]. Ensuite les quatre conjurés, avec douze de leurs amis, se rendirent à la maison et à l'appartement du primat[3].

Thomas Becket venait d'achever son repas du matin et ses serviteurs étaient encore à table ; il salua les Normands à leur entrée et demanda le sujet de leur visite. Ceux-ci ne lui firent aucune réponse intelligible, s'assirent, et le regardèrent fixement pendant quelques minutes[4]. Regnault, fils d'Ours, prit ensuite la parole : « Nous venons, dit-il, de la part du roi pour « que les excommuniés soient absous, que « les évêques suspendus soient rétablis, et que « vous-même donniez raison de vos desseins

---

1. Vita Thomæ quadripart., lib. III, cap. 12.
2. Willelmus Stephanides, p. 81.
3. Ibid.
4. Per moram aliquantulam oppresserunt silentio... (Vita quadripart., lib. III, cap. 13.)

« contre le roi[1]. — Ce n'est pas moi, répondit
« Thomas, c'est le souverain pontife lui-même
« qui a excommunié l'archevêque d'York, et qui
« seul, par conséquent, a droit de l'absoudre.
« Quant aux autres, je les rétablirai, s'ils veulent
« me faire leur soumission[2]. — Mais de qui donc,
« demanda Regnault, tenez-vous votre archevê-
« ché, est-ce du roi ou du pape? — J'en tiens
« les droits spirituels de Dieu et du pape, et les
« droits temporels du roi. — Quoi, ce n'est pas
« le roi qui vous a tout donné? — Aucunement,
« répondit Becket[3]. » Les Normands murmurèrent à cette réponse, traitèrent la distinction
d'argutie, et firent des mouvements d'impatience, s'agitant sur leurs siéges, et tordant leurs
gants qu'ils tenaient à la main[4]. « Vous me me-
« nacez, à ce que je crois, dit le primat, mais
« c'est inutilement : quand toutes les épées de
« l'Angleterre seraient tirées contre ma tête,
« vous ne gagneriez rien sur moi[5]. — Aussi fe-
« rons-nous mieux que menacer », répliqua le
fils d'Ours, se levant tout à coup, et les autres
le suivirent vers la porte en criant aux armes!

1. ....Et quæ in regiam majestatem peccasti emendaturus. (Ib.)
2. Vita quadripart., lib. III, cap. 14.
3. Willelmus Stephanides, pag. 82.
4. Chirotecas retorquentibus, brachia furiosè jactantibus.
(Vita quadripart., lib. III, cap. 14.)
5. Willelmus Stephanides, p. 82.

La porte de l'appartemment fut fermée aussitôt derrière eux; Regnault s'arma dans l'avant-cour, et prenant une hache des mains d'un charpentier qui travaillait, il frappa contre la porte pour l'ouvrir ou la briser[1]. Les gens de la maison, entendant les coups de hache, supplièrent le primat de se réfugier dans l'église, qui communiquait à son appartement par un cloître ou une galerie; il ne le voulut point, et on allait l'y entraîner de force[2], quand un des assistants fit remarquer que l'heure de vêpres avait sonné. « Puisque c'est l'heure de mon devoir, j'irai à « l'église », dit l'archevêque, et faisant porter sa croix devant lui, il traversa le cloître à pas lents, puis marcha vers le grand autel, séparé de la nef par une grille de fer entr'ouverte[3]. A peine il avait le pied sur les marches de l'autel, que Regnault, fils d'Ours, parut à l'autre bout de l'église revêtu de sa cotte de mailles, tenant à la main sa large épée à deux tranchants et criant : « A moi, à moi, loyaux servants du roi[4]. » Les autres conjurés le suivirent de près, armés comme lui de la tête aux pieds et brandissant leurs

1170.

1. Willelmus Stephanides, p. 83.
2. Invitum educere satagebant.... (Vita quadripart., lib. III, cap. 15.)
3. Lento passu postremo vadit (Ibid.)
4. Willelmus Stephanides.

épées[1]. Les gens qui étaient avec le primat voulurent alors fermer la grille du chœur, lui-même le leur défendit, et quitta l'autel pour les en empêcher; ils le conjurèrent avec de grandes instances de se mettre en sûreté dans l'église souterraine ou de monter l'escalier par lequel, à travers beaucoup de détours, on parvenait au faîte de l'édifice. Ces deux conseils furent repoussés aussi positivement que les premiers[2]. Pendant ce temps, les hommes armés s'avançaient; une voix cria : « Où est le traître? » Becket ne répondit rien. « Où est l'archevêque? « — Le voici, répondit Becket, mais il n'y a « pas de traître ici; que venez-vous faire dans la « maison de Dieu avec un pareil vêtement, quel « est votre dessein[3]? — Que tu meures. — Je « m'y résigne; vous ne me verrez point fuir de-« vant vos épées; mais, au nom de Dieu tout-« puissant, je vous défends de toucher à aucun « de mes compagnons, clerc ou laïc, grand ou « petit[4]. » Dans ce moment il reçut par derrière un coup de plat d'épée entre les épaules, et

1. In dextris strictos gladios vibrabant. (Vita quadripart., lib. III, cap. 17.)

2. Ibid., cap. 16, 17.

3. Ubi est ille proditor ?... Ecce ego. (Ibid., cap. 17.)

4. ... Prohibeo ex parte omnipotentis Dei.... ne alicui sive clerico sive laico, sive majori sive minori in aliquo noceatis. (Ibid.)

celui qui le lui porta lui dit : « Fuis, ou tu es 1170.
mort.¹ » Il ne fit pas un mouvement; les hommes
d'armes entreprirent de le tirer hors de l'église se
faisant scrupule de l'y tuer. Il se débattit contre
eux et déclara fermement qu'il ne sortirait point,
et les contraindrait à exécuter sur la place
même leurs intentions ou leurs ordres². Guillaume de Traci leva son épée, et d'un même coup
de revers trancha la main d'un moine saxon appelé
Edward Gryn, et blessa Becket à la téte³. Un second coup, porté par un autre Normand, le renversa la face contre terre; un troisième lui fendit
le crâne, et fut asséné avec une telle violence,
que l'épée se brisa sur le pavé⁴. Un homme
d'armes, appelé Guillaume Mautrait, poussa du
pied le cadavre immobile, en disant : « Qu'ainsi
« meure le traître qui a troublé le royaume et fait
« insurger les Anglais⁵ ».

1. Fuge, mortuus es... (Vita quadripart., l. III, cap. 7.)
2. Hic mihi faciatis quæ facere vultis... (Ibid., cap. 17.)
3. Brachium cujusdam clerici qui dicebatur Edwardus
Grim fere abscidit. (Rog. de Hoved., p. 521—522.)—Edwardus Grync. (Vita quadripart., cap. 18.)
4. .... Gladio in pavimento marmoreo confracto. (Ibid.)
5. Willelmus Maltret percussit eum, pede, sanctum
   Defunctum, dicens : Pereat nunc proditor ille
   Qui regem regnumque suum turbavit, et omnes
   Angligenas adversus eum consurgere fecit.
         (Guil. Neubrig, edit Hearnii, in notis, p 703.)

1170.   Un historien rapporte qu'en effet les habitants saxons de Canterbury se soulevaient et se rassemblaient tumultueusement dans les rues[1]. Un moine saxon eut la main coupée en l'étendant pour préserver Becket, et la mort du primat, selon des bruits populaires, fut révélée, dans l'instant même, au Saxon Godric, fils d'Ailric, qui menait la vie d'anachorète sur les bords de la rivière de Wear, à la distance de plus de deux cents milles[2]. Un édit de l'autorité normande défendit, sous des peines sévères, à qui que ce fût, de prêcher dans les églises, ou de répandre dans les lieux publics que Becket était un martyr[3]. L'archevêque d'York monta en chaire pour annoncer sa mort comme une vengeance divine, disant qu'il avait péri comme Pharaon dans son crime et dans son orgueil[4]. D'autres évêques prêchèrent que le corps du traître ne devait pas reposer en terre sainte, et qu'il fallait le jeter dans le bourbier le plus infect, ou le laisser

[1]. Concurrentem undique utriusque sexûs multitudinem. (Rog. de Hoved., p. 522.)

[2]. Eodem die passio beati Thomæ revelata est B. Godrico anachoritæ per Spiritum sanctum. (Ibid.)

[3]. Inhibuerunt nomine publicæ potestatis ne miracula quæ fiebant quisquam publicare præsumeret. (Epist. Jo. Sarisb., apud script. rer. fr., tom. XVI, p. 918.)

[4]. Ibid., p. 639, 620.

pourrir au gibet [1]. Il y eut même une tentative faite par des gens armés pour enlever aux clercs de Canterbury le cadavre de l'ennemi des Normands; mais ceux-ci furent avertis, et l'enfouirent précipitamment dans le souterrain de leur église [2].

1170.

Ces efforts des hommes puissants en Angleterre pour persécuter jusqu'au-delà du tombeau celui qui avait osé leur tenir tête, rendirent sa mémoire plus chère encore à la population opprimée; elle en fit un saint, et dès le moment de sa mort, Becket opéra, comme autrefois Waltheof, sans l'aveu de l'église romaine, des miracles visibles pour les imaginations anglaises [3]. Il s'écoula deux années entières avant que le nouveau saint fut reconnu et canonisé à Rome, et durant tout ce temps, ce fut au péril de la corde et du fouet que de pauvres prêtres de village le nom-

1171 à 1173.

---

1. Dicentium corpus proditoris inter sanctos pontifices non esse humandum, sed projiciendum in paludem viliorem aut suspendendum esse patibulo. (Ibid., p. 618.)

2. Eum in crypta, priusquam satellites qui ad sacrilegia perpetranda convocati fuerant... sepelierunt. (Ibid.)

3. Miracula, confluentibus populis.... miratur supra modum cur eum Do. papa in martyrem recipi non præceperit.... (Script. rer. fr., tom. XVI, p. 618, 619.) — Voyez livre V, ci-dessus.

mèrent dans leur messe et que de pauvres femmes visitèrent le lieu de sa mort[1]. Enfin, à la suite de graves négociations, qui seront détaillées plus tard, l'antorité anglo-normande reconnut officiellement la sainteté du plus grand ennemi qu'elle eût encore eu depuis la conquête. Mais, si des raisons politiques et purement indépendantes du plus ou du moins de mérite religieux de Thomas de Canterbury n'avaient engagé la cour de Rome à le canoniser, si de riches et puissants personnages de France, dans le seul désir de causer des mortifications au roi d'Angleterre, n'avaient sollicité l'apothéose de celui que les Normands avaient tué, si des autels brillants d'or ne lui eussent point été dressés par la rivalité nationale dans les églises de cette même France où il avait mendié son pain, son nom, célèbre dans tant de contrées, n'aurait peut-être pas survécu à la génération de serfs anglais qu'il agita sans nul profit pour elle, en lui faisant concevoir des espérances qu'il ne pouvait ni ne voulait réaliser.

Une chose digne de remarque, c'est que le seul primat de race normande qui avant l'Anglais Becket eût eu quelques démêlés avec les

1. Script. rer. fr , tom. XVI, p. 618, 633.

hauts personnages créés par la conquête, était un ami des Saxons, et peut-être le seul ami qu'ils aient trouvé parmi la race de leurs vainqueurs. Ce fut Anselme, le même qui avait plaidé contre Lanfranc la cause des saints de la vieille Angleterre [1]. Anselme, devenu archevêque, tenta de relever l'ancienne coutume des élections ecclésiastiques contre le droit absolu de nomination royale, introduit par Guillaume-le-Conquérant. Il eut à combattre à la fois Guillaume-le-Roux, tous les évêques d'Angleterre, et le pape Urbain qui soutenait le roi et les évêques [2]. Persécuté en Angleterre et condamné à Rome, il fut contraint de fuir en France, et de son exil il écrivait ce que Becket écrivit après lui : « Rome « aime mieux l'argent que la justice, et n'y a « point de recours auprès d'elle pour qui n'a « pas de quoi la payer [3]. » Après Anselme, vinrent des archevêques plus dociles aux traditions de la conquête, Raoul, Guillaume de Corbeil, et Thibaut, le prédécesseur de Thomas. Aucun d'eux n'essaya d'entrer en opposition avec le pouvoir royal, et le bon accord régna, comme au temps de l'invasion, entre l'empire et le sa-

1092
à
1176.

---

1. Voyez livre VII, pag. 28.
2. Eadmeri, hist. novorum, p. 21-32.
3. Ibid., pag. 32.

cerdoce, jusqu'au moment fatal où un Anglais de naissance obtint la primatie.

Un fait assez remarquable, c'est que peu d'années après la mort de Thomas Becket, il s'éleva dans le pays de Galles un prêtre qui, à son exemple, mais par des motifs plus clairement nationaux, et avec une fin moins tragique, lutta contre Henri II, et surtout contre Jean, son fils, et son second successeur. En l'année 1176, le clergé de l'ancienne église métropolitaine de Saint-David, dans la province de Pembroke, choisit pour évêque, sauf l'approbation définitive du roi d'Angleterre, Girauld Barry, archidiacre, fils d'un Normand, et petit-fils d'un Normand et d'une Galloise [1]. Les prêtres de Saint-David arrêtèrent leur choix sur ce candidat d'origine mixte, parce qu'ils savaient positivement, dit Girault Barry lui-même, que jamais le roi ne souffrirait qu'un Cambrien de race pure devînt le chef de la principale église du pays de Galles [2]. Cette modération fut inutile et le seul choix d'un homme né dans ce pays, et

1. Girald. Cambrensis, De rebus à se gestis; in Angliâ sacrâ, tom. II.

2. Quòd rex Anglorum de gente sibi inimicissimâ, scilicet Wallensi, in principali ecclesiâ Walliæ prælatum fieri nullatenùs admitteret. (Ejusd. de statu Menev. Eccles. Angl. sacr., tom. II, pag. 521)

Gallois par son aïeule, fut regardé comme un acte d'hostilité flagrante envers l'autorité étrangère[1]. Les biens de l'église de Saint-David furent séquestrés, et les principaux clercs de cette église cités devant le roi Henri en personne, à son château de Winchester[2].

Henri leur demanda avec menaces comment, d'eux-mêmes et sans son ordre, ils avaient la hardiesse non-seulement de choisir un évêque, mais de s'occuper d'élections; puis, dans sa propre chambre à coucher, il leur enjoignit de choisir, sur l'heure, un moine normand appelé Pierre, qu'ils ne connaissaient point, qu'on ne leur amena point, et dont on leur dit seulement le nom[3]. Ils le choisirent tout tremblants et retournèrent dans leur pays, où peu de temps après arriva l'évêque Pierre, escorté de nombreux valets et d'hommes et de femmes de sa famille à qui il distribua les possessions territoriales de l'églis de Saint-David[4]. Il imposa la taille aux

---

1. Ibid.

2. Rebus et redditibus suis per ministros regios spoliati.... (Ibid., p. 522.)

3. ... Vel etiam ad tractandum de electione processissent.. in castello et camerâ regis coram lecto ipsius monachum quemdam sibi ex parte regis nominatum tremulis vocibus elegerunt. (Anglia sacra, tom. II, p. 536.)

4 ... Terras fertiles servientibus suis dedit; cuncta quæ

1176 à 1184 prêtres de cette église, prit la dîme de leurs bestiaux, et exigea de tous ses diocésains des aides extraordinaires et des présents aux quatre grandes fêtes de l'année [1]. Il vexa si cruellement les habitants de la contrée, que, malgré le danger qu'il y avait à courir en résistant à un évêque imposé par les Anglo-normands, ils le chassèrent de son église, après avoir souffert huit ans [2].

Pendant que l'élu de Henri II pillait l'église de Saint-David, l'élu des prêtres de Saint-David était proscrit et exilé en France sans nul appui, parce qu'aucun roi ne pensait qu'en protégeant un évêque obscur du petit pays de Galles, il ferait grand tort au roi d'Angleterre. Girauld, privé de toute ressource à l'étranger, se vit contraint de retourner dans son pays malgré le danger qu'il devait y courir, et sur le point de quitter Paris, il alla prier à la chapelle que le roi Philippe, deuxième du nom, avait consacrée à la mémoire de Thomas Becket dans l'église de Saint-Germain-l'Auxerrois [3]. Arrivé en Angle-

illi in manus obvenerunt in Angliam transmittebat. (Ibid., p. 528.)

1. Clericis grave tallagium adjecit... munera more cardinalium.. (Ibid., pag. 528-532.)
2. Ibid.
3. Ibid., tom. II, pag. 479.

terre, il ne reçut point de mauvais traitements, grace à son impuissance, et même, par une négociation privée avec le prélat normand que les Gallois avaient chassé de Saint-David, il fut chargé, par interim, et comme simple vicaire, des fonctions épiscopales. Mais il y renonça bientôt par dégoût des contrariétés que lui suscitait le titulaire normand, qui, chaque jour, lui envoyait l'ordre d'excommunier quelqu'un de ses propres partisans et de ses amis les plus chers[1]. C'était le temps où les Normands d'Angleterre venaient d'entreprendre la conquête de l'Irlande. Ils offrirent à Girauld, qu'ils ne voulaient pas laisser devenir évêque dans son pays natal, trois évêchés et un archevêché dans le pays des Irlandais[2]; mais Girauld, quoique petit-fils de l'un des conquérants de la Cambrie, ne consentit point à devenir, pour un peuple étranger, un instrument d'oppression. « Je refusai, dit-il « dans le récit de sa propre vie, parce que les « Irlandais, de même que les Gallois, n'accepte- « ront ni ne prendront jamais pour évêque, à « moins d'y être contraints par violence, un « homme né hors de chez eux[3]. »

1. Anglia sacra, tom. II.
2. In Hiberniâ tres episcopatus et achiepiscopatus unus (Ibid., p. 614.)
3. Quòd nunquam ab Hibernicis ac etiam Wallensicis

En l'année 1198, sous le règne de Jean, fils de Henri II, l'évêque normand de Saint-David mourut en Angleterre, et alors le chapitre gallois, par un acte unanime de volonté et de courage, sans attendre l'ordre du roi d'Angleterre, s'occupa d'élection, et nomma, pour la seconde fois, son ancien élu, Girauld Barry [1]. A cette nouvelle, le roi Jean entra dans une colère violente. Il fit déclarer l'élection nulle par l'archevêque de Canterbury, en vertu de ce prétendu droit de suprématie religieuse sur toute la Bretagne que, six cents ans auparavant, les Cambriens avaient refusé si énergiquement de reconnaître dans la personne du moine Augustin, l'apôtre des Anglo-saxons [2]. L'élu de Saint-David nia cette suprématie, déclarant que son église était, de toute antiquité, métropolitaine et libre, sans sujétion envers aucune autre, et que, par conséquent, aucun primat n'avait le pouvoir de le révoquer [3]. Tel avait été, en effet, avant la conquête du pays de Pembroke sous le règne de Henri Ier, le droit de l'église de Saint-David, et

---

alienigena quivis nisi per publicæ potestatis violentiam....
(Ibid. Girald. Cant., de rebus a se gestis, p. 614.)

1. Anglia sacra, tom. II, p. 615.
2. Voyez livre Ier, tom I.
3. Nullâ penitus alii factâ ecclesiæ professione vel subjectione. (Anglia sacra, tom. II, p. 534.)

l'une des premières opérations de l'autorité normande fut d'anéantir cette prérogative, et d'étendre sur les Cambriens l'unité ecclésiastique établie en Angleterre comme un frein pour les Anglo-saxons. « De ma vie je ne souffrirai, disait Henri Ier, que les Gallois aient un archevêque[1]. »

Ainsi la querelle de privilége ecclésiastique élevée entre Girauld et le siége de Canterbury, n'était autre chose qu'une des faces de la grande question de l'asservissement du pays de Galles. Une bonne armée pouvait seule trancher le différend, et Girauld n'avait point d'armée. Il se rendit à Rome auprès du pape, recours ordinaire des hommes qui n'en avaient plus d'autre, et il trouva à la cour pontificale un commissaire du roi d'Angleterre, qui l'avait devancé, chargé de présents magnifiques pour le pontife et les cardinaux [2]. Mais l'élu de Saint-David n'apportait avec lui que de vieux titres vermoulus, et les supplications d'un peuple qui n'avait jamais été riche[3].

En attendant que l'ambassadeur du roi Jean,

---

1 Usque ad plenam quæ per Henricum primum facta est Cambriæ subjectionem... (Anglia sacra, tom. II, p. 534.) — Quod nunquàm id tempore suo rex permitteret. Ibid., p. 475

2. Ibid., pag. 555.

3. Curia Romana quam corrumpi (quod absit) posse putabat. (Ibid, p 568—578.)

1198 à 1203. Regnault Foliot (qui par hasard portait le même nom que l'un des ennemis mortels de Thomas Becket) fit prononcer par le conclave, que dans aucun temps il n'y avait eu d'archevêque à Saint-David; tout ce que cette église possédait encore, et les propres biens de Girauld Barry furent confisqués [1]. Des proclamations déclarèrent traître au roi le soi-disant élu des Cambriens, le téméraire qui voulait soulever contre le roi ses sujets du pays de Galles [2]. Raoul de Bienville, bailli de Pembroke, homme doux, et qui ménageait les vaincus, fut destitué de sa charge, et un certain Nicolas Avenel, connu pour son caractère féroce, vint d'Angleterre le remplacer [3]. Cet Avenel publia une adresse aux Gallois, conçue dans les termes suivants : « Sachez tous que Girauld, l'archi« diacre, est ennemi du roi, et agresseur de la cou« ronne ; et, que si l'un de vous ose entretenir « quelque correspondance avec lui, sa maison, « sa terre et ses meubles seront livrés au premier « occupant [4]. » Dans l'intervalle de trois voyages

1. Anglia sacra, tom. II, p. 555.

2. Qui se gerebat electum per Wallenses... ut totam simul Walliam contra regem excitaret... (Ibid.)

3. Ut atrociùs ageret, quoniam crudelis extiterat. (Ibid., pag. 566.)

4. ... Coronæ impugnatorem... alioqui dòmus vestras et catalla omni occupanti exponemus.. (Ibid.)

que Girauld fit à Rome, et entre lesquels il fut obligé de se tenir caché par prudence, on lui signifia, à son ancien domicile, des avis menaçants, dont l'un portait ce qui suit : « Nous t'or-« donnons et te conseillons, si tu aimes ton « corps et tes membres, de ne tenir ni chapitre « ni synode en aucun lieu de la terre du roi ; et « tiens-toi pour averti que ton corps avec tout ce « qui t'appartient, en quelque endroit qu'on le « trouve, sera mis à la merci du seigneur-roi, « et sous bonne garde [1]. »

1198 à 1203.

Après cinq années, pendant lesquelles la cour de Rome, suivant sa politique ordinaire, préluda à son arrêt définitif par des décisions flottantes et successivement contraires et favorables aux deux partis [2], Girauld fut formellement condamné sur le témoignage de quelques Gallois que la pauvreté et la peur forcèrent de se vendre aux Normands, et que Regnault Foliot conduisit à Rome, avec grand appareil, pour y témoigner contre leur propre pays [3]. La terreur

1203.

1. Tibi mandamus et consulimus, sicut omnia tua diligis et corpus tuum... et corpus tuum ubicumque inventum fuerit, in potestate domini regis capi, et salvò custodiri faciam. (Ibid., p. 556, 557.)
2. Ibid., pag. 561.
3. Testium multitudinem de garcionibus et ribaldis... (Ibid., p. 576.)

1203. poussa même à la fin les membres du chapitre de Saint-David à délaisser l'évêque de leur choix et à reconnaître la suprématie d'une métropole étrangère. Lorsque Girauld Barry, après sa destitution, revint dans le pays, personne n'osait lui ouvrir sa porte; et l'on fuyait comme un pestiféré l'homme mis au ban des conquérants[1]. Ces derniers ne lui firent pas éprouver le sort de Thomas Becket; et il fut seulement cité devant un synode d'évêques pour être censuré et recevoir son arrêt de dégradation canonique. Les prélats normands prirent plaisir à lui adresser des railleries sur ses grands travaux et leur peu de succès. « Bien fou vous étiez, lui dit l'évêque « d'Ély, de tant vous donner de peines pour « procurer aux gens un bien dont ils ne se « souciaient pas, et les rendre libres malgré eux; « car vous voyez qu'aujourd'hui ils vous désa- « vouent[2]. — Il est vrai, répliqua Girauld, et « j'étais loin de m'y attendre. Je ne pensais « pas que les clercs de Saint-David qui, il y a « si peu d'années, étaient membres d'une nation « libre, fussent capables de plier sous le joug

[1]. Capitulum ex toto corruptum tam minis quàm muneribus. (Anglia sacra, tom. II, p. 565.)—Nec cives hospitio, nec canonici alloquio susciperent. Ibid., p. 603

[2]. Ingratis beneficium dare et invitos a servitute eripere. (Ibid., p. 565.)

« comme vos Anglais qui sont depuis long-temps
« serfs et subjugués, et pour qui leur servitude
« est devenue une seconde nature¹. »

Girauld Barry renonça aux affaires, et se livrant tout entier à l'étude des lettres, sous le nom de Girault le Cambrien ², fit, comme écrivain élégant, plus de bruit dans le monde qu'il n'en avait fait comme antagoniste du pouvoir. En effet, bien peu de gens en Europe, au XIIe siècle, s'intéressaient à ce qu'un dernier reste de l'antique population des Celtes ne perdît point entièrement son indépendance religieuse et civile. Il n'existait guère alors parmi les étrangers de sympathie pour un pareil malheur : mais, au sein même du pays de Galles, dans la portion de territoire où la terreur des lances normandes n'avait pas encore pénétré, les travaux de Girauld, pour la patrie galloise, étaient un sujet d'entretien et d'éloges pour tout le monde. « Notre pays, disait le chef de Powis dans une
« assemblée politique, a soutenu de grands com-
« bats contre les hommes de l'Angleterre ; cepen-
« dant jamais aucun de nous n'a tant fait contre

---

1. Qui originali gaudebant libertatis honore, sicut et gens sua tota... de Anglicis qui servi sunt olim atque subacti et jam quasi naturaliter servi... q' æ conditio tanquàm in naturam converti potuit. (Ibid.)

2. Giraldus Cambrensis, souvent. cité plus haut.

« eux que l'élu de Saint-David; car il a tenu tête à
« leur roi, à leur primat, à leurs clercs et à eux
« tous, pour l'honneur du pays de Galles¹. » A
la cour de Lewellyn, chef de toute la Cambrie
septentionale, dans un festin solennel, un barde
se leva, et prit une harpe pour célébrer le dévouement de Girauld, à la cause de Saint-David
et du peuple gallois². « Tant que durera notre
« pays, dit le poète, en vers improvisés, que sa
« noble audace soit rappelée par la plume de
« ceux qui écrivent, et par la bouche de ceux
« qui chantent³. »

On a raison de sourire aujourd'hui de toutes
ces querelles entre rois et évêques qui firent
tant de fracas dans des siècles moins éclairés que
le nôtre; mais il faut reconnaître que parmi
ces disputes, un petit nombre, au moins, furent
profondément sérieuses. A cette chancellerie romaine, centre de la diplomatie du moyen âge,

---

1 Qui regem et archiepiscopum totumque simul Angliæ clerumque et populum propter honorem Walliæ tantis
nisibus et tam continuis molestare non destitit. (Anglia
sacra, tom. II, p. 559.)

2. Jura Sancti Davidis contra Angliam totam... (Ibid.)

3. Quandiù Wallia stabit, nobile factum ejus et per his-
torias scriptas et per ora canentium dignis laudibus effe-
retur. (Ibid.)

parvinrent souvent des pétitions fondées sur la justice et sur des intérêts véritablement nationaux ; mais celles-là, il faut le dire, furent rarement jugées dignes d'être l'objet d'une bulle pontificale. Ni bulle ni bref du pape Alexandre III ne vinrent menacer Henri II, quand huit chefs gallois en appelèrent à ce pape, contre les bandits étrangers, que les rois d'Angleterre cantonnaient chez eux, sous le nom de prêtres et d'évêques. « Ces évêques, venus d'un autre
« pays, disaient les chefs dans leur supplique,
« nous haissent, nous et notre patrie ; ils sont
« nos ennemis mortels, peuvent-ils s'intéresser
« au bien de nos âmes ? [1]. On les a placés
« chez nous comme en embuscade pour nous
« décocher le trait par derrière et nous excom-
« munier au premier ordre qu'ils reçoivent [2].
« Chaque fois que se prépare en Angleterre une
« expédition contre nous, soudain le primat de
« Canterbury met en interdit le territoire qu'on se
« propose d'envahir [3] ; et nos évêques, qui sont ses

1. Nec terras nostras neque nos diligunt; sed sicut innato odio corpora persequuntur, nec animarum lucra quærunt. (Anglia sacra, tom. II, p. 574.)

2. Ut quasi Parthicis a tergo et a longè sagittis nos, quoties jubentur, excommunicare possent. (Ibid.)

3. Quoties Anglici in terram nostram et nos insurgunt, statim... (Ibid.)

« créatures, lancent l'anathème contre le peuple
« en masse, et nominativement contre les chefs
« qui se lèvent pour combattre à sa tête[1]. Ainsi
« tous ceux d'entre nous qui périssent pour la
« défense de la patrie, meurent excommuniés[2]. »

Qu'on se représente, dans un temps ou la foi au catholicisme régnait d'un bout de l'Europe à l'autre, l'horreur d'une situation semblable, et l'on comprendra quelle affreuse machine de servitude tenaient en main les conquérants chrétiens qui conduisaient une réserve de gens d'église à la suite de leurs bataillons. Alors on concevra sans peine que des hommes de cœur et de sens aient pu s'adresser au pape, le supplier, et espérer en lui ; on concevra que des hommes, qui n'étaient ni prébandiers ni moines, aient pu se réjouir, au moyen âge, de voir ceux qui écrasaient les peuples sous les pieds de leurs chevaux de bataille, appelés eux-mêmes à rendre compte devant un pouvoir trop souvent leur complice en tyrannie et en mépris des hommes. Alors on plaindra moins

---

[1]. Nos qui pro patriâ solùm et libertate tuendâ pugnamus, nominatim et gentem sententiâ excommunicationis involvunt... (Anglia sacra, tom. II, p 574.)

[2]. Quoties conflictibus bellicis pro patriâ tuendâ cum gente inimicâ congredimur, quicumque ex parte nostrâ ceciderint, excommunicati cadunt. (Ibid.)

ces grands du siècle, quand, par hasard, viendra tomber sur leur cuirasse, à double tissu de mailles, la flèche de l'excommunication ; car bien plus souvent ils la trouvaient prête à frapper pour leur profit, et à leur premier signe, des populations désarmées ; quand une fois ils avaient planté dans le champ d'autrui leur lance à banderole, ils faisaient proclamer, contre tout défenseur de l'héritage paternel, la mort dans cette vie par l'épée, et dans l'autre par la damnation. Sur le corps des mourants, ils tendaient la main au souverain pontife ; et, partageant avec lui la dépouille des peuples vaincus, ils alimentaient, par des tributs volontaires, ces foudres ecclésiastiques, qui parfois les effleuraient eux-mêmes, mais qui, lancés pour leur service, atteignaient sûrement et mortellement.

FIN DU LIVRE IX ET DU TOME II.

TABLE

CHRONOLOGIQUE ET ANALYTIQUE DU TOME SECOND.

LIVRE V.

DEPUIS LA FORMATION DU CAMP DU REFUGE DANS L'ÎLE D'ELY JUSQU'AU SUPPLICE DU DERNIER CHEF SAXON.

1070—1076.

Dates des faits.

1070 à 1071.   Anglais émigrés en Grèce. — Anglais réfugiés dans les forêts. — Terreur générale en Angleterre. — Camp du refuge. — Contributions patriotiques des gens d'église.......... Pages 1 à 11.

1071.   Arrivée de trois légats pontificaux. — Destitution des évêques et des abbés de race anglaise. — Lanfranc, archevêque de Canterbury. — Misérable état des églises d'Angleterre.... 11 à 19.

1071 à 1072.   Établissement de la primatie de Canterbury. — Soumission de l'archevêque d'York à celui de Canterbury.—Intrusion d'évêques de race étrangère. — Caractère des nouveaux évêques. — Les plaintes des Anglais parviennent à Rome.— Les Normands sont justifiés par le pape. – Ré-

1071 a 1072. ponse d'un moine normand au roi Guillaume. — Désintéressement de Guimond, moine de Normandie.................... 19 à 33.

Les saints de race anglaise sont attaqués par les Normands. — Insurrection conduite par trois prélats anglais. — Les lois d'Edward sont confirmées par le roi Guillaume. — Peu d'importance de cette concession. — La persécution recommence.................... 33 à 44.

1072 Paul, abbé de race normande. — Nouveaux réfugiés au camp d'Ély. — Mort d'Edwin. — Ives Taille-bois, chef angevin. — Caractère d'Ives Taille-bois. — Moines angevins établis à Spalding. — Hereward, chef de partisans saxons. — Chevalerie anglo-saxonne. — Turauld, abbé normand, vient à Peterboroug. — Nouvelle alliance des Anglais avec les Danois. — Attaque du camp d'Ély par les Normands. — Exploits de Hereward le Saxon. — Défaite des insurgés, trahison des moines d'Ély.............. 44 à 65.

1072 à 1073 Paix entre les Normands et le roi d'Écosse. — Destitution de Gospatric. — Promotion de Waltheof. — Guerre contre les Manceaux. — Troisième soumission du roi Edgar...... 65 à 74.

1074 Femmes anglaises réfugiées dans les cloîtres. — Mariage conclu malgré l'ordre du roi. — Festin de noces à Norwich. — Conjuration de Normands et d'Anglais contre le roi. — Défaite des conjurés. — Proscription de Raulf de Gaël et jugement de Roger, comte de Hereford. — Ruine

1074   de la famille de Guillaume, fils d'Osbert. — Accusation de Waltheof.... ...... 74 à 90

1075   Supplice de Waltheof.............. 90, 91.

1075 à 1076. Waltheof honoré comme martyr.— Judith la Normande, veuve de Waltheof.—Wulfstan, dernier évêque de race anglo-saxonne. — Croyance superstitieuse provenant d'esprit national. 91 à 99.

LIVRE VI.

DEPUIS LA QUERELLE DU ROI GUILLAUME AVEC SON FILS AÎNÉ ROBERT, JUSQU'AU DERNIER PASSAGE DE GUILLAUME SUR LE CONTINENT.

1077 — 1087.

1077 à 1079 Querelle entre le roi Guillaume et son fils Robert. —Robert demande le duché de Normandie. — — Voyages de Robert. — Le roi Guillaume maudit son fils................. 100 à 109.

1079 à 1080. Vaulcher, évêque et comte de Northumberland. — Meurtre du comte évêque; dévastation du Northumberland. — État misérable des provinces du nord............... 109 à 114.

1080 à 1082 Outlaws, Anglo-saxons. — Eudes, évêque de Bayeux. — Arrestation de l'évêque Eudes. .... 114 à 119.

1082   Toustain, abbé de Glastonbury. — Moines saxons tués et blessés................. 119 à 121.

1083 à 1086 Division d'intérêts entre le roi et les Normands.

1083 à 1086. — Grande enquête sur l'état de la propriété territoriale. — Recensement des propriétaires. — Rédaction du rôle de recensement, nommé par les Anglais *Doomes day-book*. — Prétentions du roi Guillaume. — Impôts levés sur les Normands. — Capitation des Anglais. — Propriété légale pour les Normands. — Anglais qui reçoivent en don leurs propres biens. — Lois de Guillaume contre la chasse. — Expropriation des Anglais postérieurement à la conquête. — Normands émigrés en Écosse..... 121 à 147.

1086 Bruits d'une descente des Danois. — Préparatifs de défense des Normands. — Motifs de l'armement du roi Knut. — Fin de toute alliance entre les Anglais et les Danois......... 147 à 155.

Assemblée générale et revue des Normands — Ordonnances du roi Guillaume. — État de la population anglo-saxonne......... 155 à 162.

1087 Lois contre l'assassinat commis sur les Normands. — Enquête sur l'*Anglaiserie*. — Établissement de la juridiction épiscopale. — Séparation des tribunaux civils et ecclésiastiques. — Conduite du roi Guillaume à l'égard du pape. — Long souvenir de la conquête normande. — Aspect de l'Angleterre conquise......... 162 à 177.

LIVRE VII.

DEPUIS LA MORT DE GUILLAUME-LE-BATARD, JUSQU'A LA DERNIÈRE CONSPIRATION GÉNÉRALE DES ANGLAIS CONTRE LES NORMANDS.
1087—1137.

1087 Le roi Guillaume brûle la ville de Mantes. — Derniers moments du roi Guillaume. — Sa mort. — Ses funérailles. — Élection de Guillaume-le-Roux. — Vers à la louange du Conquérant..................... 177 à 188.

1088 à 1093 Guerre civile entre les Normands. — Fin de la guerre civile. — Révolte des moines anglais du couvent de Saint-Augustin. — Conspiration des moines de Saint-Augustin contre leur abbé normand. — Alliance des bourgeois de Canterbury avec les moines de Saint-Augustin......................... 188 à 197.

Tyrannies des évêques et des comtes normands. — Nouvelles querelles entre les Normands.— Modération d'Eudes, fils d'Hubert.. 197 à 203.

1093 à 1100 Terreur des Anglais à l'approche du roi. — Dureté des lois contre la chasse.—Dernière chasse de Guillaume-le-Roux. — Mort de Guillaume-le-Roux..................... 203 à 212.

1100 à 1101 Henri Ier, du nom, s'adresse aux Anglais. — Fausseté des promesses du roi Henri. — Il veut épouser une femme anglaise.—Opposition des

32.

1100 a 1101 Normands au mariage du roi. — Mariage du roi Henri et de Mathilde, nièce d'Edgar. 212 à 221.

1102 a 1105 Nouvelle guerre civile. — Révolte du comte Robert de Belesme. — État de la population anglaise.................................. 221 à 227.

1105 a 1107 Nouvelle querelle du roi avec son frère Robert. — Levée d'argent en Angleterre. — Le duc Robert prisonnier de son frère..... 227 à 235.

1107 a 1112 Le fils du duc Robert passe en France. — Abbés étrangers installés en Angleterre. — Souffrances et plaintes des moines anglais. — Superstitions populaires..................... 235 à 242.

1112 a 1120 Embarquement des fils du roi Henri. — Naufrage et mort des fils du roi. — Indifférence des Anglais de race au malheur du roi et des familles normandes..................... 242 à 247.

1120 a 1126. Mabile, fille de Robert, fils d'Aymon. — Anecdote normande, anecdote anglaise. — Accusation et jugement d'un Anglais. — Tribunaux anglo-normands. — Serment prêté à Mathilde, surnommée l'*emperesse*............. 247 à 257.

1126 à 1137. Geoffroy Plante-genest épouse Mathilde. — Élection d'Étienne de Blois.......... 257 à 261.

1137 Querelle d'Étienne avec les Normands. — Conspiration des Anglais. — Fuite des conjurés. — Soulèvements postérieurs. — Difficultés de l'histoire........................ 261 à 269.

LIVRE VIII.

DEPUIS LA BATAILLE DE L'ÉTENDARD, JUSQU'A L'INSURRECTION
DES POITEVINS ET DES BRETONS CONTRE LE ROI HENRI II.

1137—1160.

1137 à 1138 Vasselage des rois d'Écosse. — État politique de l'Écosse. — Différentes populations de l'Écosse. — Saxons et Normands établis en Écosse. — Égalité sociale et langage des Écossais. — Clans des montagnes et des îles. — Le roi ou lord des îles. — Hostilités des Écossais contre les Anglo-normands.................... 269 à 284.

1138 Entrée des Écossais en Angleterre. — État de l'armée écossaise. — Rassemblement de l'armée anglo-normande. — Harangue de Raoul, évêque de Durham. — Paroles de Robert de Brus. — Bataille de l'Étendard. — Invasion des Gallois...................... 284 à 297.

Conquête des Normands dans le pays de Galles. — Bernard de Neuf-marché, Richard d'Eu, dit Strong-Boghe. — Conquête du pays de Pembroke. — Moines et prêtres normands dans le pays de Galles. — Évêques normands chassés par les Gallois. — Caractère de la nation galloise...................... 297 à 310.

1139 à 1140 Guerre civile entre les Anglo-normands. — Ce qui se passait dans les châteaux normands. — Vexations et ravages des Normands...... 310 à 317.

1140 à 1141 Attaque de l'île d'Ély. — Le roi Étienne est fait prisonnier — Mathilde, élue reine d'Angleterre. — Mathilde, chassée de Londres par les bourgeois.............................. 317 à 324.

1141 à 1153 Le parti d'Étienne se relève. — Normands maltraités par les paysans saxons. — Débarquement de Henri, fils de Mathilde. — Fin de la guerre civile. — Éléonore, duchesse d'Aquitaine. — Mariage d'Éléonore et du fils de Mathilde. 324 à 336.

État de la Gaule méridionale. — Guerre des Méridionaux avec les Franks. — Seconde conquête du midi de la Gaule. — Conduite politique des Méridionaux. — Second affranchissement du midi de la Gaule. — État social des Gaulois méridionaux................... 336 à 348.

1153 à 1157 Henri, duc d'Aquitaine et roi d'Angleterre. — Expulsion des Flamands ; mélange des races. — Généalogie saxonne du roi Henri II. — Fausses prophéties, fausse généalogie. — Guerre de Henri II contre son frère......... 348 à 357.

1157 à 1169. Guerre contre les Bas-Bretons. — Soumission de la Bretagne. — Insurrection nationale des Bas-Bretons. — Insurrection des Poitevins. — Paix entre les rois d'Angleterre et de France. 357 à 368.

Fin de l'indépendance bretonne. — Message d'un chef gallois au roi de France. — Guerre de Henri II contre les Toulousains. — Caractère des Gaulois méridionaux.......... 368 à 376.

LIVRE IX.

DEPUIS L'ORIGINE DE LA QUERELLE ENTRE LE ROI HENRI II ET L'ARCHEVÊQUE THOMAS, JUSQU'AU MEURTRE DE L'ARCHEVÊQUE.

1160—1171.

Aventures de Gilbert Becket. — Naissance et éducation de Thomas Becket. — Thomas Becket chancelier d'Angleterre. — Conduite politique de Thomas Becket. — Querelles entre le roi et le clergé anglo-normand.......... 376 à 386.

1160 à 1162. L'indépendance du clergé favorable aux Anglais de race. — Éloignement du clergé pour Thomas Becket. — Thomas Becket archevêque de Canterbury. — Froideur entre le roi et l'archevêque Thomas....................... 386 à 394.

1163 à 1164. Première querelle entre le roi et l'archevêque. — Excommunication d'un Normand. — Haine des Normands contre l'archevêque..... 394 à 400.

1164. Assemblée de Clarendon. — Ordonnances de Henri II. — Importance de la querelle du roi avec l'archevêque. — L'archevêque veut sortir d'Angleterre...................... 400 à 408.

1164 à 1165 L'archevêque Thomas accusé et condamné. — Seconde citation de l'archevêque. — Sa fermeté. — Appel du roi et des évêques au pape. — Contre-appel de Thomas Becket......... 408 à 418.

1164 à 1165. Fuite de Thomas Becket. — Il est accueilli par le roi de France. — Conduite du pape Alexandre III. — Opinions diverses sur Thomas Becket....................... 418 à 426.

1165 à 1167. Excommunications prononcées par Thomas Becket. — Duplicité de la cour de Rome. — Entrevue du roi avec deux légats.......... 426 à 432.

1167 à 1169 Entrevue du roi avec deux légats. — Thomas Becket chassé de Pontigny. — Thomas abandonné par le roi de France. — Négociations de Henri II. — Persécution des clercs gallois. — Affection du peuple gallois pour Thomas Becket....................... 432 à 444.

Retour du roi de France vers Thomas Becket. — Thomas Becket reprend courage. — Deux nouveaux légats arrivent en Normandie. — Conférences de Henri II avec les légats. 444 à 452.

1170 Henri II veut abolir la primatie de Canterbury. — Plaintes de Thomas Becket contre la cour de Rome. — Le pape est forcé de se déclarer. — Note diplomatique sur le baiser de paix. — Réconciliation du roi et de l'archevêque. — Peu de sincérité de la réconciliation. 452 à 464.

1170 à 1171. Départ de l'archevêque Thomas pour l'Angleterre. — Tentatives des Normands contre lui. — Il est chassé de Londres. — Deux évêques le dénoncent au roi. — Conjuration de quatre Normands. — Altercation des conjurés et de l'archevêque Thomas. — Meurtre de l'archevêque. — Il devient un saint pour les Anglais de race. 464 à 480.

1170 à 1171 Querelle de Guillaume-le-Roux et de l'archevêque Anselme. — Affection des Anglais pour Anselme. — Girauld Barry, élu évêque de Saint-David.................... 480 à 483.

1176. Exil de Girauld Barry. — Il se rend à la cour de Rome. — Persécution exercée contre Girauld Barry. — Il est condamné par le pape. — Reconnaissance des Gallois envers Girauld. — Requête de huit chefs gallois au pape Alexandre III. — Motifs nationaux de recours au pape dans le moyen âge.................. 483 à 495.

FIN DE LA TABLE.

www.ingramcontent.com/pod-product-compliance
Lightning Source LLC
Chambersburg PA
CBHW051135230426
43670CB00007B/810